Q&A
海外進出企業のための
現地スタッフ採用・定着と駐在員育成のポイント

三菱UFJリサーチ&コンサルティング(株)
佐々木隆彦
藤井　恵
[著]

清文社

はじめに

　サブプライム問題のあおりを受けて、日本も出口の見えない不況に突入した感があります。入ってくるお金（儲け）が少なくなる分、出ていくお金（費用）を抑えようと、本格的なリストラを断行する企業が増えてきています。

　海外オペレーションもサンクチュアリ（手をつけてはいけない聖域）ではあり得ません。1人の中堅社員を日本から海外に派遣した場合、年間2,000〜3,000万円のコストがかかるといわれています。これまで、10人いた日本人駐在員を5人に減らして、その代わりに有能なナショナルスタッフ（現地従業員）を10人雇おうという考え方が本格化するのもうなずけます。

　また、日本の人口はすでに減少に転じているのはご存知のとおりです。加速する少子高齢化で、国内消費市場の規模は確実に縮小していくことでしょう。そのため、日本企業にとっての外国は、単に労働力を提供してくれ、物を作る工場としての役割以外に、販売市場としての重要性が増してきています。B to C（企業と一般消費者との取引き）の世界では、より現地に根ざした視点が必要になり、その分、ナショナルスタッフの存在が大きな意味を持つようになってくるのは明らかです。

　しかし、企業はここで新たな問題に直面します。日本人マネジャーの代わりになり得る有能なナショナルスタッフをいかにアトラクト（引き付け）し、リテイン（引き留め）するかということです。海外で少しでも働いた経験のある方なら、この問題の重大さと難しさが痛いほどおわかりになるはずです。三菱UFJリサーチ＆コンサルティングでグローバル人事コンサルティングに携わっている我々は、有能なナショナルスタッフのアトラクション（引き付け）＆リテンション（引き留め）に苦労しておられる各企業のお役に少しでも立てばという気持ちで、本書の執筆を思い立ちました。

　本書を執筆するにあたって、海外経験豊富な学識経験者や日本人経営者の方々にナショナルスタッフのアトラクションとリテンションについていろい

ろとご意見を伺いました。その中で、ある企業の英国法人で長らくトップを務めてこられた方から、「これまでの日本企業は報酬やブランドの面から超一流のナショナルスタッフを雇用するのは難しく、人材を育てながら使いこなしてきたというのが実情だ」という経験談をお聞きしました。その方は、続けて「一人前に育てた人材を欧米企業にさらわれるという憂き目にもあった。しかし、既成の有能人材をマーケットから調達してくればそれで良いとは考えていない。むしろ、素人を『自社に合った一流人材』に育てあげるプロセスが重要で、そのためのシステムを組織内に持つことのほうがより大切だと思う」と示唆に富むご意見を語ってくださいました。

　筆者もその考えに同感で、名目上の有能人材をアトラクション＆リテンションするために人事制度をいくら立派に整えても、その人が自社に合わない人材なら、リテンションという行為から得るメリットは決して大きくないはずです。企業にとって重要なのは、自社の考えや方針を理解し得る人材を見極め、その中から縁あって入社してきた人に会社への愛情やロイヤルティ（忠誠心）を醸成させることであると思っています。そうした思いを下敷きにしない人事制度は、それがいかに手の込んだものであっても、「自社に合った有能人材」の獲得と確保には寄与しないでしょう。

　企業のマネジャーは、有能な人材をできるだけ多く自分の手元に置きたいと思っているはずです。しかし、それは残念ながら不可能な話です。有能人材そのものが希少で、なかなか出会えないし、社内で育てるにしても一朝一夕にできるものではありません。「これはっ！」と思う人材が社外にいたとしても、そのような人の給料は高く、費用の面からなかなか手が出せません。仮に調達の目途が立って雇用しても、即戦力を採用したはずが思ったように働いてくれないなど、いろいろな問題がマネジャーの前に立ちはだかります。希少性、コスト、費用対効果などの制約条件で、「有能人材を多く手元に置きたい」という企業マネジャーの夢がかなうことは永遠になさそうです。

　ひと昔ほど前、プロ野球のある球団が国内外の有力選手を潤沢な資金力を頼りに呼び集めたことがありました。名だたる強打者をクリーンアップの枠

を越えて打順に据え、ペナントレースに臨んだものの、その結果は十分に満足できるものとはなりませんでした。「既存の有能人材をマーケットから調達してくればそれで良いとは思わない。むしろ自社に合った人材を育成するのがより重要」という既出の元英国法人経営者の考えが、改めて説得力を持ってきます。

　人が生み出す結果というものは、彼（あるいは彼女）を取り巻く環境や状況によって大きく異なってきます。ヘッドハンティングされて鳴り物入りで入社してきた人が、新しい会社では期待されたほどの成果を生み出さないことがあるのは、取り巻く環境や条件の変化が大きく影響しているからです。成果を生み出す力は絶対的なものではなく、あくまで相対的なものなのです。初めから力のある人などいません。その人材を育てあげるのがマネジャーの仕事です。有能といわれるマネジャーは、半人前の人材が自社で必要とされる力を身に付けられるように育てていきます。一人前に育った従業員が成果を出しやすい「場」を作り出すのもマネジャーの仕事です。しかし、マネジャーの体はひとつしかありません。自分を取り巻く人間が増えれば増えるほどコミュニケーションチャネルの数は等比級数的に増えるので、残念ながら１人のマネジャーがすべての部下に対してそれぞれ平等に対応することは不可能であるといわざるを得ません。

　そのために、彼らが実際に行っているのは、自分を中心とする同心円上に重要度を勘案しながら適材を適所に配置する方法です。今の自分にとって最も重要と思われる人材群を自分に一番近い層（第Ⅰ層）に配置し、その次の集団を次に近い層（第Ⅱ層）に、その次を第Ⅲ層にという具合に配置するのです。マネジャーが直接的に注ぐエネルギー量は内層に行けば行くほど強く、逆に外層に行くほど弱くなるのはいうまでもありません。また一方で、各層でポイントになる部下（コア人材）にあたりをつけて強い仕事上のつながりを結んでいくのです。部下たちも同様に他の第三者と強い仕事上のつながりを結んでいき、マネジャーがするのと同じように自分を中心とした同心円上に人材を配置していきます。同心円の中心にいる人からみれば、それはあた

かもソーラーシステム（太陽系）のような構造になっています。すなわち、恒星（太陽）である自分が数人の重要人材を距離の違うところに惑星として持ち、それらの惑星は周囲に重要人材を衛星として持つ、といった具合です。そして、マネジャーは各層のコア人材を介して、自分の影響力を関係するすべての従業員に及ぼしていくのです。ただし、この人材配置は絶対的なものではなく、あくまで相対的なものであることを、誤解を招かないように付言しておきます。そもそも仕事そのものや個人に優劣をつけることはできないですし、自分の置かれた立場や周りの状況が変われば各層に配置されるべき人材のスペックも自ずと変わってくるからです。

　第Ⅰ層に配置される人間は、短期的にはマネジャーの作り上げたシステムを動かしたり、長期的には組織の文化を継承したりする任にあたる人材ということになります。これを海外現地法人の場合に当てはめると、日本から派遣されてきた駐在員が遂行し得ない現地ならではの仕事を日本人マネジャーに代わって行い、将来的にはその現地法人のトップを任せられる人材が最内層に配置されるといえるでしょう。最内層に配置される人材は、いわゆる「余人を以って代えがたい」人材であり、彼ら（彼女ら）をいかに引き付け（アトラクト）、留め置く（リテイン）かが、現法経営の成否の鍵を握るといっても過言ではありません。また、その他の層にいるコア人材も重要な機能を果たすことから、アトラクションとリテンションの対象になるのを忘れてはいけません。

　さて、本書の構成と内容について少し触れておきましょう。本書はナショナルスタッフの採用、定着、そして駐在員育成のポイントの3部構成となっています。

　前半のⅠ編、Ⅱ編の採用、定着の部分については、ある程度マニュアル化できる側面について記述しています。一方、後半のⅢ編は駐在員の育成という、マニュアル化ができない側面として記述しています。そのため、Ⅰ編、Ⅱ編で述べられたことのうち、マニュアル化できない部分が再びⅢ編で登場

してくることがあります。よって、重複していると感じられる部分があるかと思いますが、上記のような構成のため、ご了承ください。

まずⅠ編では、有能外国人を採用する際の具体的な手続きと留意点について、「海外で採用する場合」と「国内で採用する場合」とに分けて執筆しています。海外での採用については人材紹介会社の方々から貴重なお話を伺い、国内での採用については筆者が大学、人材紹介会社、外国人雇用サービスセンターなどへインタビューした内容をまとめており、採用にあたってすぐに役立つ内容となっています。

続いてⅡ編では、有能外国人をいかに定着させるか、という観点から、日系企業の経営者の方々の貴重な体験談をもとに、有能人材定着のために必要な事項を体系的にまとめました。

最後に、Ⅲ編では、日本人駐在員が最内層に配置すべき有能なナショナルスタッフをいかに見極め、アトラクション＆リテンションするか、そして間接的にではありますが、外層に位置する従業員にまで影響力をいかに及ぼすかについての方法論を述べています。具体的には、①企業ブランド、②金銭的報酬、③非金銭的報酬の持つアトラクション＆リテンション効果を概観し、さらに企業やマネジャーが検討・実践すべきテーマを提供しています。特に、非金銭的報酬の項では、日本から派遣されてくる駐在員の質がナショナルスタッフに大きな影響を及ぼすという考え方から、日本人マネジャーが心得ておくべき諸事項についても言及しています。また、ソフト・パワーやスマート・パワー、価値方程式、レシプロシティー（互恵性）の社会通念など、聞き慣れないかもしれない表現がいくつか登場してきます。しかし、これらは日頃、我々が何気なく感じていることを概念化したもので、いずれも世界一流の学者によるものなので、非常に説得力があり汎用性に富んでいると筆者は思っています。

企業にとって最も重要な資産は人であるといわれるように、有能な人材なくして会社の発展はあり得ません。企業は有能人材に対するアトラクションとリテンションの手を休めるわけにはいかず、現地法人の経営者である日本

人駐在員に課せられた責任はきわめて大きなものになってきます。

　本書で紹介する考え方が、今まさに現地法人のマネジメント職に就いておられる方ばかりでなく、これから赴任される方や海外駐在を希望しておられる方々のご参考になれば、これに勝る幸せはありません。

　本書執筆にあたっては、巻末の「お世話になった方々」はもちろん、残念ながらお名前の記載ができなかった多数の赴任者、赴任経験者の皆様に多大なるご協力をいただきました。皆様方のご協力、ご指導なくしては、本書の完成は考えられません。本当にありがとうございました。また、本書発刊にあたりご尽力いただきました清文社編集部の鶴崎敦氏および三菱東京UFJ銀行国際業務部および海外支店の皆様、三菱UFJリサーチ＆コンサルティング(株)国際事業本部の皆様に、この場を借りて厚く御礼申し上げます。

2009年6月

佐々木　隆彦

藤井　恵

CONTENTS

はじめに

I 有能人材の採用

第1章 有能外国人を現地で採用する

1 はじめに

Q1 有能人材採用手段についての考え方……………………………5
Q2 現地幹部人材のキャリア形成について……………………………12

2 現地で外国人を採用する

Q3 人材採用にあたっての国による差異……………………………17
Q4 採用活動の流れ……………………………19
Q5 考えられる採用手段(直接雇用、人材紹介会社活用、
社員の紹介、マスコミ活用)のメリット・デメリット……………22
Q6 履歴書のチェックポイントおよび学歴、経歴詐称の
見分け方……………………………26
Q7 面接の一般的な流れ……………………………30
Q8 筆記試験……………………………32
Q9 面接時に必ず確認しておくこと、聞いてはいけないこと、
バックグラウンド調査……………………………34
Q10 人材紹介会社からみた有能人材の採用が
上手な企業の条件……………………………36
Q11 雇用契約書の締結および雇用条件決定についての留意点………39

Q12 採用にあたっての職務記述書の交付……………………43
Q13 会社のPRのために ……………………………………46
Q14 中堅・中小企業が良い人材を採用するための秘策………51

第2章 有能外国人を日本で採用する

1 日本にいる外国人を採用する

Q1 日本にいる留学生の概要①
　　―都市・大学別留学生数、国籍別割合・年齢層など……………57
Q2 日本にいる留学生の概要②
　　―国費留学生・私費留学生の違い………………………………62
Q3 日本にいる留学生の概要③
　　―日本での所属大学は本人の能力を反映しているか……………65
Q4 留学生の採用方法①
　　―新卒で留学生を採用するための方法…………………………66
Q5 留学生の採用方法②
　　―大学の留学生課などを通じて採用……………………………68
Q6 留学生の採用方法③
　　―アジア人財資金構想を利用して採用…………………………70
Q7 外国人の採用方法①
　　―ジョブフェアを利用して採用…………………………………72
Q8 外国人の採用方法②
　　―外国人雇用サービスセンターを通じて採用…………………73
Q9 外国人の採用方法③
　　―人材紹介会社を通じて採用……………………………………75

② その他

Q10 日本語能力の判定方法……………………………………………77
Q11 外国人留学生のアルバイト雇用………………………………79
Q12 留学生を採用面接する際の留意点……………………………82

Ⅱ 有能人材の定着

第1章 有能外国人を定着させる

① はじめに

Q1 有能人材の定義とは………………………………………………89
Q2 年齢・業務・学歴による定着率の違い………………………92
Q3 国別で見たナショナルスタッフの意識調査結果……………95
Q4 転職意思の有無と会社の満足度への関係……………………100
Q5 有能人材定着にあたって必要となる要素……………………103

② 物質的な満足

Q6 物質的な満足①
　　―給与水準についての考え方………………………………… 104
Q7 物質的な満足②
　　―できる限り公平な処遇を実現する評価制度の導入……… 107
Q8 物質的な満足③
　　―既存社員と新入社員の給与バランス・各種手当………… 109
Q9 福利厚生面での魅力と付与状況………………………………113

③ 先行き展望

Q10 会社ビジョンの提示……………………………………………… 116
Q11 先行き展望（キャリアパス提示）…………………………… 118
Q12 研修制度………………………………………………………… 121

④ 会社への帰属意識

Q13 経営への参画……………………………………………………… 125
Q14 権限・責任……………………………………………………… 127

⑤ 処遇の公平性

Q15 評価制度について……………………………………………… 128

第2章　人材の選別および離職

Q1 人材の選別……………………………………………………… 135
Q2 不要人材の取扱方法…………………………………………… 137
Q3 実例：人員整理とその対応（日系企業A社の場合）……… 141
Q4 有能人材定着にあたって最も大切なこと…………………… 146

Ⅲ　駐在員の育成

Q1 人材の定義……………………………………………………… 151
Q2 人材の識別……………………………………………………… 156
Q3 アトラクションとリテンションの工程……………………… 159
Q4 経済的報酬によるアトラクション＆リテンション………… 163
Q5 非経済的報酬によるアトラクション＆リテンション……… 167
Q6 人材育成プログラム…………………………………………… 172

Q 7	経験による人材育成………………………………	176
Q 8	ナショナルスタッフのリテイン事例……………	181
Q 9	日本人駐在員の役割………………………………	183
Q10	上司と部下との関係………………………………	187
Q11	影響力………………………………………………	191
Q12	駐在員の心得………………………………………	194
Q13	上司のパワー………………………………………	201
Q14	ソフト・パワーの鍛錬……………………………	204
Q15	異文化理解…………………………………………	209
Q16	異文化マネジメント力……………………………	213
Q17	マネジメントスタイル……………………………	218
Q18	評価の手法…………………………………………	222
Q19	ナショナルスタッフの査定………………………	227
Q20	駐在員選抜…………………………………………	230

■参考資料

在中国・タイ・ベトナム・インドにおける日系企業に勤務する
現地社員（大学卒ホワイトカラー）に対するアンケート調査結果……… 235

【表記について】
　本書では、海外現地法人で採用された従業員を、「ナショナルスタッフ」としています。

I
有能人材の採用

第1章
有能外国人を現地で採用する

海外現地法人の成功は、いかに現地の優秀な人材を確保し、定着させるかにかかっているといっても過言ではありません。
　そこで本章では、現地においてナショナルスタッフを採用する際の手続きや留意点を説明していきます。
　※本章執筆にあたっては、パソナグループ本社およびパソナグループの海外拠点（中国、タイ、ベトナム、インド）の皆様に全面的にご協力をいただいております。この場を借りて厚く御礼申し上げます。

お世話になった皆様
パソナグループ 顧問　相原滋弘 様
パソナ中国 総経理　笠原麻衣子 様
パソナインド GM　谷嘉久 様
パソナタイ 社長　橋本則 様
パソナテックベトナム 社長　林真功 様

1 はじめに

Q1 有能人材採用手段についての考え方

今般、当社では海外に現地法人を設立しました。現在は日本からの赴任者が中心となり活動していますが、将来的には、現地法人は現地国籍の人材にマネージメントを任せたいと考えています。

現地人材の採用手段としては、どのようなものがありますか。

A

現地人材の採用手段を考えるにあたっては、「どの労働市場で採用するか？」「どんな人材（新卒？　中途？）を採用するか？」「日本本社採用か？　現地採用か？」「現地での勤務方式は（赴任者か？　現地社員扱いか？）」など、様々な側面で考える必要があります。

1. 有能外国人材採用にあたっての考え方

　日本企業は他国の企業に比べて、ナショナルスタッフの活用が非常に遅れているといわれています。

　もちろん、日本人駐在員が現地法人のトップとして活躍し、その業績を大きく伸ばしている企業も存在しますが、現地のマーケットを対象としたビジネス兼現地に根差したビジネスを行うにあたっては、そこの文化や商習慣等に精通している現地の人材にトップとして活躍してもらうのが一番といえます。

　では、現地人材の採用方法としてはどのような手段があるのでしょうか。有能人材の採用手段を考えるにあたっては、図表1にあげた3つの切り口があります。以下では、その3つの切り口のメリット・デメリットを紹介します。

図表1　外国人材採用にあたっての3つの切り口

> ① どこの労働市場にいる人材を採用するか？
> 　日本にいる人材を採用するのか？　現地にいる外国人材を採用するのか？
>
> ② どの法人で採用するのか？
> 　日本本社で採用するのか？　現地法人で採用するのか？
>
> ③ 新卒を採用するのか？　経験者を採用するのか？
> 　大学等を卒業したばかりの人材を採用するのか？　経験者を採用するのか？

2. どこの労働市場にいる人材を採用するのか？
　～日本の労働市場から探すのか？　現地労働市場から採用するのか？～
（1）日本の労働市場に存在する人材を採用する場合

　日本の労働市場にいる人材とは、日本で勤務したり留学している人材のことを指します。

① メリット⇒日本への理解、自社の認知度が相対的に高い

　日本の労働市場にいる人材であれば、すでに日本に在住していることもあり、「日本語が堪能」「日本文化を比較的理解している」「アルバイトも含め、日本での職業体験がある場合、日本のビジネスの進め方をある程度理解している」などがあげられます。

　また、海外進出して間もない企業の場合、たとえ日本では大手企業であっても現地ではほとんど無名、というケースもあります。このような場合、現地での採用活動は困難を極め、自社が採用したいと考えているような人材からなかなか応募が来ない、ということも考えられます。よって、自社のネームバリューがより認知されている日本で採用活動をしたほうが、現地で採用するより、優秀な人材が確保しやすいという側面もあります。

② デメリット⇒現地労働市場にいる人材よりもコスト高になるのは確実

　彼らは日本の労働市場にいるわけですから、仮に最初から現地法人勤務になる場合であっても、待遇も日本人とほぼ同様、少なくとも現地採用の人材よりははるかに高い水準の給与レベルを求めてくるケースがほとんどです。

　よって、日本の労働市場にいる人材を、「現地レベルで安く雇用する」というのは、よほど有名な企業で、その企業で経験を積むことがキャリアアップや将来価値の向上につながる、という場合以外は難しいといえます。また、デメリットというほどではありませんが、日本にいる人材の場合、「将来的には日本で永住の在留資格を取得したい」というケースもあります。永住の在留資格を取得するにあたっては一定期間の日本での勤務経験が必要ですが、仮に本社からの赴任という形で海外に勤務した場合、その間は日本での勤務経験にカウントされない可能性があります。また、すでに永住権を持っている人も、日本を出国する場合には「再入国許可」を取得する必要があります。再入国許可は、取得してから3年間有効ですが、期限内にいったん日本に戻らないと、せっかく取った永住権を失効してしまうことになります。

　→日本の労働市場にいる外国人の採用方法については、第2章（57頁以下）をご参照ください。

（2）現地の労働市場に存在する人材を採用する場合

　現地の労働市場に存在する人材を採用する場合のメリット・デメリットは、上記（1）の逆と考えてよいでしょう。

　つまり、現地労働市場にいる人材を採用する場合、その人材を日本で雇用しない限りは現地水準での給与で雇用できますから、圧倒的にコストは低くなります。

　一方、現地にいる人材にとって、日本企業は一部の大手企業を除いては、その存在自体がほとんど知られていませんから、優秀な人材を確保するのに相対的に苦労するといえます。よって、自力での採用活動は難しい場合も多く、人材紹介会社等、他者の手を借りて行う必要があるなど、日本で採用す

第1章　有能外国人を現地で採用する　7

る場合に比べて「自分の土壌に引っ張り込んで採用活動をすることができない」という点がデメリットといえます。

→日本の労働市場にいる外国人の採用方法については、第２章（57頁以下）をご参照ください。

3. どの法人で採用するのか？
〜日本本社採用か？　現地法人採用か？

(1) 日本本社で採用とする場合

① メリット⇒ロイヤリティを根付かせやすく、うまくいけば非常に貴重な存在に

　日本本社採用とし、日本人社員と同じ経験を積ませることで、自社の企業理念や仕事の仕方などを教育することができます。また、日本本社で勤務することで他の日本人社員との人間関係の形成もできるため、将来的に現地に勤務する場合であっても、日本本社との調整などがスムーズに行えるという点があります。

　また、本社採用の場合、採用にあたっては、本社の人事部も当然関与するので、日本本社の意向に沿った人材が確保できるといえます。

② デメリット⇒コストが高い、現地採用の従業員との軋轢の原因にも

　日本本社の正社員として雇用するわけですから、現地に赴任させた場合も、日本人駐在員と同等の待遇を与える必要があります。自国に戻ったら自国の現地水準並みの給与にしてしまう、という企業もありますが、筆者がこれまで聞いた例では、この方式でうまくいっているケースはほとんどなく、赴任したとたんに退職し、ライバル会社に転職するか、社内で不満をため込み、思ったようなパフォーマンスをあげてくれないというケースがほとんどです。中には、本社採用時に、「将来、現地に戻れば現地水準並みの給与にする」ということを約束して採用するケースもありますが、それがいざ現実になると、結局は納得できない、というのが本音のところではないでしょうか。ま

た、折衷案として、日本人駐在員よりは給与は低いが、現地社員よりは高い、という水準を取る企業も存在しますが、この場合も、給与格差に見合った能力差がない限りは、現地採用の人材が反発することにもつながりますし、本人からしても、日本人駐在員との給与格差が能力格差に見合っていないと、士気の低下にもつながることになります。

現地法人の日本人トップの中には、「本社採用の現地人が来ると、現地採用の現地人との処遇格差から、現地での職場の雰囲気が悪くなることがあるので、本社採用の現地人には赴任してもらいたくない」とおっしゃる方もいます。よって、本社採用の現地人を現地に派遣させる場合は、その人が「能力的に非常に優秀で、かつ日本人駐在員と同じマインドで働いてくれる」という要素がない限り、難しいといえます。

また、本社採用にあたっては、当該外国人のビザの申請や変更など、様々な点で会社がサポートする必要も出てきます。

また、本人が永住の在留資格を取りたかったり、すでに永住の資格を持っている場合は、現地での勤務期間に考慮する必要があります。

(2)現地法人で採用する場合

最近、日本への留学生を現地法人で採用するという動きも広がっています。グローバル企業の中には、自社グループが一堂に会して、「(留学生の)母国での就職フェア」を開催し、現地法人の人材確保を日本で行っているケースもあります。

しかし、そういった大規模な就職フェアに参加できない企業の場合は、人材紹介会社や外国人雇用サービスセンターなどが主催するジョブフェアなどで、現地法人で勤務する人材を確保するのもひとつの方法です。また、現地で採用の場合、当初から現地法人での雇用契約となるため、現地水準の処遇設定が可能です。

→ジョブフェアについては**Q7（72頁）**をご参照ください。
→現地法人での採用については**第1章②**（17頁以下）をご参照ください。

第1章　有能外国人を現地で採用する

4. 新卒を採用？　中途社員を採用？

(1)新卒を採用
① メリット

「何も色がついていない若手人材は非常に育てやすい」というのは、企業の人事担当者および現地法人担当者が口を揃えていう言葉です。また、現地法人責任者の中からは、「中途採用より新卒採用のほうが定着率は高い」という声もよく聞かれます。

② デメリット

新卒人材は、当然ながら即戦力としては期待できないため、長期間かけて育てる必要があります。よって、現地法人を設立して、人材育成にコストがかけられない企業にとって新卒採用は難しいといえます。

また、せっかくコストと時間をかけて育て上げたところで、他社に引き抜かれてしまう、といった事態になることも少なくありません。

特に中国では、日本企業が採用し教育した人材が、欧米系企業から高い処遇を提示されて転職していく、というケースが散見されます。よって、このような経験をした現地日本人駐在員からは、「せっかくコストをかけて教育しても、いとも簡単に転職してしまう」という嘆きの声がよく聞かれます。

(2)中途社員を採用
① メリット⇒即戦力として活用

中途採用者のメリットとしては、「即戦力として期待できる」「一から教育しなくてもよい」があげられます。日本企業での経験があれば、日本的なビジネスの進め方にも理解があり、使いやすいといえます。

② デメリット⇒転職される可能性、自社の色に染めにくい

一方、デメリットとしては、転職している人材というのは、再度転職され

るリスクが高いということがあげられます。よって、これまでの職歴から判断し、あまりに短期間で転職を繰り返しているような人材や、キャリアに一貫性がない人材は避けたほうが無難です。また、中途採用者については、他社での経験を生かして活躍してくれる半面、自社の風土に染まりにくい、という点があげられます。

図表2　採用場所、人材種別で異なるメリット・デメリット

	新卒採用	中途採用
日本で採用	【メリット】 ・色がついていないので教育しやすい ・日本人と同じ基準の採用過程を得ている人材は相当有能 【デメリット】 ・現地採用者より報酬が高くなる傾向 ・教育コストがかかる	【メリット】 ・教育コストが低い（即戦力） ・日本での業務経験があれば、日本式のビジネスの進め方を理解している 【デメリット】 ・現地採用者より報酬が高くなる傾向 ・新卒ほどロイヤリティは高くないケースが多い
現地で採用	【メリット】 ・色がついていないので教育しやすい ・日本採用者より報酬を低く抑えられる 【デメリット】 ・教育コストがかかる	【メリット】 ・教育コストが低い（即戦力） ・日経企業での業務経験があれば、日本式のビジネスの進め方を理解している 【デメリット】 ・新卒ほどロイヤリティは高くないケースが多い

Q2 現地幹部人材のキャリア形成について

「Q1」を読んで、現地人材の採用の方式についてはわかりましたが、採用した後、どのような形で育成していくのが一般的でしょうか。

現地幹部人材のキャリア形成の道筋について教えてください。

 大きくわけて6パターンあり、それぞれ一長一短あります。

1. キャリア形成の道筋

～大きく分けて6パターン～

「海外ビジネスを成功させるため、将来的には現地人材に現地法人の中心的な役割を担ってもらいたい」──これは海外展開をする企業の共通の願いといえます。

しかし、どうすれば、自社現地法人を背負ってくれるような人材を育てることができるのか、各社とも試行錯誤の段階であり、また、これについてはたった一つの正解、というものはありません。

幹部人材を育成するにあたっては、図表3のとおり、いくつかパターンが考えられます。Q1と重複する点もありますが、それぞれの特徴やメリット、デメリットは以下のとおりです。

事例Ⅰ：日本にいる人材を本社採用し、一定期間経過後に現地勤務させるケース

このケースで一番多いのは、日本に留学している新卒学生を、他の日本人学生と同様に新卒採用し、日本人社員とまったく同じ研修や業務を経験した後、現地に赴任させるというパターンです。大企業などではこのケースで入社しているケースが多くみられ、また日本人とまったく同じ採用試験をくぐ

図表3　現地法人の幹部人材となるまでのキャリア形成の道筋

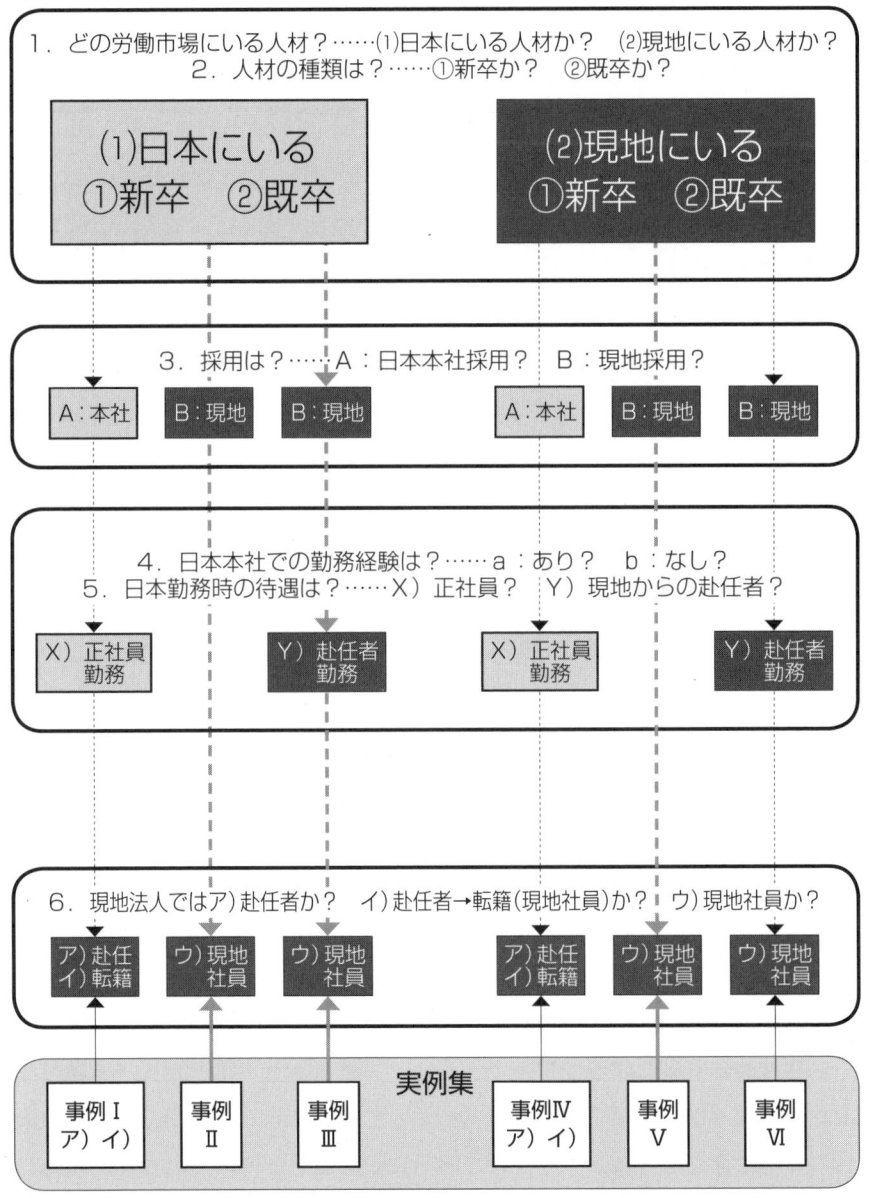

第1章　有能外国人を現地で採用する

り抜けているだけに、日本語も非常に堪能かつ、相当有能な人材が採用できているようです。また、日本本社での勤務経験があることから、本社での人間関係も形成されており、日本本社にとっては、非常に信頼できる人材として重用され、現地法人の中心的な人物として活躍しているケースもみられます。

　この場合、処遇は日本人駐在員と同等とするのが一般的ですが、中には「同じ国籍でありながら、現地人材と給与格差が大きすぎるとよくない」という理由で、赴任した途端に給与を現地レベルに引き下げるケースもあります。しかし、このケースの場合、すぐに転職されるか、モチベーションが大幅に低下し、思ったような成果をあげてくれないかのどちらかになります。

　ただし、駐在員は「一時的な外国での滞在でいろいろと不便が多いから」という前提で様々な手当や補償がされているわけですから、形式的には赴任とはいえ、実際には半永久的に母国に戻る社員について、いつまで「駐在員」としての待遇を与えるかというのは難しいところです。これについては、本社の海外駐在員規程の中に、規程の対象者や対象期間などを明示し、納得させておく必要があります。

事例Ⅱ：日本にいる人材を現地法人の人材として採用するケース

　このケースで多いのは、日本にいる外国人を、日本国内で開催する外国人ジョブフェア等を通じて採用したり、人材紹介会社や知人の紹介で、現地法人用の人材として採用するというパターンです。

　日本にいる人材ということで、日本語が堪能で、かつ、日本ビジネスや文化にある程度理解があるケースも多くなります。

　日本側で採用活動をするため、現地で採用するよりも、自社の認知度も高く、相対的に有利な状況で採用できます。また、本社人事部が大きく関与するため、様々な角度から候補者を判断することができます。ただし、当該人材の採用にあたっては、本社だけで勝手に決めてしまうのではなく、現地のトップ（日本人駐在員であることが多いでしょうが）との相性が大切ですので、必ずその判断を仰ぐ必要があるでしょう。

事例Ⅲ：日本にいる人材を現地法人採用したあと、日本勤務経験をさせ、現地に戻すケース

事例Ⅱと基本的には同じですが、違う点は、事例Ⅱは現地で採用して、その後はずっと現地勤務であるのに対し、事例Ⅲは、現地採用後、当該人材が優秀で将来の幹部候補であると判断すれば、日本本社に1年程度赴任させ、グループの経営理念や日本式ビジネスを学ばせるといった点です。

日本への一定期間の研修を兼ねた赴任では、自社ビジネス手法を学ばせるだけでなく、当該期間中に日本人社員との間で人間関係も形成でき、会社に対するロイヤリティの植えつけにも役立ちます。

ただ、研修を終え、現地に戻った際に、日本勤務で培った能力が生かせるようなポジションや権限および処遇を与えないと、あっさりと転職されてしまうケースもあるので注意が必要です。

事例Ⅳ：現地にいる人材を日本本社採用し、一定期間経過後現地に赴任させるケース

事例としては非常に少ないといえますが、中国の大学を卒業した理工系エンジニアを日本本社で採用するケースは最近時々みられます。優秀な人材であれば日本でも海外でもどこからでも採用したい、という意図で行われる場合が多く、採用当初から、「将来的には現地法人の基幹人材に」と考えて採用しているわけではないようです。

事例Ⅴ：現地人材を現地採用し、そのまま現地で勤務させるケース

日本企業が現地法人を採用する手法として、もっとも多いパターンといえます。日本への赴任が無理であっても、自社グループ全体に対するロイヤリティ向上のためにも、1～2週間程度の日本での研修や定期的な出張などを取り入れることをおすすめします。

事例Ⅵ：現地人材を現地採用したあと、幹部候補生は一時的に日本に赴任

　基本的には**事例Ⅲ**と同じです。違う点は**事例Ⅲ**が日本の労働市場にいる人材を採用しているのに対し、**事例Ⅵ**では、現地にいる人材を採用しているという点です。現地にいる人材を採用するという点で、給与水準などは**事例Ⅲ**より低く抑えられる可能性が高くなります。

2 現地で外国人を採用する

Q3 人材採用にあたっての国による差異

今般、当社の現地法人がそれぞれ人材を採用します。国により国民性にも違いがあると思いますが、採用活動についても何か大きな違いがあると考えたほうがよいのでしょうか。

A
各国毎に国民性の違いや法律の違いはありますが、採用活動に関しての考え方は基本的には同じです。

1. アジアにおける採用活動の考え方
～国民性の違いはあるものの、採用についての考え方はほぼ同じ～

パソナグループ顧問の相原滋弘氏によると、「アジアにおける採用活動の方式については、国による大きな違いはない」とのことです。たとえばアメリカのように特定の質問自体が差別禁止条項につながる、というような点については、アジアにおいては特に気にする必要はなさそうです。

もちろん、ある国では「自分の能力を過大にアピールする」傾向がある一方、ある国では「自己アピールは控えめである」傾向があるなど、国民性の違いは当然あります。

ですから過去に、非常に自己アピール傾向の強い国民性を持つ「A」という国で勤務されていた方が、今度は自己アピールの比較的弱い国民性の「B」という国に赴任し、採用活動を担当すると、両国のナショナルスタッフの傾向の違いにとまどう面もあるようです。

このように国民性の違いは採用活動において、人材の判断基準に影響する重要な要素ではありますが、個人差も相当あります。

本書では、パソナグループの海外拠点（中国、タイ、ベトナム、インド）の各拠点長へのインタビューや、三菱UFJリサーチ&コンサルティングが上記4か国のナショナルスタッフへ行ったアンケート調査結果などを交えながら、説明を進めていきます。

　以下では、採用活動の一般的な流れと共に、国による違いがある部分については上記4か国を比較しながら説明していきます。

Q4 採用活動の流れ

今般、現地法人にてナショナルスタッフを採用するつもりです。採用活動を行うにあたり、事前に行うべきことはありますか？

A どのような採用手段（人材紹介会社、直接採用、知人の紹介等）を用いるかを検討することはもちろんですが、それ以前に「どのような人材を採用したいのか」という点について社内で議論を行い、採用要件を文書化し、社内で共通認識を持つことが必要です。また、採用に関する決裁権限を日本本社から委譲させておくことも重要です。

もしも権限委譲がされない場合、良い人材が見つかった際、現地法人から日本本社への稟議への決裁を迅速に行ってもらえるよう、現地の労働市場などについて、予め本社側に説明し、理解を求めておく必要があります。

1. 採用に関して社内で共通認識を持つ

(1) 採用したい人材の要件を決定

たとえば会社設立当初など、「とりあえず人手がほしい。また人数も少ないので何でもやってくれる人がほしい」という場合は、どんな人が採用したいのかという点を明確にできず、「とりあえず日本語ができる人」といった非常に曖昧な条件で人材を採用しがちです。

また、仮に経理スタッフの欠員補充のための採用であっても、「具体的にどんな業務を経験したことがある人なのか」という点や「当社でうまくやっていくための資質を持ち合わせているか（現存のスタッフと良好な関係が築けるか否か）」「経験が少なくてもポテンシャルを優先するのか、それとも経験者以外は選考の対象にもしないのか」という点も配慮する必要があります。

たとえば、ひと口に「経理」といっても、勤務していた企業の業種や規模により経験してきた内容は異なりますし、欧米系企業と日本企業では仕事の

仕方が異なる面もあります。

　そういった点でも、採用にあたっては「どんな人材を採用するのか」という点について、社内で議論を行い、共通認識をつくっておく必要があります。

（2）採用後の勤務内容や諸条件についてもある程度決定しておく

　採用したい人材の要件がある程度固まったら、今度はその人材の勤務内容や、採用の諸条件について検討する必要があります。

　➡この点は職務記述書作成にもつながります。詳細はＱ12（43頁）をご参照ください。

（3）社内で共通認識をつくっておかないと、どのような問題が発生するか

① 　求人を出すにあたり、明確な求人条件が設定できない

　たとえば人材紹介会社に求人の依頼を出すにあたっても、会社としての共通認識がないと、「とりあえず○○な人」という曖昧な依頼の仕方になります。

　そのため、いざ紹介があっても、「イメージとなんとなく違う」ということがたびたび生じる可能性があります。そうなると、人材紹介会社も具体的にどんな人材を紹介したらよいかがわからず、その結果、当該企業への人材の紹介を躊躇するようになるかもしれません。

② 　人材を混乱させ、企業へのイメージを悪くさせる可能性

　仮に「良さそうな人材（候補者）」が見つかり、面接を行った際、採用に関して事前に社内での共通認識が形成されていないと、相原氏（パソナグループ）によると「候補者からすると、最初に面接してくれた人と次に面接してくれた人の話が食い違ったりする面が生じ、そのことが『この会社は担当者によって言うことが違い、いい加減な会社だな』というマイナスのイメージを与えることにつながる」ということです。

2. 日本本社に対し、採用についての権限委譲を受ける、もしくは本社が採用の最終決定を行う場合は、迅速に判断を求めるようにあらかじめ依頼をしておく

よく聞かれるのは、「良い人材を見つけ、本社に稟議を上げたものの、本社が採用に関してなかなかOKを出してくれなかったため、その間に当該人材がしびれを切らし、先に内定通知を出した他企業に入社してしまった」という話です。

よって、採用についての決定権限は現地法人に与えておくか、もしくは経営者層の採用など一定以上の役職者のみ本社決裁にする、もしくは採用権限が現地法人に与えられない場合は、採用に関しての最終決定を本社に迅速に行ってもらえるよう、採用活動を始める前から現地の採用事情について本社側に説明し、理解を求めておくことが必要になります。

3. どのような採用手段を用いるかを検討する

採用手段としては直接採用、人材紹介会社活用、社員の紹介、マスコミの活用などいろいろあります。それぞれ一長一短あるので、どの手段が自社にとって最も適しているか、検討する必要があります。

→「考えられる採用手段」についてはQ5（22頁）をご参照ください。

> **Q5** 考えられる採用手段（直接雇用、人材紹介会社活用、社員の紹介、マスコミ活用）のメリット・デメリット
>
> 海外でナショナルスタッフを採用する際に考えられる採用手段、およびその採用手段について、中国、タイ、ベトナム、インドで異なる点があれば教えてください。

> **A** 考えられる採用手段として、「直接採用」「就職サイト活用」「人材紹介会社活用」「社員の紹介」について、それぞれのメリット・デメリットについて解説するとともに、人材紹介会社を利用した際の時間的・金銭的コストについてまとめました。

1. 各採用手段のメリット・デメリット

ナショナルスタッフを採用するにあたっては様々な手段があります。

それぞれの手段について、4か国共通のメリット・デメリットを図表4にまとめました。いずれの国においても、社内の人事機能が充実している一部企業を除けば、人材採用にあたっては、「人材紹介会社」の活用が最も一般的といえるようです。

2. 求める人材の違いにより異なる採用手段の選定方法

図表4のとおり、採用手段にはいろいろあり、それぞれ一長一短ありますが、前出の相原氏によると、「どのような人材を求めるかにより、おのずと採用手段は異なってくる」ということです。

たとえば、若手で経験が浅いものの人件費が安い人材は、人材をたくさんプールしている人材紹介会社などを通じて採用するのが最も簡単で、多数の母集団の中から人材を選ぶことができます。一方、マネジメントレベルの人

図表4　各採用手段のメリット・デメリット

	メリット	デメリット・課題
直接採用	・採用コストがかからない ・信頼できる人物からの紹介を受けた人材を直接採用するのが、最も定着率が高いともいわれている	・情報選別に社内でのマンパワーが必要
就職サイト	・広域から情報入手が可能。情報量が多く自社の宣伝にもなる	・情報選別に社内でのマンパワーが必要 ・掲載コストがかかる
人材紹介会社	・ハイスペック人材の採用が可能 ・採用活動を秘密裏に進められる ・成約するまでは費用はかからない ・専門家のアドバイスを受けられる ・人材紹介会社がスクリーニングしてくれるので、効率的に人材獲得が可能	・紹介会社や担当者により品質にはかなり差がある（人材紹介会社を選ぶ以上に、担当者を選ぶことが大切） ・紹介会社によっては求人情報を漏らしてしまうケースもある ・成約した場合、他の手段より高い採用コストが発生する ※成約料に関して人材紹介会社と依頼企業側がトラブルになるケースもあるので、事前に成約料について契約書を締結しておくことが望ましい
社員の紹介	・身元保証がある ・コストがかからない ・社員との信頼関係があり、うまくいっている会社だと効果的	・管理者のコントロールが効かなくなることがある ・親戚を紹介されるケースなどがあり要注意 ・社員に人材募集していることを知られてしまう
マスコミ活用	・地元新聞などを活用する場合であれば有効 ・自社の宣伝にもなる	・コストがかかる ・人材選別に社内でのマンパワーが必要 ・掲載期間が短いと、ほとんど効果がないことがある

※その他、中国には「人才市場」（管理職、専門職および大学新卒者の就転職に関する紹介施設）などもある。

（出所）パソナグループ各拠点（中国、タイ、ベトナム、インド）の拠点長へのインタビューより

材であれば、人材紹介会社を利用するだけでなく、信頼できる人物から紹介を受けた人材を直接採用するのが定着率の面から考えても、最も望ましいといえるようです。

3. 人材紹介会社を利用した場合のコスト

実際には多くの企業が人材紹介会社を利用して人材を採用しているものと思われます。

そこで図表5では、人材紹介会社を利用した場合の時間的、金銭的コストについてまとめました。

図表5　人材紹介会社を利用した場合の時間的、金銭的コスト

時間的コスト	① 就業者にオファーを出す場合 内定確定時から離職時までに最低1か月以上かかる。 →余裕を持って採用活動を行えば人材選択の幅が広がる。 　※ただし、現在の勤務先を早く退職させて自社に来てもらいたい場合は、突然の退職の場合に現在の勤務先から求められる違約金を、採用企業側が肩代わりすることで、すぐに入社してもらうことも可能。 ② 高い外国語能力を保有する人材を探す場合 →供給不足のため、人材確保に時間がかかる。 ★ただし、人材紹介会社と企業との連携がスムーズで、求人案件と求職者の条件がタイムリーに一致すれば、1～2週間で採用決定が可能な場合もある。
金銭的コスト	紹介された人材の見込み年収の20～30％程度を紹介会社に支払う。（ベトナムについては月給の2か月分が相場） ※ここでいう「年収の20～30％」には、基本給だけでなく手当等も含まれるのかどうかも、事前に人材紹介会社に確認が必要。

(出所) パソナグループ各拠点（中国、タイ、ベトナム、インド）の拠点長へのインタビューより

4. 新卒人材の採用手段

　現在は新卒採用する余力がなく、中途採用ばかり行っている企業においても、「何も色がついていない真っ白な人材は将来性を考えると非常に魅力的」ということで、将来的には新卒を採用したいと考えているのはどこの企業でも共通しています。

　中途人材の採用手段としては上記のような手段の活用が考えられますが、新卒人材については、パソナ中国総経理の笠原麻衣子氏やパソナタイ社長の橋本則氏によると、学校の就職説明会への参加といったキャンパスリクルーティングや、「大学、日本語学校、専門学校等への掲示板への求人広告の記載」や「新卒就職サイト」などが有効になるようです。

　また、一部の人材紹介会社においては、新卒人材の取扱いも行っているようですので、一度確認してみるのもよいでしょう。

> **Q6** 履歴書のチェックポイントおよび学歴、経歴詐称の見分け方
>
> 人材を採用するにあたり、まずは履歴書による書類選考を行う予定にしていますが、具体的にどのような点を中心にチェックすればよいでしょうか。履歴書の確認ポイントを教えてください。

> **A** 学歴については「学歴詐称がないか、卒業証明書の添付をさせること」、経歴については「転職ごとにキャリアが積みあがっているか」「1社ごとの就業期間はどの程度か」などをチェックする必要があります。

1. 学歴・職歴のチェックポイント

採用活動の第一段階は、履歴書を通じた選抜となりますが、経歴詐称なども発生するため、提出された履歴書を鵜呑みにすることはできません。そこで図表6では、履歴書のチェックポイントおよび詐称の見分け方についてまとめてみました。

ベトナムでは「バイクでの通勤が主流のため、現住所を確認し、通勤時間が30分以上かかる人は要チェック」「考え方なども出身地（北部、中部、南部）により違いがある」（前出 橋本氏）という点や、中国では「ひと口に学歴といっても、年齢により大学入学難易度も異なり、能力の尺度が違ってくるので、単に大学名だけではなく、"何年に入学または卒業しているのか"という点も、本人の能力尺度のひとつとなる」（前出 笠原氏）そうです。

また、笠原氏によると、「面接時には必ず卒業証明書原本や在留資格などを持参するように指示を出し、それにもかかわらず面接当日『持参するのを忘れました』という人物については経歴詐称の疑いが強い」ということです。

よって、大学のジョブフェアに参加する学生はその大学の学生である以上、学歴詐称の面では心配する点が非常に少ないので、安心ともいえます。

図表6　履歴書のチェックポイント

	チェックポイント	詐称の見分け方
学歴	・有名高校、大学の出身者かどうかを確認（ただし、あくまで「目安」という点での利用に留めたほうがよい） ・大学で学んだ内容と仕事内容との一貫性の有無	・大学の卒業証明書を必ず添付させる ・本人の了承を得て、リファレンスチェックをする
職歴	・転職回数が多い人材、1社毎の就業期間が短い者に関しては要注意 ・転職ごとに、キャリアが積み上がっているか、ブランク期間が把握できるかどうかがポイント（転職理由、入社理由を聞き、それぞれのキャリアに一貫性があるかを確認） ・数か月間のインターンシップまで職歴に含めているケースもあるので、その職場でどのような立場で働いていたのかも確認	・脚色されている可能性が高いため、客観的に把握できる数値での成果や職責と照らし合わせる必要がある ・たとえば営業職の場合、「××の営業をやりました」だけではなく、「具体的にどのくらいの数量・金額を売って、どのような評価を得たのか、会社や自分に何がもたらされたのか」を聞き、それらについてしっかり答えられるかどうかを確認 ・職歴についても、本人の了承を得て、リファレンスチェックを行う
その他	・家族構成や、家族の職業などの確認 ・履歴書の構成力を確認 ・履歴書の作り方ひとつでも、その人の緻密さや構成力、論理性などを判断することができる ・履歴書には必ず写真をつけさせると、履歴書の内容と人物についての記憶が一致しやすくなる。多数の履歴書を見る場合は特に重要なポイント ・その人のIDカードなど、本人の身元が確認できる書類を添付させる（不法入国者などを誤って採用しないために必要）	

（出所）パソナグループ各拠点（中国、タイ、ベトナム、インド）の拠点長へのインタビューより

2. 企業担当者から見たポイント

　図表7では、日系企業の経営層の方に、「採用にあたってどんな点を確認するか」についてうかがいました。

図表7　採用にあたり確認したいポイント

◆大手総合商社（タイ）　A氏
　明確な定義はないが、面接時に学歴、職歴を見て、求める人材であるかどうかを確認。
　給与についてはマーケットの相場があるので、そこから大きく外れる、ということはない。また、3年程度の間に、6回も7回も8回も転職しているような人は、たとえ優秀であっても、「入社させてもすぐにやめるかな」と思ってしまう。
　ただ、やはりインタビューしてみないとその人の人となりはわからない。

◆大手消費財メーカー（タイ）　B氏
　採用時に顕在化している能力だけでなく、今後どのように伸びる素材なのかを洞察する必要がある。
　欠員補充の採用では、このような中長期的な育成視点での採用は困難であるが、可能な限り、人的な余裕があるときに将来に向けての採用を実施、ていねいに育てることが重要。
　※中途採用の場合、過去の経歴、報酬レベルは参考になるが、採用面接での直感が重要。現有ナショナルスタッフと、個性、潜在能力のダブり、相性なども考慮する。

◆大手自動車部品メーカー（ベトナム）　C氏
　筆記試験と面接したときの感覚。
　だが、正直なところ面接だけではわからない。よって、自分だけでなく、担当の日本人も一緒に会って決めている。また、経歴詐称としては、「英語検定」の証明書が、お金を出すといくらでも手に入るようだ。

◆大手総合商社（中国）　D氏
　顔つきや表情を見る。またどんな両親に育てられたかなど、家庭環境を確認する。

（出所）海外現地法人拠点長へのインタビューより

ただし、採用のポイントについては、日本で日本人を採用する際に留意する点と共通するところが多いため、事前に日本の人事担当者から採用のノウハウについて指導を受けたり、国内勤務時から採用活動に携わることで、「人材採用に慣れておく」ことが必要になるでしょう。

Q7 面接の一般的な流れ

書類選考に通った人材を、今般面接することになりました。一般的な面接の流れについて教えてください。

A 面接の回数は、2回から3回程度が主流で、その間、筆記試験などを行うケースもあります。

ただし、インドなど人材獲得競争が激しい地域の場合、何度も面接を行っている間に、他社に良い人材をとられてしまうケースもあるため、早い段階での見極めが必要です。

1. 面接の流れ

～書類選考→一時面接→二次面接→最終面接という流れが一般的～

面接の流れについても、4か国ともある程度共通していますが、図表8のとおり、インドなどでは人材の流動性が特に高く、採用に時間をかけていると、良い人材に逃げられてしまう可能性もあるため、早い段階で人材を見極める採用側の力量が非常に重要となってきます。また、内定を出しても候補者は正式な雇用契約を交わしていないと、当該人材は「本当に自分はこの会社に入社できるのか？」と不安になり、その結果、可能性のある他社へ目を向けることにもつながります。

よって、相原氏（パソナグループ）によると、正式な雇用契約を交わす前に、採用を決めた段階で、「雇用確認書」を取り交わしておくのも、有能な人材を他社にできるだけ取られないようにするための有効な手段のひとつとなります。

図表8　採用までの流れ

国	概　　要
中国	・ジュニアレベルの場合 　　書類選考→一次面接→最終面接、 ・それ以上のレベルの場合 　　書類選考→一次面接→二次面接→最終面接 （一次面接では職務に関して、二次面接では待遇条件などについて話をする）
タイ	・書類選考→一次面接→（最終面接）
ベトナム	・書類選考→（筆記試験）→一次面接（担当マネジャー）→二次面接（社長） 　※筆記試験は行っていないことも多く、筆記試験を行うと告げると辞退するものが半数近く出るので、それを利用しスクリーニングを行う。
インド	・書類選考→一次面接 　※職能レベルの高いポジションは数回にわたり面接をするが、一般レベルであれば非常に早く採用の可否を決定する。 　※良い人材であればあるほど、すぐにオファーレターを出さないと、他の会社に逃げられる可能性が高くなる。

（出所）パソナグループ各拠点（中国、タイ、ベトナム、インド）の拠点長へのインタビューより

Q8 筆記試験

書類選考に通った人材を、今般面接することになりました。
面接と同時に、筆記試験も実施したいと考えていますが、どのような筆記試験が適当でしょうか。

A 考えられる筆記試験としては「性格テスト」「業務に関するテスト」「作文」などが考えられ、これらのテストを利用することで面接だけではわからない本人の性格や論理性、考え方を知ることができる。

1. 筆記試験は必要か？

　筆記試験については必ずしもどの企業においても行われるわけではありませんが、橋本氏（パソナタイ）によると「筆記試験を実施する旨を伝えると、応募者の半数近くが辞退することから、筆記試験の実施は、本当に当社に入社したい人材を選別する一種のスクリーニング機能にもなっている」そうです。

　よって、以下でご紹介する筆記試験は、多少面倒でも当該人材の人となりや能力を把握するために、ぜひ実施されることをおすすめします。

2. 具体的な筆記試験の内容は

(1) 性格テスト

　どのような強み、弱みを持っている人材かを知るための性格テストを行う企業も存在します。テストの結果を鵜呑みにはできませんが、概して「こういうタイプの人物」ということは把握できるようです。

　（この性格テストを好んで使う日系現地法人責任者も少なくありません。）

（２）能力試験

　募集している業務に関して必要な能力を保持しているかを知るために、知識や技術のレベルを知るためのテストです。

　また、具体的なケーススタディを与えて「あなたならどうするか」という形で、本人の問題解決能力を知ることもできますし、それにより経歴書に書かれた職務内容を本当に経験したことがあるのかなども、ある程度判断することができます。

　また、入社後、提案書や報告書を作成する必要がある業務の候補者については、文章を書かせることで、その人の論理構成や説明能力なども測ることができます。

（３）作文

　文章はその人物の人となりをとてもよく表すという点で、筆記試験の実施により、面接時にはわからなかった本人の内面を知ることができます。

　また、言葉の面についても、特に「日本語を話すのは得意だが、書くのは苦手」という人材は少なくありません。

　メールを通じてビジネスをする機会が増えている現在、ある程度きちんとした文書を書くことができるかどうかを判断するためにも、筆記試験は有効な手段となります。

> ## Q9 面接時に必ず確認しておくこと、聞いてはいけないこと、バックグラウンド調査
>
> 面接時に必ず確認しておくべきこと、または聞いてはいけないことがあれば教えてください。また、採用にあたり、当該人材のバックグラウンド調査は一般に行うものなのでしょうか。

> **A** たとえばアメリカのように、「特定の質問は、それを聞くだけでも差別につながる」というような条項は特にありません。採用スペックに基づく内容や転職理由などは必ず確認する必要がありますが、業務にあまり関係のないことは控えたほうがよいという意見もあります。
>
> また、バックグラウンド調査については、よほど役職の高い人材の採用以外は、あまり一般的には行われていないようです。

1. 必ず確認するべきこと、聞いてはいけないこと

　たとえばアメリカのように、質問をすること自体が差別問題等につながるケースは少なく、基本的には日本国内での採用活動と同様に考えてよいと思われます。

　また、図表9にもあるように、仕事には直接的に関係はないものの、家庭環境などを聞いておくことは、本人の人となりの判断基準のひとつともなるので、有効といえます。

　また、相原氏（パソナグループ）によると、以下のような質問や状況も、候補者の性格をあぶりだす道具になるそうです。

　たとえば経理職の場合、金銭面での不正などを起こすリスクがないかを把握するために、面接官がギャンブル好きなふりを装い、それに関する話題を持ちかけた際、その話に嬉々として乗ってきたら、経理担当者としてはふさわしくないなど、雑談のように仕事とは一見関係のない話をすることでその

図表9　必ず確認するべきこと

確認するべきこと	聞いてはいけないこと
採用スペックに基づいた ・業務に必要な技能、資格、経験 ・内定後から勤務開始までかかる時間 ・希望給与、残業、転勤の可否 および ・転職の理由 ・入社意思	特にないが、業務に関係ない質問はできるだけ控えたほうが望ましい（特に政治や宗教の話） ※ただし、家庭環境（親の職業など）については、その人物の人となりの判断基準のひとつにもなるので、確認しておいたほうが望ましい

（出所）パソナグループ各拠点（中国、タイ、ベトナム、インド）の拠点長へのインタビューより

人の特性をあぶりだすこともできます。

　また、面接後、ビュッフェ等を提供するレストランに連れて行き、「その人材がどのような作法（盛り付け方、食べ方）をするのか」「お酒が入ったとき、人格がどのように変わるのか」「食後、ご馳走になったお礼をきちんと言えるか」などを観察することで、その人物の品格なども判断できるということでした。

2. バックグラウンド調査について

　バックグラウンド調査については一般に職位が上の者に対して行うことはありますが、日系企業ではそれほど活発ではないようです。

　また、橋本氏（パソナタイ）によると、「ベトナムでは（バックグラウンド調査を行う）調査機関が充実していないため、大半の企業が実施していない」というように、そもそも調査を行う機関がまだ発達していないため、調査を行いたくても行えない環境にある国も存在します。

Q10 人材紹介会社からみた有能人材の採用が上手な企業の条件

当社では採用活動に力を入れているにもかかわらず、内定を出そうと思った人間が他社にとられてしまったりと、なかなか良い人材が採用できません。人材採用が上手な企業の特徴があれば教えてください。

A
「意思決定が早い」「相場より高めの給与を提示することができる」といったことのほかに、「採用したい人物像が明確」な点が、人材採用が上手な会社の特徴といえます。

1. 採用活動が上手な企業の3つの条件

パソナグループの4拠点の代表者にインタビューしたところ、ほぼ共通する回答をいただきました。それをまとめたのが図表10です。

図表10　良い人材を採用できる企業の条件

① 意思決定が早い
　書類選考から内定まで、何事も効率的でスピーディ。
　（有能な人材は、複数の企業から内定をもらうため、プロセスに時間をかけすぎると、他社に逃げられてしまう）

② マーケット価格よりも多少でも高い水準の給与が設定できる
　高い給与水準は、それだけ候補者にとって魅力的。少なくとも同業他社水準よりは上の金額を提示したい。
　また、処遇について臨機応変な対応ができるかもポイント。

③ 採用したい人材像が明確
　「こういうスペックの人材が取りたい」とはっきりと条件提示をしているため、採用に関する意思決定にブレがない。

（出所）パソナグループ各拠点（中国、タイ、ベトナム、インド）の拠点長へのインタビューより

人材の採用は、それなりにリスクが伴うためにどうしても慎重にならざるを得ませんが、時間をかけすぎても良い人材を逃がしてしまう場合があります。

　通常、採用活動を行うのは、現地の日本人赴任者が中心となりますが、必ずしも当該赴任者が人事経験があるとは限りません。

　よって、採用活動にあたっては可能な範囲で本社の人事担当者もサポートを行うのはもちろんですが、赴任前に、何らかの形で人材採用にも携わり、人を見る目を養う経験を積むことも必要となるでしょう。

2. どうしても採用したい人材が存在する場合

(1) 柔軟な対応が不可欠

　笠原氏（パソナ中国）によると、「大企業のように給与制度がかっちり決まってしまっていると、たとえ良い人材をとりたいと思っても、その年齢でこの経験ならこのくらい、というレンジがあるので、それを逸脱することがなかなかできず、結局いつまでも採用できないというケースも見受けられる。一方、中小企業はそのあたりに融通が利くケースが多いので、ぜひほしいと思う人材については、多少高い給与でも採用にいたる、といったケースもあり、ある程度柔軟な対応がとれることが、有能人材採用の要件の重要な要素になっている」とのことでした。

　よって、良い人材を採用するためには、報酬に関する条件等は多少融通が利くような体制が必要になります。

(2) 給与テーブルから外れることができないときは……

① 契約金などの形で支給

　しかしながら、整備された人事制度が存在する以上、いくら必要な人材とはいえ、当該制度を逸脱した形で採用してしまえば、既存の社員との不公平感が出てしまい、全体のモチベーション低下につながることもあります。

　よって、既存の給与テーブルでは十分に処遇できない候補者については、

代替手段として給与ではなく、契約金などの一時金として、まとまった金額を支給し、入社後の業績により、能力に見合った給与テーブルで処遇を行うことを約束するという方法もあります。

② 試用期間中の業績に応じた処遇を約束
　法律で認められた試用期間中の業績に問題がなければ、会社として許容できるポジションでの採用を行うという方法です。
　ただし、某大手電機メーカーの中国現地法人総経理によると、「入社したばかりの試用期間中は、業務に慣れていないため、失敗して会社の業績に影響を与えては困るので大きな仕事は任せられない。そのため、試用期間中はどうしても軽めの仕事を与えることになりがちである。ただし、そうすると失敗のしようがないから、結局その社員が有能かどうかが見極められないまま試用期間が終わってしまうというジレンマがある」ということでした。試用期間をいかに活用し、その人材の能力を見極めるかが重要なポイントになります。

Q11 雇用契約書の締結および雇用条件決定についての留意点

晴れて現地スタッフを1名、採用することになりました。採用にあたり、雇用契約書の締結は行う必要があるでしょうか。

また、雇用契約書にはどのような事項を記載する必要があるでしょうか。

A 雇用契約書の締結を法律で義務付けている国もありますし、義務付けがない国であっても、雇用契約書は後々のトラブル防止のために必須です。

また、雇用契約書作成にあたり、既存のひな型を使用するのはひとつの有効な方法ですが、最終的な内容は必ず現地弁護士など、現地の労働法に精通している人物のチェックを受けることが肝要です。

1. 雇用契約書に記載するべきこと

図表11に雇用契約書に記載するべき一般的な内容をまとめてみました。

雇用契約書作成後は、必ず現地の法律に詳しい専門家に確認してもらう必要があります。（中途半端な内容の雇用契約書は、かえって企業の首を絞めることにもなるので注意が必要です。）

2. 就業規則について

橋本氏（パソナタイ）によると、「現地労働法に準拠した労働条件とすることは言うまでもないが、現地の労働法は労働者保護の立場をとっているため、社内で問題を起こしても解雇や処罰の対象にすることが難しい。よって就業規則を徹底し、違反した場合に会社が有利な立場になれるような条件を提示し、本人の同意をとっておくことが必要」ということでした。

図表11　雇用契約書に記載する事項（例）

事　項	注意点
出社日	いつから勤務してもらうかを明記
出勤場所	採用した人材が主に勤務する場所を明記。転勤などの可能性がある場合はその旨も明記
職位	具体的な職位を明示
試用期間および試用期間中の解雇の条件	試用期間の明示、および試用期間後本採用となるための条件、試用期間中の解雇の条件などを明示
勤務時間	何曜日から何曜日までか、何時から何時までか、休憩時間は何時間（もしくは何時から何時まで）かを明記
給与（または年俸）	・税込みか税抜きかを明示 ・各種手当についても記載
賞与	賞与支給が行われる場合とその条件
昇給	昇給月の記載。毎年必ず昇給があるわけではないならば、その旨も記載
有給休暇日数	初年度の休暇日数、次年度以降の休暇日数
社会保険	具体的にどのような保険に加入させるかを明記
競業禁止条項	競業となりうる業種の範囲、退職後の競業禁止期間、競業禁止条項に違反した場合の制裁
解雇・懲戒などの条件	具体的に記載
過去の勤務先との契約についての確認	当社で勤務することが、過去の勤務先での競業禁止条項や秘密保持条項に抵触していないかの確認
虚偽の内容があった場合の取扱い	採用にあたり提出した履歴書等に虚偽があったことが発覚した場合の雇用契約の効力について

3. 雇用条件決定にあたっての留意点

　雇用条件決定にあたっての留意点としては、「中国では、提示給与は手取り給与か、額面または税込みかを明確にすることが後のトラブル防止につながる。書面にて雇用確認書を出し、基本的な雇用条件を書面で確認すること

図表12　雇用条件決定にあたっての留意点

- 給与は税込みか税抜きかを明確に（諸手当等についても明記）
- 基本的な雇用条件は書面にて確認
- 社員への説明が不十分だと、訴訟の原因にもなるので要注意

（出所）パソナグループ各拠点（中国、タイ、ベトナム、インド）の拠点長へのインタビューより

が必要」（パソナ中国　笠原氏）、「インドでは、従業員への説明が不十分な場合、内容によっては訴訟に持ち込まれる可能性もあるので、きちんとした説明をしたうえで決定が望ましい」（パソナインドGM　谷嘉久氏）ということです。

上記をまとめると、**図表12**のとおりになります。

また、大手日系企業のタイ現地法人の経営層からは、「ここ10年、タイ経済は右肩上がりで成長している。よって、賃金レベルもそれに応じて上がるため、社内にいるA氏と同じくらいの能力の人を採用しようとすると、A氏に現在支払っている給与では、とても同じ水準の人を採用することはできない。もしA氏と同等の能力の人材をA氏以上の待遇で迎えてしまうと、もともといたA氏のモチベーションを下げるリスクが出てきてしまう。かといって、A氏と同じ水準の給与額を提示しても、採用できるのはA氏よりも能力的にかなり下回る人材のみであり、このあたりでジレンマを抱えている。（既存の有能人材と、新しく採用する有能人材の差が問題）」という悩みも聞かれます。

また、その逆の悩み（毎年一定比率で昇給を行っているため、長年勤務している人の給与が相場よりも非常に高くなってしまっている）を持つ企業もあります。

中長期的にみると、給与相場とかけ離れた給与水準は、社内のモチベーション低下にもつながるので、現状のマーケットレベルにあわせて、自社の給与体系を変更するしかなさそうです。

4. 労働契約書・就業規則作成のポイント
～複数の海外拠点があればひな型作成がベスト～

　ナショナルスタッフの労働契約書・就業規則作成にあたっては、各国で労働法の違いがあるため、すべての現地法人で共通のものを使用することは不可能ですが、まずはグループ全体としてのひな型（会社にとって最も都合のよい形）を作成し、それを各国の法令に従い適宜修正をし、最終的に現地の労働法に詳しい専門家に内容の確認をしてもらう形をとったほうが、内容にもれも少なく、都度の作成コストもかからず、管理もしやすいのは確実です。

　また、しっかりしたひな型を作っておけば、Ａ国現地法人で労務管理上、追記すべき事項が見つかった場合、内容によってはＢ国にある現地法人の契約書や就業規則にも変更を加えることも容易になります。

　また、同じひな型で作成された労働契約書や就学規則であれば各国毎の労働法などの違いがひと目でわかり便利です。

Q12 採用にあたっての職務記述書の交付

採用にあたり、職務記述書の交付は一般的ですか。

A 日系企業においては一般的とはいえませんが、傾向としては職務記述書を作成する流れには向かっており、実際に作成に取りかかっている企業も多数みられます。

1. 職務記述書の必要性

採用時に職務記述書を交付するかどうかについて、パソナグループの各拠点に確認したところ、図表13のような回答をいただきました。

結論からいうと、「どの企業も必ず交付しているわけではないが、職務内容を明確にするためにも職務記述書は不可欠」というのが共通の見解ということがわかります。

図表13 職務記述書について

国	概　要
中　国	経験者採用の場合、職務記述書の交付は一般的。
タ　イ	企業によりまちまち。
ベトナム	一般的かどうかはわからないが、ベトナム人の国民性を考慮した場合、職務記述書は必要といえる。 カースト制度的な感覚があるため、与えられた職務以外の仕事は一切しない。（自発的に）範疇外の仕事を依頼すると、断られるかもしくは対価を要求される。
インド	各社各様だが、作成したほうが望ましい。

（出所）パソナグループ各拠点（中国、タイ、ベトナム、インド）の拠点長へのインタビューより

2. 職務記述書に書くべきこと

(1)職務記述書作成の意義

職務記述書の作成に関しては、「そんなものを作ると、そこに書いてある仕事しかしなくなるのでは」「当社は規模も小さいので何でもしてもらわないと困るから、あえて職務記述書を作成する必要はない」とおっしゃる方も少なくありません。

しかし、職務記述書において「主として行うべき仕事」のほかに、「頼まれたら他の仕事もやる」旨を記載しておけば、「私はその仕事の担当ではないから」という言い訳をさせないようにすることが可能です。

(2)職務記述書の記載事項

図表14に、職務記述書への記載事項をまとめてみました。

図表14　職務記述書への記載事項

事　項	注意点
記載日	当該職務記述書の記載日を記入（年に1度は変更する可能性があることを示唆する意味も含む）
当該従業員の基本情報	氏名、入社日、勤務場所、所属部署など
業務のタイトル	職位を記載
業務内容の概要	その業務がイメージできる内容を記載
能力・資格	その業務で必要となる能力や資質、公的資格などを記載
レポーティングライン	主として誰に自分の業務内容を報告するのかを明記
主要業務	主として行う業務を記載。できるだけ金額や期日などを明確に記載することで、具体性のある記述にすること
付随業務	「職務記述書に書いていないから私の仕事ではない」といわせないため、付随業務のひとつとして、「主要業務に関連して行う業務」という一文も記載すること

職務記述書を作成することで、採用する人材に何をやってもらうかが明確になること、当該人材が退職した場合でも職務記述書を参考に、次に採用する人材のスペックを決めることができること、職務記述書の内容を基に業績評価を行うことができることなど、様々なメリットがあります。

Q13 会社のPRのために

有能なナショナルスタッフを採用するには会社のPRが必要、ということは認識していますが、具体的に何をすればよいかわかりません。

A 「立地条件の工夫」「ホームページによる自社PR」「社内に広告塔的な人材を保有する」ことなどがあげられます。なかでも「ホームページによる自社PR」は最もコストがかからず、かつ戦略的に会社をPRできる武器となります。

1. 日本企業はPR下手？

　笠原氏（パソナ中国）によると、「日本企業は製品自体は有名であっても、働く人の環境としてどのようなところかが、あまりオープンになっていない」ということです。つまり、社名や製品は知っていても、働く環境としてのイメージがわかないため、一般によくいわれている「日系企業は日本語ができないと出世できない」「日系企業は出世できてもせいぜい部長どまり」というようなステレオタイプにナショナルスタッフも振り回されているのかもしれません。

　誇大広告はいけませんが、自社のどのような点が魅力的かをナショナルスタッフを交えて議論し、PRに値する点をどんどんアピールする積極性が重要です。

2. 有能人材に応募してもらうために

（1）オフィスの立地条件は採用にあたっても非常に重要

　「都会の一等地で働けるということ」は、ナショナルスタッフの大きなステイタスのひとつでもあります。

　当然ながら、一等地の家賃は郊外に比べて格段に高いのですが、不動産の

価格には、高いには高いなりの、安いには安いなりの理由があります。一般に現地法人設立には多額のコストがかかり、その中で初代の現地法人責任者はできるだけ経費を節約しようという努力から、「多少遠くても少しでも家賃が安いところがよい」という理由で、都心から少し離れたエリアにオフィスを置く企業もあります。

しかし、そういった企業の担当者からよく聞くのは、「立地条件が悪いと、採用活動には圧倒的に不利」という声です。日本であれば、1時間半や2時間近くかけての通勤も、ある意味「仕方のないこと」と許容されている面もありますが、家族との時間を大切にするナショナルスタッフにとっては、通勤時間は勤務先を決定する大きなポイントになるようです。

また、仕事が終わった後に、何らかの資格を取るために大学や専門学校などに通学しようとするナショナルスタッフにとって、アフターファイブの勉強場所から非常に遠いエリアにある会社は、それだけで入社したい会社の候補から外れてしまう可能性もあります。（逆に、あえて立地条件の悪い所にオフィスを構えることで、転職しにくい環境を作る企業も存在しますが、この方式はよほどネームバリューや人気の高い企業でないと、そもそも採用自体を困難にすることになります）

（2）ホームページの工夫 〜採用を意識したHP〜

インターネットが普及した現在において、企業ホームページは候補者がその企業を知る最も大きな手がかりとなっています。

よって、ホームページは「少ない経費で最大限に会社をアピールできる、非常にコストパフォーマンスのよい投資」といえるのではないでしょうか。

① 社員が楽しく働いていることがわかるHP

日本人駐在員はもちろん、ナショナルスタッフが生き生きと楽しく働いていることがわかるよう、ナショナルスタッフの写真や仕事への意気込み、抱負などを記載したコメントなどもできるだけ織り込みましょう。（もちろん、

喜んでホームページにコメントや写真を記載してくれるナショナルスタッフがいることが前提ですが……。)

　また、ナショナルスタッフを自社のホームページで紹介することは、単に採用候補者となるナショナルスタッフへのアピールとなるだけではなく、ホームページで紹介された社員にとっても、「自分は会社から評価されている」という証にもなり、当該スタッフの会社へのロイヤリティ向上にも寄与するものと思われます。(ホームページに掲載された社員に対し、金一封をわたすのもひとつです。)

② 頑張れば、キャリアアップできる環境であることがわかるホームページ
　上記のとおり、楽しく働いている姿を見せるのはもちろん、「この会社で頑張って働けば、自分にはこんなキャリアが開ける」ということがわかるような、自社の評価体系なども簡単でも構わないので紹介するのも効果的です。
　「現時点では評価体系も昇進体系も決まっていないので書きようがない」という企業もあるかと思いますが、それであれば現地法人責任者が抱くナショナルスタッフへの思いを掲載するだけでも価値はあります。

③ 過去の採用実績や給与、諸条件も、できるだけ記載されたホームページ
　具体的な採用実績や給与、福利厚生についても可能な限り記載したほうが、アピールになります。ただしあまりよい条件ではないので……ということであれば、あえて記載する必要はないかもしれません。

④ どんな理念や目標を持つ会社なのかがわかるホームページ
　自社の理念や目標を持ち、どんな人物を採用したいと考えているのかについても、できるだけオープンにしたほうがよいでしょう。
　「当社には日本本社にすら明確な理念や目標がないので、書きようがない」ということであれば、どんな思いで現地法人を立ち上げたのか、これからどのように会社を運営していきたいのか、という現地責任者の思いを記載する

のも一案です。

　また、日沖半導体(上海)有限公司副総経理の松原弘明氏によると、「自社の理念や目標を全面的に押し出すことで、その理念に共感できる人材だけを候補者として集めることができると同時に、その理念に共感できない人材が応募してくることはないため、ホームページを通じてスクリーニングをかけることができる」ということでした。

　つまり、ホームページに企業の詳細を記載することで、面接時に基本的な説明をする時間を省くことができ、候補者とより突っ込んだ話ができるという点で、密度の高い面接を行い、早めに人材の見極めをすることが可能になります。

　以上、ホームページに記載すべき事項についてあげてみました。
　企業の中にはコスト削減の意味合いから「ホームページ作成ソフト等を使えば、社内の担当者でも可能だから」という理由で、社員にホームページの作成を一任してしまっているケースもあります。
　もちろんその担当者が、センスや創造性に富んでいれば別ですが、所詮プロではありませんので、完成したホームページはプロが作ったものとは比較になりません。
　その会社を知らない人からみると、その会社のホームページがその人にとっての「企業に抱く第一印象」であり、まさに会社にとっての「顔」に相違ありません。よって、作成したいイメージを伝えながら、多少コストはかかっても、プロに作ってもらったほうが結果的には得策といえます。

（3）社内に広告塔を作る
　魅力的な人材がいる会社には有能な人材も引き寄せられます。よって、そのような人材を広告塔にして、会社のPRをすることも有効です。
　もしくは有能で、自己PR力に優れたナショナルスタッフがいれば、その社員を大学説明会など会社をPRする場に積極的に連れて行き、話をさせる

のは非常に効果的です。

　候補者はその会社の社員全員をみて、その会社に関心を持つわけではありません。自分が接したごく僅かの人間をみて、その会社に対し、良いイメージもしくは悪いイメージを形成するわけですから、ナショナルスタッフ受けのよい人を社内で探し、その人をさらに教育して、会社の広告塔となってもらうことも検討に値するでしょう。

Q14 中堅・中小企業が良い人材を採用するための秘策

当社は日本においても中堅・中小企業の部類に入り、現地でも社員はせいぜい数名の、ある特定の業種の人や企業以外からは、まったく無名の会社です。

このような企業が、有能な人材を採用するためにはどのような工夫が必要でしょうか。

A
知名度が高い大企業とは違う点を逆手にとって、それを魅力として打ち出すのがよいでしょう。

1. 中小企業よりも大企業のほうが人気が高いのか？

　笠原氏（パソナ中国）にうかがったところ、「一般的な傾向として大企業は人気があるが、必ずしもすべてのナショナルスタッフに人気があるわけではない」そうです。

　その理由は、「大企業の場合、組織がしっかりと固まっており、また人材も豊富なのでポジションも頭打ち（上が詰まっている）であるため、そういった企業に就職した先輩達から、『ネームバリューに魅かれて入社したが、先が見えているし、実際はあまり楽しくない』というような話を聞いて敬遠しているケースもある」ということです。

　一方、中小企業は、良くも悪くも組織が固まっておらず、人数も少ないため、昇進できるチャンスも多いことから、経営者とナショナルスタッフの相性がよければ、若いうちから様々な仕事や権限を与えられ、やりがいを持って働くことができる、という意見も聞かれます。

　ただし、一般に小規模な企業ほど、昇給カーブが低かったり、福利厚生や教育・研修の機会が少ないという点がデメリットとして認識されていますから、『頑張った人にはそれなりの見返りがある』ことをアピールし、小規模

企業に対して抱かれているマイナスイメージをホームページなどを通じて払拭することも重要になります。

2. アピールできるポイント

　中堅・中小企業がアピールできるポイントを、**図表15**にあげてみました。
　また、有名企業を退職した社員や退職したいと考えているナショナルスタッフと話す機会があれば、なぜ彼らがそのような有名企業から退職することを考えるにいたったかを聞いてみましょう。つまり、ある意味それが大きな企業の弱点ですから、それを裏返すことで、「小さい企業だからこその強み」として前面にアピールすることも可能です。

図表15　中堅・中小企業であるがゆえの強みとは？

① **規模が小さいがゆえに、出世できるチャンスが多い**
　有名な企業であれば社員数も多く、かつ有能な人も多いため、出世競争は非常に激しいものになる。それに対して、無名な小企業であれば、ライバルも少なく、勢い出世しやすくなる。
　※学校の同級生に比べて、早くマネジャーになれるチャンスがある。
　※大企業ほど日本人赴任者となりうる人材が少ないため、結果的にナショナルスタッフのポジションが得やすいケースもある。

② **規模が小さいがゆえに、たくさんの権限を持って仕事ができる**
　規模が大きい企業であれば、その分、業務自体が細分化されて、自分の業務についての裁量も小さく、やりがいを感じにくい面もある。
　それと比較すると、小規模企業であれば1人ひとりに任されている仕事が大きく、ある程度自分の裁量で仕事を進めることができる。

③ **規模が小さいがゆえに、現地責任者および日本本社トップとの距離が近い**
　規模が大きい企業であれば、現地責任者との距離はともかく、日本本社トップ等はあまりにも遠い存在で、直接話をする機会すらなかなか持てない。
　小規模企業であれば、現地責任者はもちろん、本社トップとも距離が近く、直接話をする機会なども比較的多く、自分の意見や提案が会社の運営に反映される可能性も高く、自分も会社を動かしているんだ、という充実感を持てる。（もちろん、トップの方次第ですが……。）

④ **規模が小さいがゆえに、硬直的な給与体系にとらわれず、能力に見合った処遇が与えられる可能性が高い**
　規模が大きい企業だと、整備された給与体系がある場合が多く、仮に非常に優秀であっても、その枠を大きく超えた処遇というのは難しい場合が多い。
　それに対して小規模な企業であれば、硬直的な体系にしばられず、本人の能力に応じた弾力的な処遇が認められるケースもある。

第2章

有能外国人を日本で採用する

本章では、日本に来ている留学生や外国人を採用する際の様々な手段およびメリット・デメリット・留意点について、具体的に説明していきます。
　※本章執筆にあたっては、外国人雇用サービスセンターおよび企業の外国人採用担当者など、多数の皆様にご協力をいただきました。ありがとうございました。

1 日本にいる外国人を採用する

Q1 日本にいる留学生の概要①
～都市・大学別留学生数、国籍別割合、年齢層など

当社では、現地法人で勤務する現地人材の採用にあたって、日本にいる留学生を採用しようと考えています。

日本にはどのくらいの留学生がいるのでしょうか。また、国籍としてはどこの国の人が多いでしょうか。留学生の概要について教えてください。

A
平成20年5月現在、日本に留学している留学生は約12万3,800人で、そのうち約60％が中国人です。ここでは留学生数やその国籍別割合、大学別人数など、留学生にまつわる事項についてまとめてみました。

1. 留学生（大学、専門学校在籍者）は約12万3,800人
～中国人が58.8％、韓国人が15.2％、台湾人が4.1％と続く～

独立行政法人日本学生支援機構の調査によりますと、平成20年5月1日現在、日本の大学・専門学校に留学している外国人は123,829人で、約10年前の平成8年の52,921人と比較すると、約2倍以上増えています。

また、国籍別でみると、図表16のとおり中国からの留学生が72,766人と最も多く、全体の58.8％を占めており、アジア地域からの留学生が全体の約9割に該当することがわかります。

2. 留学生が多い都道府県は？
～留学生の約半数が関東地域に集中～

図表17からもわかるように、日本に留学している外国人の約半数が関東

図表16　出身国別留学生数（平成20年5月1日現在）

国（地域）名	留学生数	構成比	国（地域）名	留学生数	構成比
中　国	72,766人 (71,277)	58.8% (60.2)	イギリス	400人 (370)	0.3% (0.3)
韓　国	18,862人 (17,274)	15.2% (14.6)	オーストラリア	347人 (330)	0.3% (0.3)
台　湾	5,082人 (4,686)	4.1% (4.0)	ブラジル	331人 (316)	0.3% (0.3)
ベトナム	2,873人 (2,582)	2.3% (2.2)	エジプト	320人 (283)	0.3% (0.2)
マレーシア	2,271人 (2,146)	1.8% (1.8)	カナダ	319人 (307)	0.3% (0.3)
タ　イ	2,203人 (2,090)	1.8% (1.8)	ロシア	315人 (337)	0.3% (0.3)
アメリカ	2,024人 (1,805)	1.6% (1.5)	カンボジア	287人 (283)	0.2% (0.2)
インドネシア	1,791人 (1,596)	1.4% (1.3)	ラオス	276人 (264)	0.2% (0.2)
バングラデシュ	1,686人 (1,508)	1.4% (1.3)	イラン	216人 (229)	0.2% (0.2)
ネパール	1,476人 (1,309)	1.2% (1.1)	ウズベキスタン	205人 (167)	0.2% (0.1)
モンゴル	1,145人 (1,110)	0.9% (0.9)	サウジアラビア	184人 (159)	0.1% (0.1)
スリランカ	1,097人 (1,181)	0.9% (1.0)	トルコ	171人 (169)	0.1% (0.1)
ミャンマー	922人 (849)	0.7% (0.7)	メキシコ	156人 (142)	0.1% (0.1)
フランス	574人 (471)	0.5% (0.4)	シンガポール	156人 (129)	0.1% (0.1)
インド	544人 (480)	0.4% (0.4)	その他	3,824人 (3,662)	3.1% (3.1)
フィリピン	527人 (538)	0.4% (0.5)	計	123,829人 (118,498)	100.0% (100.0)
ドイツ	479人 (449)	0.4% (0.4)			

（注）　（　）内数値は平成19年5月1日現在。

（出所）「平成20年度　外国人留学生在籍状況調査結果」（独立行政法人　日本学生支援機構）

図表17　地方別・都道府県別留学生数

(人)

地方名	留学生数	構成比	都道府県	留学生数	地方名	留学生数	構成比	都道府県	留学生数
北海道	1,900 (1,776)	1.5% (1.5%)	北海道	1,900 (1,776)	近畿	21,848 (21,134)	17.6% (17.8%)	三重	793 (767)
東北	3,481 (3,157)	2.8% (2.7%)	青森	523 (326)				滋賀	371 (377)
			岩手	396 (401)				京都	4,994 (4,746)
			宮城	1,814 (1,767)				大阪	10,289 (10,203)
			秋田	227 (216)				兵庫	4,017 (3,737)
			山形	212 (211)				奈良	1,102 (1,042)
			福島	309 (236)				和歌山	282 (262)
関東	61,949 (60,099)	50.0% (50.7%)	茨城	2,320 (2,463)	中国	5,302 (4,764)	4.3% (4.0%)	鳥取	186 (200)
			栃木	1,071 (1,113)				島根	213 (186)
			群馬	1,172 (1,324)				岡山	1,982 (1,725)
			埼玉	5,444 (5,496)				広島	2,091 (1,930)
			千葉	5,566 (5,708)				山口	830 (723)
			東京	42,371 (40,316)	四国	1,336 (1,319)	1.1% (1.1%)	徳島	361 (341)
			神奈川	4,005 (3,679)				香川	349 (333)
中部	13,778 (13,210)	11.1% (11.1%)	新潟	1,197 (1,246)				愛媛	475 (465)
			富山	585 (551)				高知	151 (180)
			石川	1,421 (1,240)	九州	14,235 (13,039)	11.5% (11.0%)	福岡	6,613 (6,017)
			福井	329 (320)				佐賀	398 (400)
			山梨	692 (710)				長崎	1,418 (1,236)
			長野	570 (613)				熊本	743 (715)
			岐阜	1,373 (1,360)				大分	3,965 (3,587)
			静岡	1,480 (1,396)				宮崎	122 (121)
			愛知	6,131 (5,774)				鹿児島	434 (440)
								沖縄	542 (523)
					計	123,829 (118,498)	100.0% (100.0%)		

(注) 大学・専門学校等の在籍者に限る。他府県にまたがる大学等の留学生については、本部の所在する都道府県に計上した。
平成20年5月1日現在、( )内は19年5月1日現在。

(出所)「平成20年度 外国人留学生在籍状況調査結果」(独立行政法人 日本学生支援機構)

地域、特に東京都に集中しています。関東地域に次いで多いのは、近畿地方、中部地方ですが、関東地域に比べると、その差は歴然としています。

3. 留学生が多い大学は？

～1位は立命館アジア太平洋大学で2,644人～

大学別にみた留学生数は**図表18**のとおりで、立命館アジア太平洋大学が最も多く、次いで早稲田大学、東京大学となっています。また一般的に、国立大学には大学院生が多く、学部生の割合が低くなっている一方、私立大学は国立大学とは逆に学部生が多くなっています。

4. 留学生の年齢層は？

～大学生だと23～26歳、大学院生だと25歳～30歳位のケースが多い～

一般に留学生は、日本の大学に入学する前の準備教育課程において約1年間、日本語教育を受けています。また、いったん現地の大学を出て社会人になってから日本の大学に留学するケースもあり、このような場合だと、日本の大学・大学院を卒業した時点で30歳前後となるケースも少なくありません。

図表18　留学生受入れ数の多い大学（平成20年5月1日現在の在籍数）

学校名	留学生数
立命館アジア太平洋大学　（私立）	2,644人（2,352人）
早稲田大学　（私立）	2,608人（2,435人）
東京大学　（国立）	2,388人（2,297人）
大阪大学　（国立）	1,439人（1,032人）※
国士舘大学　（私立）	1,356人（1,300人）
筑波大学　（国立）	1,337人（1,221人）
京都大学　（国立）	1,335人（1,275人）
大阪産業大学　（私立）	1,297人（1,327人）
九州大学　（国立）	1,292人（1,171人）
東北大学　（国立）	1,214人（1,179人）
名古屋大学　（国立）	1,214人（1,155人）
立命館大学　（私立）	1,119人（1,024人）
東京工業大学　（国立）	1,092人（1,038人）
日本大学　（私立）	1,048人　（989人）
拓殖大学　（私立）	1,046人（1,095人）
神戸大学　（国立）	1,011人　（951人）
帝京大学　（私立）	953人（1,062人）
慶應義塾大学　（私立）	933人　（870人）
千葉大学　（国立）	878人　（866人）
北海道大学　（国立）	864人　（813人）
広島大学　（国立）	842人　（755人）
横浜国立大学　（国立）	772人　（765人）
敬愛大学　（私立）	712人　（692人）
明治大学　（私立）	674人　（585人）
東京国際大学　（私立）	665人　（688人）
明海大学　（私立）	652人　（618人）
北陸大学　（私立）	626人　（401人）
上智大学　（私立）	625人　（536人）
岡山大学　（国立）	605人　（580人）
流通経済大学　（私立）	601人　（752人）

（注）（　）内は平成19年5月1日現在。
※大阪大学の平成19年の数値は、旧大阪外国語大学（平成19年344人）との統合（平成19年10月）前のものである。

（出所）「平成20年度 外国人留学生在籍状況調査結果」（独立行政法人　日本学生支援機構）

Q2 日本にいる留学生の概要②
～国費留学生・私費留学生の違い～

ひと口に留学生といっても、国費留学生や私費留学生などいくつか種類があると聞きました。また、留学期間も大学4年間通っていた人や、1年のみの人などいろいろあるようです。それぞれの違いや、また留学生の違いにより、能力差などはあるのでしょうか。

A 国費留学生とは、日本政府からの奨学金を受け取っている留学生を指し、私費留学生とは、日本政府からの奨学金を受け取っていない人を指します（日本政府からではなく、母国企業からの奨学金を受け取っている留学生も私費留学生に分類されます）。

1. 日本への留学の形
～大きく国費留学と私費留学に分かれる～

日本に留学している外国人は、大きく分けて「国費留学」か「私費留学」かのいずれかのパターンで留学しています。各形態により留学経費の手当てや留学期間が異なります。

図表19からわかるとおり、国費留学生については毎月、生活費として10万円以上が支給され、かつ大学の授業料の負担もありません。一方、私費留学生は、各企業や団体が提供する奨学金に申込みをしない限り、母国政府からの援助や自らの資金で留学中の費用を賄わなければなりません。

よって、国費留学生に比べて資金の工面が大変なようです。（とはいえ、たとえば中国等から来る私費留学生の中には、裕福な家庭の出身者も多いため、必ずしも私費留学生が生活面で苦しい、というわけではないようですが……。）

図表19　国費留学生と私費留学生の概要（2009年度）

	概　要	種　類	募集・選考	待　遇
国費留学	日本政府（文部科学省）奨学金を受給している学生。	①研究留学生 　年齢：満35歳未満 　期間：日本語教育含め2年以内 　受入数（*2）：4,030人 ②教員研修留学生 　年齢：満35歳未満 　期間：日本語教育含め1.5年以内 　受入数（*2）：155人 ③学部留学生 　年齢：満17歳以上22歳未満 　期間：日本語教育含め5年間 　　　（医・歯・獣医：7年間） 　受入数（*2）：478人 ④日本語・日本文化研修留学生 　年齢：満18歳以上30歳未満 　期間：1学年間 　受入数（*2）：340人 ⑤高等専門学校留学生 　年齢：満17歳以上22歳未満 　期間：日本語教育含め4年間 　受入数（*2）：90人 ⑥専修学校留学生 　年齢：満17歳以上22歳未満 　期間：日本語教育含め3年間 　受入数（*2）：110人	以下のとおり、いくつかパターンがある。 1）海外在住の留学希望者向け募集・選考方法 ア：各国の日本大使館推薦 イ：海外の大学からの推薦（大学間交流協定に基づく） 2）国内留学生向けの募集・選考 ウ：国内採用 　国内大学に在学する私費留学生を在籍大学からの推薦により国費留学生に採用すること。	◆奨学金（月額） 左記の ①②…… 　152,000円 　～158,000円 ③④⑤⑥…… 　125,000円 　～128,000円 ◆授業料 国立大学法人及び高等専門学校機構は不徴収、公私立の場合は文部科学省負担

第2章　有能外国人を日本で採用する　63

私費留学	日本政府からの奨学金を受給していない学生(*1)	①外国から日本の志望大学・大学院等の選考（国内あるいは海外）を経て直接入学 ②渡日後、民間の日本語教育施設に入学し、1年程度の日本語教育を履修した後、志望大学・大学院等の選考を受けて進学 ※日本の大学に留学するためには、各大学が定める試験に合格する必要があるが、その共通テストとして「日本留学試験」がある。http://www.jasso.go.jp/eju/whats_eju.html	各企業や団体が募集している留学生向けの奨学金に応募。

(＊1)「国費」か「私費」かは、「日本政府からの奨学金を受けているか否か」で区分されているため、海外の政府からの奨学金を受けている学生については「私費留学」に該当する。
(＊2)「受入数」は「新規受け入れ予定数」を指す。

(出所) 外務省「STUDY IN JAPAN［日本留学総合ガイド］」
(http://www.studyjapan.go.jp/)

2. 国費留学生のほうが優秀なのか
〜一概にはいえない〜

　国費留学生の場合、大使館推薦という枠があり、この場合、各大使館から推薦された留学生を各大学は（特別に成績が悪いという場合を除いては）原則的には受け入れなければならないというのが実態のようです。また、国によっては大使館から推薦される留学生の資質にかなり差があるため、国費留学生だからといって全員が優秀かというと、必ずしもそうとは限らないようです。

Q3 日本にいる留学生の概要③
～日本での所属大学は本人の能力を反映しているか～

当社に応募してくる留学生の日本での在籍大学は、誰もが知っているような有名大学ばかりです。留学生の学力レベルは、当該留学生が留学している大学のレベルと同等と思ってもよいのでしょうか。

A

日本人が大学に入学するのとは、異なった選考基準で入学するケースが多いので、必ずしも留学生の日本での所属大学が本人のレベルを示しているとはいえません。

特に大学院から日本に留学している学生の場合は、母国で所属していた大学で判断したほうが確実です。

日本の大学の場合、偏差値という形で大学のレベルがある程度わかる形になっています。一方、留学生の場合は通常の試験とは異なる試験を受けているため、日本の偏差値ランキングがそのまま留学生の学業的能力に直接結びついているわけではないようです。よって、留学生を採用する場合、特に大学院のみ日本に留学している場合は、必ず出身国でどの大学を出たかを確認したほうが、当該人材の能力を把握することができるといえます。

※世界の大学ランキング（1～500位）は以下のサイト（QS TOP Universities）から確認することができます。
http://www.topuniversities.com/worlduniversityrankings/results/2008/overall_rankings/fullrankings/

Q4 留学生の採用方法①
〜新卒で留学生を採用するための方法〜

当社では将来的な海外ビジネスの拡大に備えて、留学生の採用を考えています。今のところ、留学生だからといって、特別な採用方法はとらず、通常の新卒採用の枠の中で募集をしていますが、なかなか応募がきません。何かよい方法はありますか。

A
留学生は一般に就職活動の出足が遅い傾向にあるため、日本人学生と同様の採用方法ではなく、留学生に的を絞った採用活動が必要といえます。

1. 留学生の就職活動の出足が遅い理由
〜進路を決めかねている、就職活動に関する情報収集ができていない〜

日本人学生であれば、学部生の場合、通常は3年生の秋ごろから就職活動をスタートさせています。留学生でも、もちろんこの時期からスタートさせている人もいますが、一般に日本人学生より出足が遅いのが特徴です。

その理由は、「そもそも日本で就職するか母国に帰るか悩んでいた」「大学院に進学しようか悩んでいるうちに出足が遅れた」「日本に留学しているものの、友人関係は同じ留学生同士ばかりで、日本の就職活動に関する情報収集ができていない」など様々です。

このように留学生は出足が遅い傾向が強く、また就職活動をしている留学生にとっては、「どの企業が留学生の採用を考えているかわからない」ため、就職活動が非常に効率の悪いものになっており、その結果、日本人学生のように、就職活動の波に乗れていないケースも多くなっています。

2.「日本人と同じ基準で採用」は果たして得策か？
　～有能な人材を取りこぼす可能性も～

　新卒採用の際に行われることが多いSPI試験等は、日本語を母国語としない留学生にとっては非常にハードルが高いものになり、こういった試験で日本人と同じ基準で選考していては、本当に有能な留学生を取りこぼすことにもなりかねません。

　企業の中には「留学生だからといってバイアスをかけない」という方針の下、日本人とまったく同じ基準で採用活動を行っている企業もあります。こういった企業は、往々にして非常に著名なグローバル企業であり、留学生からの人気も高く、有能な留学生が大量に応募してきますから、日本人学生と同じ基準でふるい落としたとしても、採用したいと思っている人数分の留学生は採用できるかもしれません。

　しかしそれ以外の企業の場合は、留学生にはSPI試験に代わって日本語能力試験を受験させるなど、日本人の学生とまったく同じ基準での採用活動を改めないと、せっかくの有能な人材をとりこぼしてしまうもしれません。

3. 確実に留学生を採用するには
　～就職したい留学生が集まる市場に出て行くのがポイント～

　留学生を確実に採用したいのであれば、日本での就職を考えている留学生がたくさん集まっている場所で求人活動を行うのが適当です。

　具体的には、「大学の留学生課にアプローチ」「留学生向けジョブフェアに出展」「外国人向け雇用サービスセンターに求人を出す」「人材紹介会社を使用する」などです。

Q5 留学生の採用方法②
～大学の留学生課などを通じて採用～

当社では、来年度から留学生を新卒採用する予定です。特定の大学からの留学生を採用したいと考えていますが、直接大学にアプローチすることはできるのでしょうか。

A 留学生を受け入れている大学であれば、通常「留学生課」が存在しますので、一度連絡を取ることをお勧めします。留学生をいきなり正社員として雇用するのが不安であれば、まずはアルバイトとして雇用するのもひとつの方法です。

1. 大学の留学生課を通じた採用とは

留学生を採用するにあたって、最もコストがかからず、かつ賢明な手段として、留学生が多い大学の留学生課に求人票を出す方法があります。

一般に留学生の日本での就職活動は、日本人学生と比べて苦戦を強いられているケースが多いため、各大学とも留学生の就職サポートには熱心です（少子化が進む中、減少する日本人学生の数を穴埋めするかのように、多数の留学生を受け入れている大学にとって、留学生の就職内定率は、大学の経営をも左右する重大事項だからです。）。

よって、大学にとっても、企業からの求人情報はありがたいと思っているケースがほとんどです。

留学生の受入数が多い大学は、図表18（61頁参照）のとおりです。傾向として、国公立大学は大学院生が多く、留学生の国籍もバラエティに富んでいます。一方、私立大学は国公立大学に比べると学部生の比率が高くなっており、国籍は国公立大学ほどの多様ではありません。

特に中国人留学生は、どの大学でも留学生の大半を占めていますが、ベトナム、タイ、インドの留学生となると、その数はかなり限られています。特

にインドからの留学生は非常に数が少ないため、1,000人規模で留学生を受け入れている大学においても、インド人留学生は数人程度しか存在しません。また、ベトナムからの留学生は全国に2,800人ほど存在しますが、昨今、ベトナムが「CHINAプラス1」として注目を浴びていることもあり、複数の大学関係者から「ベトナム人の留学生を紹介してほしい、と企業から問い合わせがあった」との声も聞かれました。

また、いきなり留学生を正社員として採用するのが不安な場合は、アルバイトとして留学生を雇用してみるのもひとつの方法です（一般に留学生はアルバイトは禁止されていますが、「資格外活動許可」を受けていれば、一定時間までのアルバイトは可能です。）。

→外国人留学生をアルバイト雇用する際の留意点はQ11（79頁）をご参照ください。

2. 当該手段のメリット

大学の留学生課を通じて留学生を採用したいと考えている場合は、まずは興味のある大学の留学生課の連絡先を調べ、直接コンタクトをとってみることです（大学によっては留学生の就職支援は留学生課ではなく、就職課が行っている場合もあります。）。

また、大学と親しくなっておけば、大学が開催する留学生向けジョブフェアなどにも声がかかる可能性があります。

※図表18「留学生受入れ数の多い大学」に出向いて、情報収集してみてはいかがでしょうか。

Q6 留学生の採用方法③
～アジア人財資金構想を利用して採用～

当社では留学生を採用したいと考えていますが、先日、新聞で経済産業省と文部科学省による「アジア人財資金構想」というプロジェクトがスタートしたと知りました。

記事を見ていると、受入れ企業側に大きな費用もかからず、大変魅力的なプログラムに感じたのですが、当社のような留学生を受け入れたことがない企業でも、このプログラムに参加することはできるのでしょうか。

このプログラムの概要について教えてください。

A
経済産業省と文部科学省が平成19年度からスタートした3年間の期限付きプロジェクトです。企業は、選抜され日本語教育や日本のビジネス習慣に関する教育を受けた留学生をインターンシップとして受け入れることで、優秀な学生を採用する機会が得られるという制度です。費用も特にかかりませんので、お勧めです。

1. アジア人財資金構想とは？
～経済産業省と文部科学省のプロジェクト～

アジア人財資金構想とは、経済産業省及び文部科学省が、日本企業に就職意志のある、能力・意欲の高いアジア等の留学生に対し、奨学金や人材育成から就職支援までの一連の事業を通じ、産業界で活躍する専門イノベーション人材の育成を促進するためのプログラムです（「アジア」とありますが、実質的にはアジア以外の学生も参加することができます。）。

この事業の目的は、日本企業に就職意思のある留学生に対して、専門教育から就職支援までの一連のプログラムを提供するものです。具体的には、選抜された留学生に対し、卒業前の2年間、本来の専攻分野に加えて図表20のとおり、日本の企業に就職するための準備教育（日本語、日本のビジネス文

図表20　アジア人財資金構想の大まかな流れ

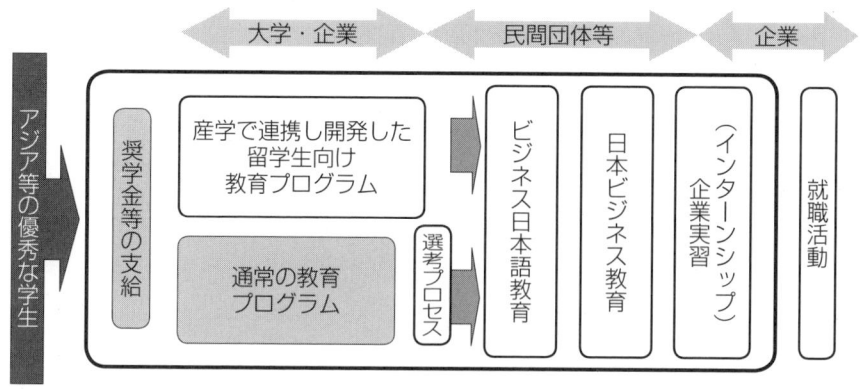

| 大学・企業 | 民間団体等 | 企業 |

アジア等の優秀な学生 → 奨学金等の支給 → 産学で連携し開発した留学生向け教育プログラム／通常の教育プログラム → 選考プロセス → ビジネス日本語教育 → 日本ビジネス教育 →（インターンシップ）企業実習 → 就職活動

（出所）『アジア人財資金構想』について（平成19年　経済産業省）をもとに作成

化紹介、ビジネスマナー習得など）を行い、その後、日本企業への就職支援を行います。また、夏休み期間中はインターンシッププログラムにより、2週間から1か月程度、学生が各企業で実習する機会を設けています。

2. 本構想に参加する企業のメリット

～インターンシップを受け入れることで、日本語や日本のビジネス習慣を学んだ優秀な留学生を採用できる～

　本構想は、インターンシップの受入れを行った企業に対して、日本語や日本のビジネス習慣を学んだ基礎能力の高い留学生に直接アプローチする機会を設けるものです。

3. 本プログラムに参加するためには？

～各管理法人のホームページなどをご参照～

　このプログラムの運営は、経済産業省から委託を受けた管理法人が行っています。詳細は、「アジア人財資金構想」（http://www.ajinzai-sc.jp/）（経済産業省・文部科学省 共催）をご参照ください。

Q7 外国人の採用方法①
~ジョブフェアを利用して採用~

外国人対象のジョブフェアがあると聞きましたが、その概要を教えてください。

A 外国人を採用したい企業向けに、各団体が主催するジョブフェアが、東京を中心に各地で行われています。これらジョブフェアに出展すれば、多数の留学生と面談することができます。

　外国人の採用を検討している場合、図表21のようなジョブフェアに出展するのも効果的です。ただしジョブフェアの場合、来場者が単に自社のブースに立ち寄って履歴書を置いていっただけで、本当に自社に就職したいと思っているかどうかは、疑わしいところもあります。

　ブース出展料は主催者により異なり、10万円~30万円程度の費用は発生しますが、日系企業に就職を希望する留学生と出会う機会があるという点で、メリットがあるといえます。

図表21　外国人向けジョブフェアを開催している機関の例

	主催者
公共機関系	外国人雇用サービスセンター（東京）※
	外国人雇用サービスセンター（名古屋）※
	外国人雇用サービスセンター（大阪）※
人材紹介会社	パソナグローバル　等
その他	社団法人東京都専修学校各種学校協会
	国際留学生協会
各大学主催	各大学が主催

※外国人雇用サービスセンターにおいては出展料はかかりません。

Q8 外国人の採用方法②
～外国人雇用サービスセンターを通じて採用～

「外国人雇用サービスセンター」とは何でしょうか。当社が外国人留学生や、外国人を中途採用する際にも利用できますか。また、費用はかかるのでしょうか。

A 外国人雇用サービスセンターとは、ハローワーク（公共職業安定所）の外国人版ですから、誰でも利用でき、外国人留学生も多数登録しています。また、求人募集を行ったり、求人に関する相談にも無料で対応してくれます。

1. 外国人雇用サービスセンターとは？

外国人雇用サービスセンターとは、外国人に係る情報提供、職業相談・紹介や事業主に対する外国人雇用の情報提供、援助などを専門的に行う厚生労働省所管の公共職業安定機関で、東京、名古屋、大阪にあります。

2. 外国人雇用サービスセンターの利用手続き・費用

外国人雇用サービスセンターを通じて外国人を採用したい場合、所定の手続きが必要です。たとえば東京外国人雇用サービスセンターに登録している留学生は、2008年12月現在で約3,000人いるのに対し、求人企業数は250社ということから考えても、圧倒的な買い手市場であることは間違いありません。

3. インターネット上での人材検索

外国人雇用サービスセンターに登録されている人材を、自分のパソコンから検索することも可能です。検索にあたっては東京は登録が必要ですが、大阪は登録不要です。

図表22　外国人雇用サービスセンター一覧

東京外国人雇用サービスセンター	開庁時間／8：30～17：15（土・日・祝日及び年末年始は休み） 所在地等／ 〒106-0032 東京都港区六本木3－2－21　六本木ジョブパーク地下1階 TEL 03（3588）8639　FAX 03（3588）8659 URL http://www.tfemploy.go.jp/ E-Mail tfemploy@mb.infoweb.ne.jp
名古屋外国人雇用サービスセンター	開庁時間／8：30～17：00（土・日・祝日及び年末年始は休み） 所在地等／ 〒460-0008 愛知県名古屋市中区栄4－1－1　中日ビル12階 TEL 052（264）1901　FAX 052（249）0033 URL http://www2.aichi-rodo.go.jp/gaikokujin/index.html
大阪外国人雇用サービスセンター	利用時間／10：00～18：00（土・日・祝日及び年末年始は休み） 所在地等／ 〒530-0001 大阪府大阪市北区梅田1－2－2　大阪駅前第2ビル15階 TEL 06-6344-1135　FAX 06-6344-1134 URL http://www.osaka-rodo.go.jp/hw/gaisen/ E-Mail gaikoku@osaka-rodo.go.jp

図表23　外国人雇用サービスセンター人材検索システム

東京外国人雇用サービスセンター 企業向け求職情報	http://www.tfemploy.go.jp/jp/search/hunt/hunttop.html
大阪外国人雇用サービスセンター 外国人人材情報	http://www.ysp1.go.jp/gaisen/jinzai/jinzaiinfo.html

Q9 外国人の採用方法③
〜人材紹介会社を通じて採用〜

このたび、弊社では将来の海外展開を見据えて、外国人材を採用しようと考えています。本社採用にするか、現地採用にするかはまだ未定ですが、外国人材を紹介してくれる人材紹介会社はあるのでしょうか。また、新卒についての紹介も可能でしょうか。

A

外国人材に紹介してくれる人材紹介会社は日本でも多数あります。また、一般に新卒については、コストをかけず、自力で採用する企業が多く、わざわざお金を払って新卒採用に人材紹介会社を使うケースは少ないですが、たとえば「ベトナム人を10人」等、大量に採用したい場合は、人材紹介会社を経由して採用したほうが確実といえます。

1. 外国人を紹介してくれる人材紹介会社

外国人材を専門に紹介してくれる人材紹介会社は日本に多数あります。

通常、どの紹介会社でも紹介料は20％〜30％（人材のレベルによる）であり、3か月または半年以内に退職した場合は紹介料を一部または全額を返金、もしくは代わりの人材を保証するといった制度になっています。

2. 外国人採用にあたり留意すべき点

外国人を採用するに際し、日本人の採用とは違った配慮が必要です。詳細について人材紹介会社からいただいたアドバイスを、図表24にまとめました。

図表24　日本人の紹介の場合と比較して気をつける点

> 一般的には日本人の求人と変わらないが、特に気をつける点は下記のとおり。
>
> ◆給与提示
> 　日本の場合、「額面給与」の提示が一般的だが、「手取り給与」の提示が一般的な国もある。理解の相違を避けるため、人材に待遇を説明する時に、「額面」提示か「手取り」提示かを伝えておくとよい。
>
> ◆給与水準
> 　日本で外国籍の人材を採用し、将来現地に転籍を考えているので、現地の水準で雇用したい、というニーズもあるが、その人材だけ、極端に低い給与水準になると、労働基準法第3条《均等待遇》に抵触し、法律違反となるので注意。
>
> ◆日本語レベル
> 　国籍により、スピーキング、ヒアリング能力と読書き能力にかなり差が出る場合がある（中国籍の方は、読書き能力が優れ、欧米・東南アジア国籍の方はスピーキング、ヒアリング能力に秀でる傾向あり。）。
> 　日本語ビジネスレベルでご求人される際は、細かく紹介会社に確認するのが望ましい。
>
> ◆将来転籍の場合
> 　将来海外法人へ転籍が明確な場合は、求人の際に時期と転籍後の給与を明確にする必要がある。本社採用を前提で入社し、後に転籍の打診を受けた場合、給与、待遇の差から離職してしまう可能性がある。

（出所）パソナグローバルより情報提供

2 その他

Q10 日本語能力の判定方法

外国人を採用するにあたり、当該人材の日本語能力のレベルを知りたいのですが、何かよい指標はあるでしょうか。面接時の型どおりのやりとりでは、本当の能力がわからず困っています。

A

日本語能力を測る指標としては「日本語能力試験」「J－TEST」、「BJTビジネス日本語能力テスト」があります。日本語での会話は上手でも、読み書きは弱いというケースは、非漢字圏の人材に多いので、論文作成や読解テストなども有効です。

1. 日本語テストの種類とレベル
～日本語能力試験、J－TEST、BJTビジネス日本語能力テスト等～

日本語を母語としない人を対象とした日本語能力を測る試験としては、図表25のとおり、様々な種類があり、各テストごとに難易度や特徴にも差があります。

図表25　日本語能力を測る試験

日本語能力試験 （JLPT）	（財）日本国際教育支援協会と、（独）国際交流基金が主催。 ※試験回数：年2回 ※受験可能場所：国内、海外 ※1級〜4級の4段階に分かれている。 　（2010年からはN1〜N5の5段階となる予定）
J.TEST実用日本語検定	日本語検定協会・J.TEST事務局が主催。 ※試験回数：年6回 ※受験可能場所：国内各地 ※中級〜上級者向けの「A－Dレベル試験」と初級者向けの「E－Fレベル試験」がある。 ※日本語能力試験の1級が、J.TESTの準B〜C級の目安といわれている。
BJTビジネス日本語能力テスト	2009年度から（財）日本漢字能力検定協会で主催。 （以前はジェトロが主催） ※試験回数：年2回 ※受験可能場所：国内、海外 ※「J1＋」〜「J5」の6段階に分かれている。

（注）この他にも各種の日本語能力を測る試験がある。

Q11 外国人留学生のアルバイト雇用

当社では外国人を採用するにあたって、まずは留学生時代に当社でアルバイトをさせ、能力や資質に問題がなければ、卒業後、正社員として雇用したいと思っていますが、そもそも留学生が一般企業で働くことは可能なのでしょうか。

A
留学生が保有している学生ビザでは、通常は労働は認められていません。しかし、本人が法務大臣から「資格外活動許可」を受けていれば、一定時間以内に限り、アルバイトをすることが可能です。よって、社員として採用する前に事前にアルバイトとして雇用してみる、というケースは他社でもみられます。

1. アルバイト受入可能な業種は？

風俗営業以外の業種であれば、基本的には外国人留学生をアルバイトとして雇用することが可能です。ただし、外国人留学生本人が法務大臣から「資格外活動許可」を受けておくことが必要です。

2. 求人方法は？

〜日本人の雇用と同様。大学等の活用も〜

日本人のアルバイト採用と同様の方法で求人を行うことも、もちろん可能ですが、各大学の留学生課や外国人雇用サービスセンターなどに求人募集を行うのも有効です。

3. アルバイト時間の制限は？

〜大学等の正規生の場合は週28時間以内〜

アルバイト可能時間は、「正規生」「聴講生・研究生」「専門学校等の学生」

図表26　留学形態により異なるアルバイト可能時間

留学形態		1週間のアルバイト時間	教育機関の長期休業中のアルバイト時間
留学生	大学等の正規生	28時間以内/週	8時間以内/日
	大学等の聴講生・研究生	14時間以内/週	8時間以内/日
	専門学校等の学生	28時間以内/週	8時間以内/日
就学生		4時間/日	4時間/日

(出所) 外務省「STUDY IN JAPAN [日本留学総合ガイド]」(http://www.studyjapan.go.jp/)

「就学生」の留学形態によって、図表26のとおり異なります。

4. 制限時間を超えてアルバイトをさせた場合
～雇用者側は「不法就労助長罪」に問われる～

　図表26に示した制限時間を超えてアルバイトをさせた場合、雇用者側は「不法就労助長罪（入管法第73条）」に問われ、3年以下の懲役または300万円以下の罰金に処せられます。

　一方、制限時間を超えて就労を行った留学生等は、行政処分として強制退去（入管法24条）、刑事責任として3年以下の懲役または禁固または300万円以下の罰金に処されます。

5. 雇入れにあたって確認する書類は？
～就労可能かチェックすること～

　以下の書類の提示を求め、内容を確認する必要があります。

① 　外国人登録証および在留資格・在留期限の確認

　外国人登録証の在留資格が「留学生」または「就学生」と記載されているかチェックします。また、在留期限が切れていないか、雇用期間中に在留期限が切れる可能性がないかなどもあわせて確認してください。

② 資格外活動許可書の確認

　留学生等は原則として就労はできませんが、事前に法務大臣から「資格外活動許可」を受けている場合に限り、条件付きで就労が認められていますので、必ず確認が必要です。

③ 貴社以外での就労状況の確認

　前述のとおり、留学生等には就労時間に制限があるため、他社でアルバイトをしている場合は、その分、貴社での就労時間を短く設定しなければなりません。

　よって、雇入れ時には、他でアルバイトをしていないか、また、している場合は週何時間かなどを確認し、そのうえで雇用した旨を文書で残しておくことも必要となるでしょう。

　※可能であれば上記書類（①および②）について、本人の同意を得たうえで、コピーをとっておくといいでしょう。

6. ハローワークへの届出書類は？

　〜外国人雇用状況届出書を提出〜

　外国人の雇用にあたっては、たとえそれがアルバイトであっても、「外国人雇用状況届出書（様式第三号）」の提出が必要です。

　当該届出書は雇入れの日の翌月末日までに雇い入れた事業所を管轄するハローワークに提出、もしくは管轄の労働局ホームページなどから電子申請することが義務付けられています。

Q12 留学生を採用面接する際の留意点

書類選考の結果、留学生の採用面接を行うことになりました。面接時に確認しておくべきことを教えてください。

A 日本人学生に対して面接を行う際の質問事項以外に、「募集職種と留学生の在留資格の内容が一致していること」「本人のキャリアプランを確認しておくこと」「労働条件などをきちんと説明しておくこと」が必要です。

　留学生の採用面接にあたっては、志望動機や学生時代に打ち込んだことなど、日本人学生に対してよく行われる質問以外に、図表27の点も確認しておく必要があります。

　それをしないと、採用した後にお互い「こんなはずではなかった」という事態になることがあるので、以下の事項の確認は必須です。

図表27　採用面接する際の留意点

① 募集職種と留学生の在留資格の内容が適応するか確認すること
「留学」の在留資格を「就労」の在留資格に変える際、留学時代の専攻内容と、自社で行ってもらいたい業務に関連性がなければ、在留資格の変更はできない。（たとえば学生時代、工学部だった人が洋服のセールスの仕事に就く、ということは基本的には不可能）
→よって、内定通知を出しても、留学時代の専攻内容と、日本で働く際の業務内容に関連性がないと就労の在留資格がおりないため、結果的に働いてもらうことができない。

② 本人のキャリアプランを確認しておくこと
留学生は日本人学生に比べ、明確なキャリアプランを持っている場合が多い。そのキャリアプランが当社で勤務することで実現できるかを確認する。
→「日本で2～3年働いて箔をつけて母国に帰る」計画の留学生も存在する。もちろん、内定が欲しい留学生が、面接時にそのようなことをはっきりというとは限らないので、採用担当者は、あらゆる角度から質問をすることで、候補者の考えをあぶりだす必要がある。

③ 労働条件などをきちんと説明しておくこと
会社のルールや就業規則についてきちんと説明しておくこと。
→配置転換の可能性やジェネラリスト的な働き方をさせる場合、その旨を事前に説明し、納得させておかないと、「専門性が身につかない」と退職してしまうことがある。
また、将来的に母国に赴任してもらいたいと考えている場合、その旨も伝えておくこと。
（留学生の中にはずっと日本で勤務し、母国への赴任を望んでいないケースもある）

II 有能人材の定着

第1章

有能外国人を定着させる

海外現地法人の成功は、現地の優秀な人材の確保もさることながら、いかに定着させるかも、とても大切です。
　そこで本章では、ナショナルスタッフの定着にあたっての様々な手段や留意点などについて、具体的に説明していきます。
　※本章執筆にあたっては、多数の日系企業の責任者の皆様から貴重な知見をいただきました。お礼申し上げます。
　（肩書きはインタビュー当時のものです）

1 はじめに

Q1 有能人材の定義とは

有能な人材を定着できるかどうかが、現地法人の業績を左右する、ということはわかるのですが、具体的に「有能な人材」というのは一般にどのような人を指すのでしょうか。会社によって「有能な人材」の定義は異なると思いますが、一例を教えてください。

A 以下では、有能な人材の定義について現地法人の責任者2名の意見をご紹介します。

1. 業務内容によって異なる有能人材の定義

どのような人材を「有能な人材」と定義するかは、会社の業務形態や考え方により様々です。日系企業間でのビジネスが中心など、日本人が現地の経営者であることが望ましい場合は、「日本人経営者の出す指示を正確に実行できる人」であることが「有能人材」であるための最も重要な要件かもしれません。

一方、日系企業間だけでのビジネスではなく、現地のマーケットを開拓する必要がある業務の場合は、前述のようなタイプは必ずしも「有能人材」ではなく、「自ら意思決定でき、現地スタッフを引っ張っていくことができる人」であることが有能人材であるための要件になるでしょう。

そこで以下では、後者の場合を想定した有能人材の定義について、現地法人で責任者の立場の方からのご意見を紹介します。

2. 現地責任者に伺った「有能人材の定義」

「有能人材の定義」について、多数の現地責任者に伺いましたが、その中で代表的な例として図表28のようなことが考えられます。

花王（タイ）の小森隆氏によると、図表28にあげた定義のほかに、「業務（仕事）に本質的な興味を持っていること」「責任感と自己向上意欲が高いこと」「知的好奇心が旺盛なこと」「心がきれいで、できれば頭が良い（学業成績ではなく問題解決能力）人」「日本、日本人、当社を基本的に好きなこと」が、有能なナショナルスタッフに必要な資質ということでした。

一方、同じ点について松下精工（中国）の元総経理である喜多忠文氏に伺うと、「現状維持ではなく、改革、改善ができる人」という意見がありました。つまり、「与えられたことはきちんとできるが、より効率的な仕組みを作ることができない」人は、いくら能力が高くても、有能な人材には当てはまらないということになります。

図表28 有能な人材の定義

- 自ら状況を把握して、判断、対応できること（指示待ちではない）
- 対処療法ではなく、原因療法を案出、選択できる能力、資質
- 自信を持ってことに立ち向かえる能力を有する
- 時に部下に対してつらい指示が出せること（脱感情論的振る舞い）
- 組織を状況にあわせて、あるいは将来に備えて、柔軟に対応させられること
- 業務にプライオリティを適切につけられる能力
- 部下に指示（よろしく……）を出すだけでなく、自ら現場を仕切れる能力（こうしなさい……）
- 手柄は部下のおかげ、失敗は自らの原因……を通せるか
- 言い訳はしない
- 安易な道は選ばない、必要であれば困難に立ち向えるか
- オーナーシップ

（出所）花王（タイ）小森氏へのインタビューより

3. 自社独自の「有能人材の定義」を行う必要性

　企業により、有能人材の定義は様々ですが、自社にとってどのような人材が「有能人材」なのかを、あらかじめ定義しておくことは、人材採用を行う際や、人事評価の際の指標作りにもつながるので非常に重要です。

　現地のローカルスタッフの中で、「有能」と思われるスタッフにはどのような資質があり、どのような行動をとっているかを観察するとともに、「有能ではないスタッフ」がいる場合、どの点が「有能でない」と思われる原因になっているかを観察することで、おのずと自社としてどのような人材が有能人材であるかが浮き彫りになってくるのではないでしょうか。

　もちろん、企業の発展段階に応じて必要となる能力も異なることから、「有能な人材」の定義も変わってくるので、「有能な人材」の定義については毎年もしくは2～3年に1度は見直しが必要です。

Q2 年齢・業務・学歴による定着率の違い

人材の定着率には年齢による差はあるのでしょうか。

A 一般に「35歳、マネジャー職」など、一定の年齢、職位に達すると定着率が高くなる傾向はあるようです。その背景には、35歳を過ぎると転職先が少なくなること、給与も一定水準にまで達すること、マネジャー職まで到達したということで、わざわざ苦労して到達した地位を手放すのは惜しいという気持ちが働くことなどがあるようです。

1. 年齢と定着率

(1) 一般論：年齢が高くなると定着率は高くなる傾向

　年齢と定着率の関係について日系企業の経営者にお話を伺ったところ、国にかかわらず、「転職をするのは30代前半までであり、40代で転職というのは、ヘッドハント以外ではありえない」というのが共通の見解でした。

　その理由としては、「35歳を過ぎると求人が減るため、転職活動自体が難しくなる」「管理職は誰でもなれるわけではないし、そこまでたどり着いたという安心感もあり、苦労して得た地位をわざわざ手放すことは少ない。また仮に転職しても、転職先で現在と同じ地位が得られるとは限らないことから、転職に対して保守的になっている傾向がある」ことがあげられます。また、某企業の責任者からは「当社をはじめ、日系企業は現金ベースの給与は欧米系には劣るが、フリンジ（医療制度、退職金制度など、部長クラスは個人用の車貸与）面をいれると、欧米系より良い面もたくさんある。そういうことがわかりだすのが30代くらいということもあり、30歳を超えると定着率がよくなるのかもしれない」という意見もありました。

　この「年齢が高くなると定着率は高くなる傾向」に関しては、人材紹介会社からも同様の意見が出ていますので、この傾向は基本的には正しいといえ

るでしょう。

(2)「本当に優秀な人材であれば年齢とともに転職リスクは上がる」という意見も

　その一方で、「本当に優秀な人材であれば、経験を重ねることで、マネジメントの能力も身につけ、年齢を重ねるごとに人材としての価値も上がるため、転職リスクも上がる。当社は定着率が非常に高いが、35歳以上、管理職の社員が転職し、欧米系企業において非常に高いポストに就いたケースが数例ある。よって、35歳以上で管理職の社員の定着率が高いということは、その会社の居心地がよほど良いのか、もしくは外部労働市場ではそれほど価値のない人材が管理職になっている証拠では」という厳しい意見を持つ現地経営者も存在しました。

(3)定着率の高さは本当に望ましいことか

　離職率が高すぎるのも問題ですが、一定の年齢以上の社員の定着率が高すぎるのも、人件費の面から考えるとそれほど望ましいこととはいえないかもしれません。もちろん、報酬に見合った労働の対価を提供してくれている間はよいですが、必ずしもそうではない場合、「一つのポストでの滞在期間は〇年以内、それを超えたら平社員になるか、転出するか」といった選択肢を迫ることも考慮しないと、年齢の高い社員が重要なポストをすべて占領してしまい、本当に優秀な若い社員の昇進の機会を奪うことにもつながりかねません。

　ただし、このような一定年数を経過しても昇進しなければ役職からおろす、もしくは転出というシステムは、欧米系企業ではある意味当たり前でも、日系企業ではあまりなじみがありません。よって、このようないわゆる「UP or OUT」のシステムを取り入れるのであれば、採用段階でその旨を伝えておくほうがトラブルは少ないでしょう。

2. 業務内容と定着率
　～経理・財務、人事・総務など汎用性のある部門の定着率は一般に低い～

　業務内容でみた定着率については、一様に「技術部門など、会社固有の要素のある部門に勤める者は比較的定着するが、経理・財務、人事・総務など、汎用性のある部門の人間は定着率がきわめて低い」という意見があがりました。

　そのため、「経理・財務、人事・総務については2～3年で転職することを前提として業務を組み立てることで、転職されることによるダメージを少しでも小さくなるように自衛している」という声も聞かれます。

　一方、業務内容をすべてマニュアルに落とし込み、細分化することで、「一社員の業務範囲をきわめて狭くすることで、他社での応用性が低くなり、結果として転職しにくい状況を作り出している。また、仮に転職されても、業務はすべてマニュアル化されているため、新規採用した社員に当該マニュアルどおりに業務を行わせる形を行っているため、人材が抜けてもそれほど痛手は生じない」という企業もありました。

3. 学歴と定着率

　学歴と定着率に関しては、一概にはいえませんが、高学歴であればあるほど、プライドも高く、途上国においては日本以上に学歴社会であることからも、高い学歴があればその分転職活動も有利に働き定着率が低くなる傾向はあるようです。

　よって、「一流大学の学生を採用するよりは、日本でいうところの専門学校、高専クラスを採用して、しっかり教えていくほうが、定着率は高いように思う。これからは、大卒などにこだわらず、採用の幅を広げ、その中で見込みがありそうな人材を育てていくほうが結果的には会社にとってプラスになる。当社は日本では有名企業の部類に入るが、当地においてはそうではないため、エリートといわれる種類の学生の採用はそもそも難しい」という声も聞かれます。

Q3 国別で見たナショナルスタッフの意識調査結果

ナショナルスタッフの職業観、現状への満足度、仕事を選ぶ際の重視項目は国によって異なるのでしょうか。

A
三菱UFJリサーチ＆コンサルティングが2008年に日系企業に勤務するナショナルスタッフに行った調査結果によると、国により、多少の傾向の違いはみられますが、それらの違いは、国ごとに、有能人材の定着手法を変えなければならないほど大きなものではありません。

1. 日系企業に勤務するナショナルスタッフの職業観・現状への満足度
〜中国・タイ・ベトナム・インドでの調査結果をもとに〜

（1）調査の趣旨・概要

筆者らは、中国・タイ・ベトナム・インドにおいて、日系企業に勤務するナショナルスタッフについて調査を行いました。

調査対象者は大卒以上の学歴を持つ、25歳以上35歳以下の上記4か国のナショナルスタッフ（ホワイトカラー）各100名ずつとしました。調査項目は全18項目と多岐にわたっていますが、ここではそのうちの「自分の将来像への考え方」「職業観」「仕事を選ぶ際の重視項目」について紹介します。

（2）調査結果の概要
① 自分の将来像についての考え方（図表29）
　a）「出世してお金持ちになりたい」のはタイ、ベトナム

筆者としてはこの項目はいずれの国でも高くなると予想していましたが、中国が非常に低いのが意外でした。タイ、ベトナムは予想どおりこの比率が高くなっていました。

図表29　自分の将来像についての考え方

	自分の仕事に関して、自他共に認める実力人間になりたい	多くの人から親しまれ、尊敬される人間になりたい	主義や信念など心のよりどころをしっかりもった人間になりたい	出世して、お金持ちになりたい	安定した家庭を築きたい	物事にとらわれず、好きなことをやって暮らしたい	その他
中国	23.53%	19.61%	7.84%	2.94%	8.82%	36.27%	0.98%
タイ	20.20%	3.03%	2.02%	27.27%	21.21%	24.24%	2.02%
ベトナム	26.00%	12.00%	13.00%	32.00%	5.00%	12.00%	0.00%
インド	22.86%	38.10%	7.62%	13.33%	16.19%	1.90%	0.00%

　b）「好きなことをやって暮らしたい」のは中国、タイ

　中国・タイではこの項目を支持した者が非常に多かったのに対し、ベトナム・インドでは非常に低くなっています。また、図表29から明らかなように、中国では「出世して、お金持ちになりたい」と答えた割合が非常に低い一方で、「好きなことをやって暮らしたい」という比率が高くなっていました。これは調査対象となった地域が上海等の都市部であり、かつ回答者は一人っ子世代であることが多いことから、すでに物質的にも恵まれているため、ハングリー精神がその分他国より低い傾向にあるのではないかと思われます。

　c）「尊敬される人間になりたい」のがインド

　「好きなことをやって暮らしたい」とする比率が一番低いインドは、自分の将来像として「尊敬される人間になりたい」とした者が圧倒的に多くなっていました。

　このように自分の将来像については、国によってかなりばらつきがあることがわかりました。

② 　ナショナルスタッフの職業観（図表30）

　ナショナルスタッフの職業観を「勤め上げ指向」「転職指向」「企業家指向」

図表30　ナショナルスタッフの職業観

ナショナルスタッフの職業観別グループ分け		中国	タイ	ベトナム	インド
勤め上げ指向グループ	1つの会社に長く勤め徐々に管理職	55.2%	24.2%	40.4%	70.7%
	1つの会社に長く勤め専門家				
転職指向グループ	幾つかの会社経験で徐々に管理職	32.3%	33.7%	35.4%	15.2%
	幾つかの会社経験で専門職				
企業家指向グループ	若い頃は雇われ、その後独立	12.5%	42.1%	24.2%	14.1%
	若い頃から独立				

に分けて集計したところ、インドは勤め上げ指向が一番強く、ついで中国、ベトナム、タイの順となっていました。一方、企業家指向が強かったのはタイ、ついでベトナム、インド、中国の順となっています。

また、タイを除いた3か国で総じて勤め上げ指向の傾向が高いのは、その国の若者の特徴というよりは、「解雇されにくい日本企業で落ち着いて働きたい」という嗜好を持つ人が、日系企業を選んでいることに起因するのかもしれません。

いずれにせよ、日系企業に勤務する人材については、この調査をみる限り、転職志向はそれほど高いとはいえず、施策次第では、有能な人材の定着を図ることができると推定されます。

③　仕事を選ぶ際の重視項目（図表31）

「能力を活かせる」「先行き展望がある」「成長の機会がある」「高い収入が得られる」といった項目についてはいずれの国においてもほとんどの回答者が重視していましたが、「社会的評判が良い」という項目については、インド・ベトナムでは多くの回答者が重視項目とあげていた一方、タイ・中国ではこの比率が相対的に低いのが特徴的でした。

つまり給与や安定、福祉といった"衛生要因"はナショナルスタッフにとっ

図表31　仕事を選ぶ際の重視項目　　　　　　　　　　　　　　　　(%)

		中国	タイ	ベトナム	インド	(平均)
衛生要因	高収入	58.4	57.9	58.2	43.4	54.5
	安定	52.6	53.6	43.1	57.9	51.8
	福祉	62.8	57.9	50.2	57.9	57.2
	少拘束時間	37.4	44.2	24.0	31.9	34.4
	(平均)	52.8	53.4	43.9	47.8	49.5
	全体での割合	52.2	52.6	45.1	48.2	49.6
促進要因	能力活用	62.2	56.8	59.3	60.8	59.7
	先行き展望	55.2	46.3	56.2	52.1	52.4
	習得技術・自己成長	55.8	54.7	58.2	37.7	51.6
	責任・権限	42.5	56.8	51.2	55.0	51.4
	チャレンジ	48.8	54.7	50.2	52.1	51.5
	社会貢献	35.5	42.0	52.2	40.6	42.6
	社会的評判	38.7	25.2	47.2	60.8	43.0
	(平均)	48.4	48.1	53.5	51.3	50.3
	全体での割合	47.8	47.4	54.9	51.8	50.4

(注) アメリカの臨床心理学者、フレデリック・ハーツバーグが提唱した二要因理論（動機付け・衛生理論）によると、「衛生要因」とは、不足すると職務不満足を引き起こすが、一定以上に満たしたからといっても満足感につながるわけではない。一方、「促進要因」とは、満たされると満足感を覚えるが、欠けていても職務不満足を引き起こすわけではない。

て職場への定着を促す必須要因ではあるものの、それと同様またはそれ以上に能力活用、先行き展望という"促進要因"が仕事を選ぶ際の重視項目となっていることがこの調査結果から明らかになっています。

2. これら調査結果からわかること

　上記のとおり、「自分の将来像についての考え方」「ナショナルスタッフの職業観」は国により多少の違いはみられました。

しかしながら、「仕事を選ぶ際の重視項目」については、多少の差異はあるにしても、どの国においても「能力活用」「福祉」「高収入」といった項目が相対的に高く、「時間的拘束の少なさ」「社会貢献」「社会的評判」についてを重視する割合が低いことがわかりました。

　このことからも、有能なナショナルスタッフの定着のために検討しなければならない事項については、ある程度共通しており、国により大きく対応策を変える必要はなさそうです。

Q4 転職意思の有無と会社の満足度への関係

ナショナルスタッフがなかなか定着せず困っています。転職したいと考えている社員は、一般にどのような点に不満を感じているのでしょうか。やはり同業他社より給与を高くしないと人材の定着は不可能でしょうか。

A 「転職意思の有無により異なる会社への満足度」について、ナショナルスタッフに行った調査によると、転職意思のある社員とない社員で満足度に大きな差が出たのは、「現在の会社での先行き展望」「高い収入」「能力、持ち味を活かすチャンス」といった項目でした。

1. 転職意思がある人とない人で大きく異なる満足度

　転職意思があるからといって、その人が必ずしも現在の仕事に不満を持っているとはいえませんが、基本的には「転職意思がない＝現在の仕事にそれなりに満足している」「転職意思がある＝現在の仕事に何らかの不満がある」と分類することができます。

　そこで筆者らは、転職意思の有無で現在の仕事に対する満足度がどの程度異なるか、中国・タイ・ベトナム・インドのナショナルスタッフに対してアンケート調査を行いました（図表32）。

　当然ながら、転職意思がある人に比べて、転職意思がない人のほうが、総じて現在の職場や仕事に対する満足度は高いですが、両者間で特に大きな違いがみられたのは以下の点でした。

① 自分の先行き展望

　現在の職場における自分の先行き展望については、転職意思がない人の半数以上が肯定的な回答をしていました。

図表32　転職意思の有無と会社に対する満足度の関係（4か国合計）

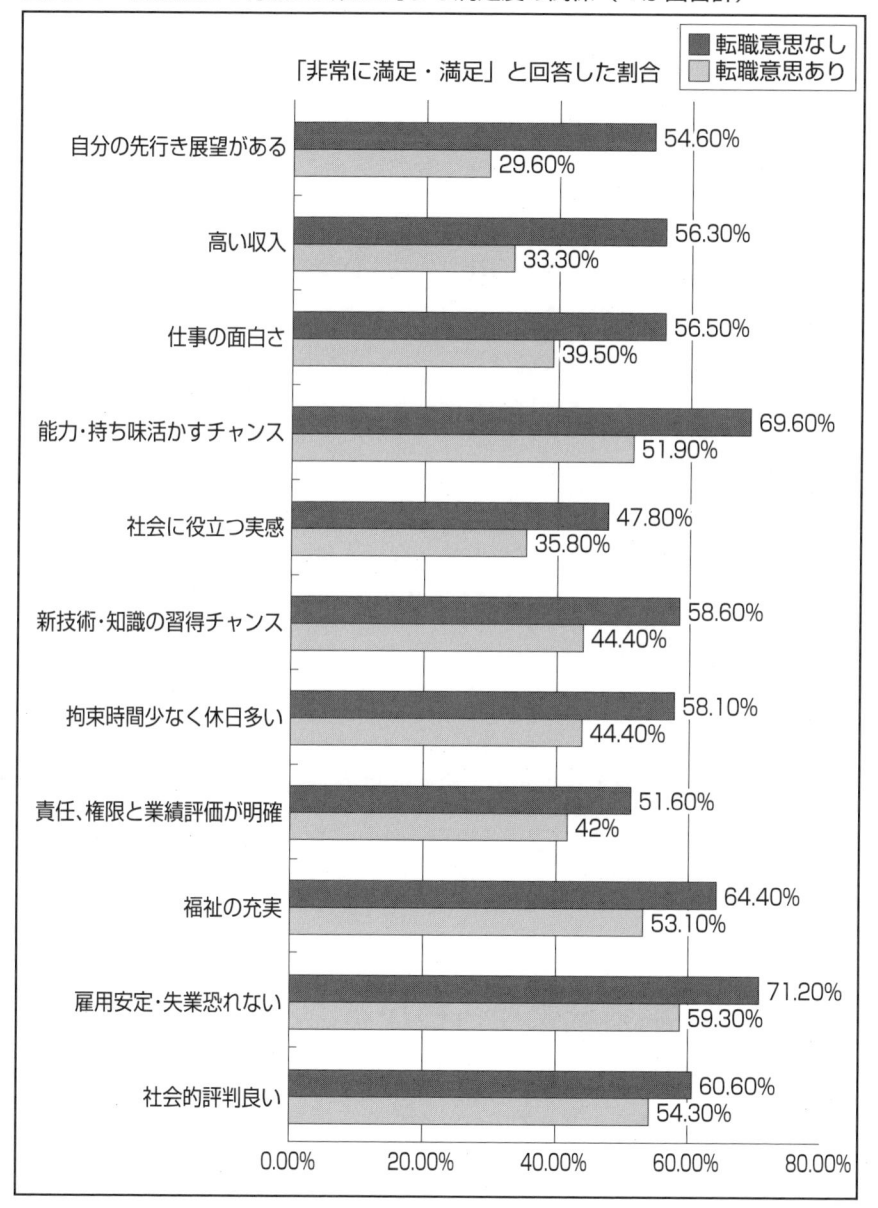

「非常に満足・満足」と回答した割合

■ 転職意思なし
□ 転職意思あり

項目	転職意思なし	転職意思あり
自分の先行き展望がある	54.60%	29.60%
高い収入	56.30%	33.30%
仕事の面白さ	56.50%	39.50%
能力・持ち味活かすチャンス	69.60%	51.90%
社会に役立つ実感	47.80%	35.80%
新技術・知識の習得チャンス	58.60%	44.40%
拘束時間少なく休日多い	58.10%	44.40%
責任、権限と業績評価が明確	51.60%	42%
福祉の充実	64.40%	53.10%
雇用安定・失業恐れない	71.20%	59.30%
社会的評判良い	60.60%	54.30%

第1章　有能外国人を定着させる　101

一方、転職意思がある人で「先行き展望がある」と回答したのは、全体の30％を下回っています。つまり、「この会社にいれば、自分はどこまで出世できるのか、自分の職業上の夢を実現できるのか」といった見通しが持てないと、必然的に先行きが不安になり、転職を考えることにつながるといえます。

② 収入に対する満足度
　転職意思のない人は、現在の会社での収入について半数以上が満足していました。一方、転職意思がある人の収入に対する満足度は3割程度に留まっています。つまり金銭的な要因は「自分の先行き展望」ほどではないものの、職場や仕事の満足度に大きく影響しているといえます。

③ 仕事の面白さ
　仕事の面白さについても、転職意思がない人は、その半数以上が面白いと回答しているものの、転職意思がある人の仕事の面白さに対する満足度は40％未満となっています。

④ その他
　また、上記ほどではないものの、転職意思のある人とない人で違いが出たのは、「自分の能力を活かすチャンス」「社会に役立つ実感」「新技術・知識の習得チャンス」「拘束時間の少なさ」「責任、権限と業績評価が明確」といった点でした。

2. これら調査結果からわかること

　上記調査結果からわかるとおり、「自分の先行き展望がある」「高い収入」「仕事の面白さ」の有無が、現在の会社にそのまま留まるか、転職を考えるかの大きな決め手になるようです。よって、以下ではこれらアンケート結果を踏まえながら、有能なナショナルスタッフ定着に必要な要素について説明していきます。

Q5 有能人材定着にあたって必要となる要素

「Q4」を読んで、有能人材の定着に関しては給与以上に「その会社での先行き展望の有無」が非常に大切とわかりましたが、具体的に有能な人材定着にあたって必要となる制度面の施策について教えてください。

A 有能人材定着のための制度面で必要となる要素としては、大きく分けて「物質的な満足」「先行き展望」「会社への帰属意識」「処遇の公平性」の4つがあげられます。

1. 有能人材定着のための要素

～物質的な満足、先行き展望、権限委譲、会社経営への参画、処遇の公平性～

有能人材定着のための制度面で必要な要素としては、大きく分けて「物質的な満足」「先行き展望」「会社への帰属意識」「処遇の公平性」の4つがあげられます。

これら4つは、いわば「椅子の足」のようなものであり、このうちひとつでも欠けると、ぐらぐらして安定が悪くなり、その椅子（つまり会社）に長く留まっておくことができなくなります。

そこで以下では、これらの要素について説明していきます。

図表33　有能人材定着のための制度面での4つの要素

物質的な満足	・同業他社と見劣りしない給与水準 ・福利厚生
先行き展望	・会社のビジョン ・自分の価値上昇への期待度
会社への帰属意識	・裁量権の付与 ・経営への参画
処遇の公平性	・個々人の能力、組織貢献度を正しく反映した処遇

2 物質的な満足

Q6 物質的な満足①
～給与水準についての考え方～

時間とお金をかけてナショナルスタッフを教育し、これから会社のためにがんばってもらおうと思った矢先に、給与水準の高い会社にいとも簡単に転職されるケースが多いと聞いています。給与水準について、他社ではどのような考え方をとっていますか。

A

給与は高ければ高いに越したことはないものの、給与等物質的な満足度のみで他社と競争すると、人件費の高騰により、将来的に会社が破綻してしまうかもしれません。各企業においてもその点は認識されており、「自社の2倍、3倍の給与で引き抜かれたら太刀打ちできないし、給与以外の魅力を持つことが必要」と考えているようです。

1. 給与についての各社の悩み

給与水準については有能なローカルスタッフを抱える日系企業においても悩みは多く、「ナショナルスタッフは少しでも高い給与の提示があればそちらに行ってしまう」という声がよく聞かれます。そのような意見がある一方、図表34のとおり、「マネーゲームには所詮ついていけないし、高い給与を使い獲得した人材は、より高い給与を提示する企業があればそちらに行ってしまう」という声もあります。

では、社員の定着率が高い企業は、給与水準も非常に高いと判断してよいのでしょうか。

図表34　ナショナルスタッフの給与水準に関する日系企業担当者の声

◆A社（インド）
　お金ももちろん必要だが、現状では、「転職すれば２倍、３倍の給与がもらえる」というケースも珍しくない。そんな中で給与だけで競争するのは限界がある。
　一方、当社を辞める人材をみていても、「給与以外に何か原因があったんだろうな」というケースもあるし、逆に「この人であれば、他社に行けば、当社より絶対高い給与がもらえるはず」という人でも当社に残ってくれているケースもある。
　もともとはプライドが高い人たちである。給与もさることながら、仕事に対する評価などもモチベーションに非常に影響してくるだろう。ただし「やる気にさせるまで」が大変なのだが……。プライドを持って力を発揮してもらう、つまりそこまでエンジンをかけるのが大変。
　われわれはマネーゲームにはついていけない。よって、リテンション施策としては、突出した人間は評価を上げて、ファストトラックに乗せて、他の人と差をつける、という方法をとっている。また、海外出張させるなどのインセンティブも与える。

◆B社（ベトナム）
　経理職は正直どうしようもない。誰が来ても、大丈夫なローコストのマネジメントを考えるより仕方がない。長期的なロイヤリティを高めていく施策を考えていく必要はあると思う。たとえば街中で働きたい、という人もいれば、私はここ（B社）でいいわ、という人もいる。後者のような人材を地道に育てていったほうがよい。
　仮に給与を高く維持して会社に来てもらったとしても、そういう人は、もっとよいオファーを他社が出せば、簡単にそちらに行ってしまうだろう。

◆C社（中国）
　３年前に新しい給与体系にかえた。しかし、本社の制度をそのまま取り入れてしまったのが不満の材料になっている。不満な点は以下のとおり。
　①　日本では昇給・昇進レベルが非常に遅い
　　中国では能力があれば当然それだけのポジションがつくというのが当たり前という、ある意味アメリカ的な考え方。ただ、新しい給与体系が日本式のものになっているため、彼らのニーズを満たせていない。
　②　日本独特の手当てについての考えが理解できない。
　　たとえば、日本では工場勤務であれば××手当といった形で手当てがつき、本社勤務になれば、その手当てがなくなるということも多い。しかし、そういう感覚が中国の人たちには理解できず、不満をいわれることが少なくない。

2. 定着率の高い企業は給与水準も高いか

　筆者が調査やインタビューを行った限りでは、定着率がよく、社員が生き生き働いている会社が、必ずしも特別に高い給与水準というわけではありません。むしろ、「給与はマーケット水準を下回らないように調整しているが、決して高い水準ではない」という企業も少なくありません。

　ただし、こういった企業が必ず行っていることは以下の3点です。

図表35　給与水準が特別よいわけではないが、定着率が高い企業がしていること

① 単に昇給率をかけるのではなく、日系企業以外を含めた同業他社水準をみて給与水準を決定している。
　⇒マーケット水準に沿った給与なので、他社と比べて低すぎる、ということは起きない（また、定率で昇給させる必要もない）。

② 「なぜその給与になるのか」が明確にわかるよう、評価基準を公表している。
　⇒評価基準が明確なので、社内で不公平感が出にくい。

③ 給与は高くなくても、「ここにいれば自分の将来価値が上がる」とナショナルスタッフに思わせるような魅力を必ず持っている（本当に有能な人は、現在の給与水準だけでなく、自分の将来価値を上げることに非常に力を入れている）。
　⇒将来価値が上がるような施策を持っているだけでなく、そのアピールの仕方が非常にうまく、ナショナルスタッフの心をとらえている。

Q7 物質的な満足②
〜できる限り公平な処遇を実現する評価制度の導入〜

ナショナルスタッフは、互いの給与を見せあうのが一般的のようで、昇給の季節になると、「なぜ同僚のＡ氏は昇給しているのに、自分はしていないのか」といった不満が続出します。どうしたらこの不満を解消できるのでしょうか。

A

給与の高低はあくまで相対的なものです。また、昇進についても、はっきりとした評価基準がない状態であれば、「なぜあの人は昇進したのに自分は昇進できないのか」などの不満を溜めることで、モチベーションの悪化につながります。他社との処遇格差以上に、社内での不公平感は、モチベーションの悪化につながりやすいので、できる限り公平な処遇を実現できる、評価制度を導入することが非常に重要になります。

1. 満足度を左右する公平性

前述のとおり、高い給与というのは、社員を定着させる最大の要因のひとつとなります。では高い給与を払えば、社員を必ず引き留めることができるのでしょうか。

たとえば、Ａ氏は生活するのに十分な100の給与をもらっており、Ａ氏もその金額に対し、それなりに満足を感じていたとします。しかし、自分と能力的に同等または下回るＢ氏が、Ａ氏以上の給与を受け取っていることをＡ氏が知った時点で、Ａ氏のこれまでの給与に対する満足感は消え去り、逆に「自分の給与は低い」と不満に感じるようになります。

このように、「給与が高いか低いか」は「自分が受け取っている絶対額」で決まるものではなく、「他社の社員」および「自社の他の社員」と比べて高いか低いか、といったきわめて相対的な要素で決まります。

つまり、給与については同業他社水準よりも低いと問題ですが、必要以上

に高くしたからといって、社員の離職を止められるわけではありませんし、いくら高くしても100％の満足度になることは難しく、給与だけを人材引きとめの道具として使ってしまうと、人件費が高騰し、会社を破綻させることにもつながりかねません。

　よって、給与については同業他社と比較して見劣りしない程度の水準、かつ社内で不公平感を生じない形で設定し、有能な人材については給与以外の報酬（研修、一時金、表彰など）として適当なタイミングで与えたほうが、満足度は高くなる傾向があります。

2. 社内間での公平性の維持

　給与の高低はあくまで相対的なものですから、社内間で給与に対しての不公平があると、どれだけ高い給与を受け取っていたとしても、給与に対する不満は消えません。よって、各社員の能力に見合った給与や昇進を行うことが、処遇に対する納得度を上げるうえで最も重要になります。それには、マーケット水準を常に意識しておくこと、自社の人事評価制度を公開し、「何をやったら評価するのか」を明確にすることが非常に重要です。もちろん、それでも不満はゼロにはなりません。しかし、何の評価水準もない状況と、きちんとした評価水準がある状況では、不満の数は後者のほうが圧倒的に少なくなることは明らかです。

3. 給与に関して口外することを禁止する条項を雇用契約に盛り込むのも一案

　給与に関して口外することを禁止することを雇用契約の中で定めておくのも一案です。もちろん、そのような取決めをしても、情報交換はされるでしょうが、あからさまに「同僚のA氏より給与が低いのはおかしい」といった発言自体が雇用契約違反になるので、以前ほどおおっぴらに不満をいわれる機会が多少なりとも減ることが予想されます。

Q8 物質的な満足③
~既存社員と新入社員の給与バランス・各種手当~

当社の所在するA国は、ここ10年ほど、経済が右肩上がりで成長しています。よって、賃金レベルもそれに応じて上がっているため、当社では毎年、既存社員については現地の物価水準等を配慮して、一定比率で昇給させています。その結果、既存社員の給与が非常に高くなってしまい、同程度の能力の社員を入社させた場合、給与水準格差が非常に大きくなります。また、その逆のケースも発生しています。社内で不公平感を生じさせないためには、どうしたらよいでしょうか。

A

同業他社水準を意識した給与水準ではなく、給与に対して一定の昇給率をかけた形で昇給を行っていると、マーケット水準から大きく乖離した給与水準になっているケースが見受けられます。給与水準については物価上昇率の反映も必要ですが、常にマーケット水準を把握した給与水準の設定が必要になります。

1. 同等程度の能力を維持する既存社員と新規社員の給与についての考え方

給与について、同業他社水準を反映せず、その年ごとに設定した昇給率をかけていく方法で毎年昇給させ続けた結果、当該人材の実際のマーケット水準からはかけ離れた給与水準になっているケースも珍しくありません。

つまり、年ごとに設定した昇給率をかける形でA氏の給与水準を決定してきた結果、A氏に対して実際の能力よりも非常に高い給与を払ってしまっているケースや、逆にA氏と同様の能力を保有している人材の市場価値が、昇給率以上に高くなっているため、A氏と同等の能力水準の社員を採用しようとした場合は、A氏に支払っている以上の給与を提示しないと採用自体が困難というケースもみられます。

図表36　既存社員と同等能力の社員を採用する場合の悩み
　　　　～既存の社員の給与水準がマーケット水準より低い場合

〈悩み〉
① 社内にいるＡ氏と同じくらいの能力の人を採用しようとすると、Ａ氏に現在支払っている給与では、同じ水準の人を採用することはできない。
② もし、マーケット水準の給与で新しい人材を採用すると、もともといたＡ氏のモチベーションを下げるリスクが出てきてしまう。かといって、Ａ氏と同じ水準の給与額を提示しても、採用できるのはＡ氏よりもずいぶん能力的に下回る人材のみ。
　このあたりでジレンマを抱えている。（既存の有能人材と、新しく採用する有能人材の差が問題。）

〈解決策〉
　この問題を解決するため、「３年後にどん！と給与が上がりますよ」ということをアナウンスしておけば、現地スタッフも将来の展望がみえて、あと３年頑張れば……と思ってくれるだろう。そうやって、社内で段階的にステップアップできる仕組みづくりをする必要がある。

〈上記解決策を実施するうえでの弊害〉
　社内には定着させたい人物ばかりではない。
　よって、上記のような施策を社員全員に取り入れていると、リテンションしたくない人材、できればやめていただきたい人材まで段階ごとに給与が上がるため、ますますやめてくれない、という事態が生じ、ただでさえ解雇が難しい現状において、さらに解雇が困難なものとなる可能性がある。

　このように、年ごとに設定した昇給率を使って給与を決めていると、本人の能力を反映しない給与水準になっているケースも少なくありません。
　たとえば、某企業においては図表36のような問題が発生しています。
　途上国においては、毎年一定の昇給があることがある意味当たり前になっている状況で、これまで行ってきた一定比率での昇給をなくすことは、社員から大きく不満が出ることは避けられません。
　ただし、常にマーケット水準を意識した賃金設定を行っている企業においては、「人事評価が低い社員には昇給率ゼロは当然として、物価水準等を参

考にして決定した昇給率をかけていけば、当然マーケット水準とはかけ離れた給与水準になるのは自明のこと。当社では必ず日系企業以外の同業他社水準もみながら、昇給率を決定している」という意見が聞かれました。

2. 他社給与水準・手当支給状況を知るためには

　自社の給与水準については、どの企業も隠しておきたいのが本音のところです。

　よって、よほど親しい企業以外から、給与等に関する情報を入手するのは難しいため、コンサルティング会社や各種調査会社から販売されている給与に関するデータベースを購入するのが適当です。

　もちろん、自社とまったく同じ業務内容の企業の情報がない限りは、これらデータベースを購入しても、ぴったりの情報が得られるわけではありませんが、毎年購入することで給与の動向等も把握できますし、各種手当の支給状況なども、図表37のように把握することができます。

図表37　日系企業の各種手当支給割合　　　　　　　　　　　　（単位：%）

		中国	タイ	ベトナム	インド
時間外手当	全現地スタッフに付与	61	34	65	11
	一部現地スタッフのみ付与	33	62	25	47
通勤手当	全現地スタッフに付与	51	41	55	40
	一部現地スタッフのみ付与	16	29	14	32
役職手当	全現地スタッフに付与	30	40	54	3
	一部現地スタッフのみ付与	26	28	14	8
資格・語学手当	全現地スタッフに付与	22	15	20	5
	一部現地スタッフのみ付与	27	26	23	8
皆勤・精勤手当	全現地スタッフに付与	20	26	29	0
	一部現地スタッフのみ付与	11	28	16	13
出張手当	全現地スタッフに付与	81	64	59	68
	一部現地スタッフのみ付与	6	11	8	16
住宅手当・補助／社宅	全現地スタッフに付与	24	11	15	26
	一部現地スタッフのみ付与	20	18	3	16
昼食手当・補助	全現地スタッフに付与	65	47	70	18
	一部現地スタッフのみ付与	6	7	1	13
職務上の経費補助	全現地スタッフに付与	33	41	40	37
	一部現地スタッフのみ付与	34	37	34	42

（出所）日経アジア社／日経リサーチ社編集・発行「在アジア日系企業における現地スタッフの給料と待遇に関する調査（2009）」中国編、タイ編、ベトナム編、インド編より該当箇所を抜粋

（注）調査企業数は、中国254社、タイ180社、ベトナム80社、インド38社である（製造業、非製造業を含む）。図表38・39も同じ。

Q9 福利厚生面での魅力と付与状況

ナショナルスタッフは、単に給与だけではなく、福利厚生を含めて会社の処遇を比較するとも聞きました。魅力的な福利厚生制度があれば教えてください。

A

その国の社会保障上、不備な点を会社の手当てとして支給することもひとつの考えです。また、娯楽の少ない途上国では、社員旅行が社員の楽しみのひとつにもなっていることから、どのような制度を入れるのが効果的かは、予算を考慮しつつもナショナルスタッフから意見を取り入れて、決定するのが一番望ましいといえます。

1. 福利厚生

たとえば医療保険制度の充実していない国であれば、医療費給付を手当てとして与えることは、高い給与以上にインパクトがあります。同様に年金制度がない国においては、企業年金制度をつくることが、良い人材を長く会社に留めることができる施策のひとつとなります。つまり、その国の社会保障上、不備な部分を会社の手当てとして給付することもひとつの考え方です。

また、社員旅行などの社内レクリエーション活動も、娯楽の少ない途上国においては非常に人気が高く、実施している日系企業は多くみられます。

どのような福利厚生制度が、ナショナルスタッフにとって最も魅力的かについては、予算の問題もありますが、ナショナルスタッフと議論しながら決めていくことが一番効果的ですし、「自分の意見や考えが会社の運営に反映される」という満足感を、ナショナルスタッフに与えることにもつながります。

2. 他社状況

　では、具体的に日系企業においては、どのような福利厚生制度を提供しているのでしょうか。**図表38**では、(株)日経リサーチ社の調査によるその一例を紹介します。

図表38　日系企業のベネフィット付与割合
(単位：％)

		中国	タイ	ベトナム	インド
退職金積立	全現地スタッフに付与	12	44	33	24
	一部現地スタッフのみ付与	2	9	1	21
生命保険・養老保険	全現地スタッフに付与	49	45	15	21
	一部現地スタッフのみ付与	5	10	3	13
社会保障以外の医療保険	全現地スタッフに付与	28	51	26	55
	一部現地スタッフのみ付与	8	8	4	13
医療費補助・支給	全現地スタッフに付与	35	54	26	50
	一部現地スタッフのみ付与	8	8	3	8
労災保険	全現地スタッフに付与	53	62	61	40
	一部現地スタッフのみ付与	4	5	3	5
低利個人ローン	全現地スタッフに付与	1	18	3	11
	一部現地スタッフのみ付与	2	7	4	11
カンパニーカー	全現地スタッフに付与	2	5	3	3
	一部現地スタッフのみ付与	15	42	36	61
日本本社での研修	全現地スタッフに付与	3	6	6	3
	一部現地スタッフのみ付与	63	47	44	61

(出所) 日経アジア社／日経リサーチ社編集・発行『在アジア日系企業における現地スタッフの給料と待遇に関する調査 (2009)』中国編、タイ編、ベトナム編、インド編より該当箇所を抜粋

図表39　日系企業の休暇制度付与割合

		中国	タイ	ベトナム	インド
有給休暇日数 （中央値）	勤続1年未満	3日	5日	12日	15日
	勤続1年	6日	6日	12日	20日
	勤続3年	8日	8日	12日	16日
	勤続5年	10日	10日	13日	19日
	勤続10年	13.5日	12日	14日	20日
有給休暇買取制度	制度がある	36%	33%	49%	53%
育児休暇	制度がある	91%	82%	94%	55%
	1日－3ヶ月未満	12%	58%	9%	38%
	3ヶ月－6ヶ月未満	67%	34%	84%	52%
	6ヶ月－12ヶ月未満	17%	6%	7%	10%
	1年－1年6ヶ月未満	2%	1%	―	―

（出所）日経アジア社／日経リサーチ社編集・発行『在アジア日系企業における現地スタッフの給料と待遇に関する調査（2009）』中国編、タイ編、ベトナム編、インド編より該当箇所を抜粋

3 先行き展望

Q10 会社ビジョンの提示

有能人材の定着にあたり、「会社ビジョンの提示」が必要とありましたが、具体的にはどのようなことでしょうか。本社の社是や基本理念を提示すればよいのでしょうか。

A 本社の社是や基本理念をそのまま現地の言葉に訳しても、ナショナルスタッフにはピンと来ないケースも多いようです。よって、ナショナルスタッフ向けに噛み砕いて掲示したり、ナショナルスタッフとともに考えた現地法人独自の経営理念を掲示している企業もあります。

以下では、会社の方向性をナショナルスタッフに伝えるため、工夫されている企業の実例をご紹介します。

1. なぜ会社ビジョンの提示が必要か

有能な人材は「いかに自分の将来価値を高めるか」ということを常に念頭に置いていますので、「勤務先が自分にとって価値があるかどうか」について、かなり厳しく判断しています。最初から数年で転職を計画している場合は別ですが、ある意味、会社の将来に自分の将来を重ねていますので、「この会社は上に立つ赴任者によって方針が変わってしまい、将来的な展望はない」と判断されてしまうと、いくら給与を高くしても、いずれは転職してしまうでしょう（会社としての展望がなくても、給与さえ格段に高ければ、それでとどまる人も出てくるでしょうが、そういう人は、本当に有能な人材とはいえないケースが多いようです。）。

2. 他社事例

以下では、会社の理念や考え方をナショナルスタッフに浸透させることに

熱心な2つの企業を事例として紹介します。

(1)本社の理念を現地向けにアレンジして掲示するケース
　たとえばA社（中国）では、経営理念を社員に浸透させることを非常に重視しています。「スローガンや経営理念など、みているだけでは浸透しないので、朝礼などで噛み砕いて説明している。特に管理職がこういった理念を理解していないと、それが業務に生かされていない」ということでした。
　また、オフィス内には、日本本社の通達などが中国語に翻訳して張り出されていたり、日本でA社が新聞に取り上げられていたら、それを提示するなど本社の情報を可能な範囲でナショナルスタッフも見ることができるように、工夫が施されているのが印象的でした。

(2)現地法人独自の理念を掲示するケース
　日沖半導体（上海）有限公司では、現地法人のナショナルスタッフとともに推敲を重ね、独自の経営理念を打ち出しています。
　同社の副総経理である松原氏によると、「ナショナルスタッフ同士でディスカッションしながら経営理念を考えさせることで、『この会社は（日本人駐在員のものではなく）中国人である自分達のものなのだ』という意識を植え付けることにもつながり、それが会社への帰属意識の醸成にも貢献している」ということでした。

3. まとめ
　「当社グループには形式的な経営理念があるだけで、ナショナルスタッフに説明するほどのものはない」「現地法人独自で理念を考える余裕もない」ということであれば、まずは経営責任者である赴任者が、この会社をどうしていきたいかという思いを、折に触れて、ナショナルスタッフに伝えることから始めてみてはいかがでしょうか。

> **Q11 先行き展望（キャリアパス提示）**
>
> 有能人材定着のために先行き展望（キャリアパス）を提示している企業はそれほど多くないようで、当社もそのうちのひとつです。
> キャリアパス提示のための具体的な方法について、教えてください。

> **A** 以下では、キャリアパスを提示していない理由とその解決策について説明していきます。

1. キャリアパスを提示していない理由とその解決策

　キャリアパスを提示をしていない企業にその理由を尋ねたところ、「会社の先行きがわからないので提示しようがない」「管理職は日本人駐在員のポジションであるため、事実上、ナショナルスタッフの将来ポジションはない」といった声も聞かれます。

　その一方で、「すでに出世しているナショナルスタッフがいるのだから、その人をみれば、自分も出世できることはなんとなく想像がつくだろうから、あえてキャリアパスを提示していない」という企業もあります。

2. キャリアパス提示にあたっての考え方

(1)「会社の先行きがわからないので提示できない」場合

　「会社の先行きがわからないのに、キャリアパスなど提示できない」という意見はよく聞かれます。もちろん、先のことはわかりませんが、先行きがわからないからといって、何の方針も明確にできなければ、ナショナルスタッフも、「この会社にとどまってもメリットはないな」と判断し、会社に見切りをつけ、早々に転職してしまうかもしれません。

　よって、何らかのキャリアパス提示は有能な人材のつなぎとめに不可欠で

すから、「会社が成長すると、このようなキャリアパスが考えられる」というような、あくまで想定レベルでもよいので、何らかの提示は必要になります。

　また、そうすることで、ナショナルスタッフも「会社の成長が自分の成長につながる」ことを実感することができます。

（２）「管理職は日本人駐在員のポジションのため、ナショナルスタッフにその先のポジションがない」場合

　管理職のポジションがすべて駐在員のポジションである場合、専門職としてキャリアを形成していくことが可能な場合は別として、ナショナルスタッフが会社を去る日はそう遠くないかもしれません。

　企業の中には、「ナショナルスタッフはマネジャーの肩書きを欲しがるため、実際はマネジメントしていないのに、とりあえずマネジャーの肩書きを与える」というケースもありますが、これも一時しのぎ的な意味しか持ちません。

　業務や会社の都合上、管理職は日本人駐在員のポジションとなってしまっている場合は、現地法人の経営を担っていくようなアグレッシブな人材よりも、むしろ「日本人駐在員に言われたとおりのことを正確にこなす人材」を有能人材として位置づけ、そのような人を採用したほうが、定着率はよいかもしれません。

（３）「すでに出世しているナショナルスタッフをみればキャリアパスは描けると思っている」場合

　「すでにナショナルスタッフが出世しているので、それをみれば、『頑張ればナショナルスタッフも出世できる』ということがわかるだろう」という理由で、特にキャリアパスを設定していない企業もあります。確かに、出世したナショナルスタッフが存在することは、他のナショナルスタッフにも励みになります。しかし、現実には、管理職になったナショナルスタッフがその

席を後輩の社員に譲ることは、定年または何か問題を起こしてその席を去らなければならない事態が生じない限り、あまり考えられません（Q2（92頁）のとおり、役職者になり、一定年齢を超えれば、転職する可能性は低いため）。

よって、「すでに出世しているナショナルスタッフをみればキャリアパスが描ける」とは必ずしもいえないでしょう。

このようにすでに上のポジションが埋まっている場合、管理職になるだけの資質を持ち合わせていても、就けるポジションがないという自体も考えられます。解決方法があるとすれば、現在管理職になっている社員に対し、「いったん管理職になっても、資質がなければポジションから外れる可能性もある旨」もしくは「同じ地位での滞留期間は3年間、それを超えるとそのポジションからは去らないといけない」といったことを伝えておき、適材適所に人材配置できるよう体制を設けておくことでしょう。

3. キャリアパス提示の具体的方法

上記で説明したとおり、会社の将来がわからない、すでに上のポジションが埋まっているなどの理由で、具体的なキャリアパスを提示できない場合でも、会社の発展とともに、経験や能力に応じて、どのようなキャリアが開けるかといった目安の提示は最低でも必要となります。

Q12 研修制度

自己研鑽に熱心なナショナルスタッフ定着のための手段として、研修等を取り入れることを考えています。研修については「現地での研修」と「日本への研修制度」の両方を考えています。それぞれのメリットや留意点を教えてください。

A

現地での研修は「業務に関する知識の習得」のほかに、「知識習得意欲の高いナショナルスタッフの満足感を高める」という点で効果があります。また日本への研修は、「会社への帰属意識や幹部候補生であることの意識を高めてもらう」点で有効ですが、研修自体が目的化してしまい、研修終了後、退職してしまうケースも少なくないようです。

1. 現地での研修

現地での研修については、「大学通学の教育時間を捻出したり、教育費を金銭的に支援している。また、外部研修についても、ナショナルスタッフが

図表40　現地における研修のメリット・デメリット

◆メリット
・勉強熱心なナショナルスタッフの満足感を満たす。
・（研修の内容次第だが）研修で得た知識を業務に還元してくれる。
・「研修がないから××できない」という言い訳を封じ込めることができる。

◆デメリット
・研修コストがかかる。
・会社負担で研修を受けたりMBAなどを取得した場合であっても、「キャリアが上がったから昇給してほしい」という依頼が当然のように来るため、人件費上昇につながる。

行きたいと思うものについては、基本的に受講可能としている。分野は経理関係、税金関係、環境問題、安全研修など多岐にわたるが、知識習得意欲の高いナショナルスタッフにとって、このようにある程度自由に研修に参加できるというのは、モチベーションや定着率上昇につながっている」(ニッカン工業(タイ)社長 西田久生氏)という声も聞かれました。

ただし、会社の経費で研修や学位を取得した結果、「キャリアが上がったので昇給して欲しい」という要求がナショナルスタッフから出ることもあり、その点については頭を悩ませている企業が多いようです。

2. 日本での研修

日本で研修を受けさせることの目的およびメリット・デメリットは以下のとおりです。

① 本社を見てもらい、自社グループへの愛着を高めてもらう

日本での研修については、「日本で技術を勉強する」というだけでなく、むしろ「赴任地では規模の小さい企業であるが、日本の本社がこれだけ立派なのだ」ということをナショナルスタッフに理解させ、定着率の上昇につなげている企業もあるようです。たとえば三浦工業（中国）では、有能なナショナルスタッフを1〜2週間、日本にて研修をさせることで「自社の理念などを理解させることができ、その後の定着率上昇にもつながった」(総経理 林茂登志氏)ということでした。

その一方で、「日本へ研修に行くこと自体が、ある意味ゴールになってしまい、研修を受けて戻ってきたとたん、そのキャリアを武器に、他社に転職されてしまうケースが散見され、研修制度自体の意義を問われる時期に来ている」という企業担当者の声もありました。

しかし、「研修を受けた後、やめられてしまうことはある程度覚悟の上のこと。仮に当社をやめても、当社で働いてよかったと思ってもらえたら、当社製品の愛用者にもなってくれるだろうし、やめた社員を通じて『あの会社

図表41　日本における研修のメリット・デメリット

◆メリット
- 本社で技術やノウハウなどを吸収させることができる。
- 現地法人より数段規模の大きい本社をみせることで、愛社精神を高めさせる。
- 日本本社の社員との人脈の形成につながる。
- 自分が幹部候補生だということを認識させることができる。

◆デメリット
- 研修コストが多額にかかる。
- 日本への研修自体がゴールになってしまい、研修終了後、転職するケースも少なからず存在する。
- 現地法人に戻った後、その他の社員との意識にギャップが生じることがある。

はよかった』という評判が伝われば、当社にもメリットがあるはず」と、研修の効果を非常に大きな範囲でとらえている企業もありました。

② 自分が幹部候補生だということを認識してもらう

　日本への研修の対象者となったことで、「自分は幹部候補生なのだ」という自覚を植え付け、定着率を促すといった効果もあるようです。ただし、上記①同様に、研修に参加したことがゴールになってしまい、「幹部候補生として日本に研修に行った」ことを武器として、転職されてしまうケースも存在します。

　研修終了後の退職については、各企業とも頭を悩ませるポイントですが、「研修受講後〇年間は退職しません」と誓約書を書かせたり、「研修受講後〇年以内に退職した場合は、研修にかかった費用を支払う」旨を約束させるケースもありますが、法的効力の面でどれだけ効果があるかは疑問です（「今回の研修で会社はあなたにこれだけ費用をかけた」ということを金額明示する企業もあります。）。

3. 研修制度を検討する際の留意点

　研修自体がナショナルスタッフの業務遂行能力に直結するというよりは、「研修を受けるという行為自体が、ナショナルスタッフに満足感を与えること」「日本での研修などを通じて、本社を含めた企業グループ全体への帰属意識を強めること」に、むしろ研修の意義があるのかもしれません。特に日本での研修は、その経験をもとに他社に転職するという事例もあるものの、組織へのロイヤリティを高めるという点では一定の効果があることは、現地法人の経営者からよく聞かれます。

　「研修終了後の退職」を防止するために、法的な効力はあまり期待できませんが、誓約書などを書かせることもひとつの方法です（仮に違約金などを設定したとしても、転職する人は、どのような状況でも転職しようとし、有能な人材であれば、新しい勤務先が違約金を肩代わりしてしまうケースも時々聞かれますが……。)。

4 会社への帰属意識

Q13 経営への参画

有能人材定着のために「ナショナルスタッフを経営に参画させる」とはどういうことでしょうか。

A　有能人材の定着率が高い企業においては、駐在員は実質的には経営をリードしながらも、表面的には黒子に徹し、現地法人の運営にナショナルスタッフを中心に据えることで、彼らに「この会社は自分達の会社である」という意識を植え付けることに成功しています。

1. 定着率が高い企業におけるナショナルスタッフの経営関与度合い

　ナショナルスタッフに、「この会社は自分達の会社なのだ(いわゆる「オーナーシップ」)」という意識を持ってもらうために、工夫している日系企業も多数みられます。

　たとえば、双日(タイ)の宮崎肇氏によると、「社員が自社を『自分の会社』を思えるようにもっていくことがマネジメントとして非常に重要な役割。双日タイ会社にはウェルフェア・コミッティというものがあり、従業員にいろいろな意見を出してもらい、その中から検討に値するものはできるだけ取り入れる施策をとっており、ナショナルスタッフも『この会社の経営者は自分達の意見に聞く耳をもってくれている』と信頼してくれている。定着率の高さは人間関係の良さ等によるところもあるが、やはり『自分の会社である』という意識が非常に大きな役割を果たしているのではないか」ということでした。

図表42　オーナーシップ醸成のための施策（例）

◆経営者層が社員の意見を聞く場を設ける
　出てきた意見は可能な限り取り入れるように努力するなど、従業員の意見を前向きに聞く姿勢を経営者が積極的に表している。
　そうすることで、ナショナルスタッフも、「この会社の経営者は、自分達の意見を取り入れてくれる。自分達を信頼してくれている」という意識を持つことにつながる。

◆社員主催でイベントなどを企画することを奨励する
　社員旅行などの企画はすべてナショナルスタッフに任せている。その際、「○○をしてほしい」とリクエストがあれば、できるだけ意向に沿う。

◆駐在員はナショナルスタッフをリードしつつ、彼らが自発的に考えたり行動することに手を貸し、ナショナルスタッフが、この会社を「自分の会社」と思えるようにもっていくことが重要。

（出所）双日（タイ）宮崎氏にインタビュー

Q14 権限・責任

ナショナルスタッフへの権限委譲の必要性は感じていますが、具体的にどのようにして権限や責任範囲を定めたらよいでしょうか。

A 職務権限規程または職務記述書を作成し、その中で各スタッフの権限や責任範囲を決定しておくことが必要になります。

1. 権限委譲の難しさ

「権限委譲をすると、それで非常にやる気を出してくれる人もいれば、単に態度が大きくなり、それを利権にしてしまう人もいるため、権限委譲は非常に難しい」といった声も聞かれます。

しかし、権限委譲を行わないと、責任を課すこともできないため、いつまでたってもナショナルスタッフは成長せず、何か問題が起きても、「私には権限がないし、私が決めたことではないので責任は取れません」という態度になってしまいます。

また、いったん権限を委譲したからには、その後に口出しすることは、できるだけ控えるべきでしょう。

2. 職務権限規程の作成

それぞれの役職の権限範囲とその役割を明確にするために、職務権限規程を作成するのもひとつの方法です。文書にて権限と責任範囲を明確にしてしまえば、「これは私の仕事ではない」という責任回避を防ぐことができます。

また、職務権限規程を作成しなくても、職務記述書の中に、各スタッフの権限や責任範囲を決定しておく方法もあります。

→職務記述書作成時の留意点についてはⅠ.第1章Q12（43頁）をご参照ください。

第1章 有能外国人を定着させる

5 処遇の公平性

Q15 評価制度について

ナショナルスタッフの評価制度について頭を悩ませています。どのような制度が望ましいのでしょうか。

A

人事評価制度については多数の専門書があるのでここでは詳しく触れませんが、基本的な考え方および他社事例を紹介します。

1. 評価制度に対する考え方

人事評価基準においては「何をすれば評価されるのか」を明確にすることが必要です。また、評価制度としては、「MBO（目標管理制度）」を取り入れることが妥当と考えられます。このMBOは「適切な目標の設定」と「正しい評価」が可能であるという前提においては、非常に優れた制度ではありますが、この2つの前提を満たすことがそもそも非常に難しいのは周知のとおりです（また、Q1（89頁）で紹介した「自社にとっての有能な人材」の定義がはっきりしていれば、ナショナルスタッフが、その定義にどれだけ沿っているかをみることで、評価の手がかりにすることもできます。）。

(1) 目標の設定

目標は「定量面」「定性面」に分けられますが、数値化できない定性面についてもできるだけ定量的に判断できる形にする必要があるでしょう。

目標の設定にあたっては、"適切な目標"の設定自体が非常に困難という問題があります（「短期的にクリアできる目標しか立てない」「トップダウンのもと、実現不可能な目標設定を強いられる」など。）。

よって、組織に貢献し、本人の意欲を高めるような実現可能な目標を設定

するよう指導するのはもちろんですが、本人に求められるレベル以上の目標を達成した場合は、それなりの処遇を与えることを約束しないと、「高い目標を掲げただけ損」になりますし、「背伸びさせることで可能となる成長の機会」を失うことにもつながります。

また、MBOにより個人目標に走りすぎることがないように、「他者の目標を達成することも評価の基準とする」ことを明確にする必要があります。

(2)評価者の訓練

仮に「適切な目標の設定」が可能であっても、評価者が適切な評価を下さなければ、MBOは機能しません。よって、評価者訓練が非常に重要になります。

海外に赴任して初めて人を評価する立場になる駐在員も多いなか、赴任後に評価制度について勉強する十分な時間をとることは不可能ですし、1人で何役もこなさなければならない駐在員に、当該評価制度まで短期間でマスターすることを強いるのは気の毒です。

よって、国内勤務時から、被評価者に対しても評価者訓練を行うような、会社全体の取組みが求められます。また、被評価者も評価者訓練を受けることで、「評価のポイント」や「目標の設定方法」などを学習することができ、そういった学習を通じて評価者と被評価者の意識のずれの調整も可能になるでしょう。

また、日系企業は昇進カーブが緩やかであり、マネジャーになるまでの年数が欧米系企業に比べて長いことも、日系企業が敬遠される理由のひとつといわれていますが、その点から考えても、有能な人材は早期抜擢し、結果が思わしくない人材は降格することで、有能人材にふさわしいポジションを与えることを可能とする評価基準が必要となります。

3. 他社事例

　図表43は、非常に効果的な制度を導入されている企業の実例を紹介しています。各社によって評価制度はまちまちですが、「日本人駐在員だけで決

図表43　評価制度の実例

---

① 　A社

　業務の成果をMBOで、またそれを支えるスキルやビヘイビアー（行動）評価、さらにポジションを定める面接テストなどを複合的に組み合わせ、キャリアパスを明確にした人事制度を全社員に対し公開している。

　また、特に有能な人材については、他の社員より雇用契約期間を長くすることで、「会社はあなたに期待している」というメッセージを送ることも怠らない。

　基本的に、マネジャー未満の社員は「アメリカ的人事制度＋現地式人事制度」の混合、マネジャー以上の社員については「日本的人事制度＋現地式人事制度」の混合。現地制度とうまくミックスさせて日本の人事制度の良さも取り入れて運用するのがポイント。

② 　B社

　縦割りでいろいろな仕事に分かれているが、「この人は」という人については、直属の上司以外に、他部署の上司（現地スタッフ含む）も観察し、その人の評価をする。（これを当社では「観察制度」と呼んでいる。360度評価ではない。）

　ちなみに直属上司以外に、誰がその人をみているかについては、本人には知らされていない。もちろん、商社で業務は営業であるため、定量的な面は営業成績でみることができるが、主に定性的な面を、この観察制度を使って評価している。

③ 　C社

　評価ランクを7段階（上からS、A＋、A−、B＋、B−、C、D）に区分し、それぞれの分布率を予め設定。

　Aを連続して2年以上とった場合は昇格試験を受ける権利ができるほか、最低のランクDに該当した社員は解雇、2年連続でCの社員も解雇。

　当該制度はナショナルスタッフに作らせたが、今のところ十分機能している。

　また、昇給の階段はできるだけ細かく作っておくことで、毎年少しずつでもステップアップしていることがわかる形にしている。

めず、人事評価制度構築にあたっては、ナショナルスタッフをメンバーに入れ、彼らの発想や意見を尊重すること」が、現地で機能する評価制度作りのポイントのようです。

4. うまくいく人事評価制度とは

上記の他社事例などを参考に、うまくいく人事評価制度についてまとめたのが図表44です。

図表44　うまくいく人事評価制度とは

① 日本本社のものをそのまま持ち込まず、ナショナルスタッフの意見を必ず取り入れた制度を作成する

　日本本社の人事制度では昇進が遅く、年齢を追うごとに、昇進が早い欧米企業等と開きが出る。日本人が作成したものではなく、ナショナルスタッフの意見を取り入れた人事制度のほうがうまく機能しているケースが多い。

② 簡潔で誰でも理解しやすい制度にする

　外部に依頼して精緻な制度を作ったとしても、その制度を運用する人がその制度体系を理解していなければ、結局は使いこなせず、かえって評価が混乱する。

　評価制度はあくまで道具であるため、それ自体の精緻さも重要だが、評価制度利用者の状況に見合った制度を作るべき。

③ 部下を育成することを重要な評価項目のひとつとする

　ナショナルスタッフの中には、「部下を育てることは、自分の居場所をなくすことにもつながる」と考え、積極的に指導をしないケースもみられる。よって、「部下を育成していること」を重要な評価項目としていることを、ナショナルスタッフに周知させておくのも一案である。

第2章

人材の選別およひ離職

ぜひとも自社に定着してほしい人材がいる反面、期待して採用したものの、思ったとおりの成果をあげてくれない社員、かつては活躍してくれたものの、今は社内の"お荷物"になってしまった社員が、残念ながらどの企業にも存在します。
　そこで本章では、人材の選別および離職に向けた方策について御紹介します。
　※本章も、多数の赴任者の方から貴重なご経験談をいただきました。ありがとうございました。

Q1 人材の選別

適正な人事評価制度のもと、ナショナルスタッフを評価していると、大変優秀な社員もいれば、できればやめてもらいたい、という社員も存在します。人材の選別についてどのように考えればよいでしょうか。

A

たとえば人材を「代替不可の必要人材」「代替可能な必要人材」「不要人材」に分けた場合、それぞれどのように取り扱うかについて説明します。

1. 代替不可の必要人材

「やめられると、当社の経営上大きな痛手であり、また代わりとなる人の採用も困難」な社員を、ここでは「代替不可の必要人材」と定義します。こ

図表45　代替不可の必要人材の処遇

① A社（タイ） 　特別にリテンションしたい人材についてはパーソナルにケアしている。（ケアの方法は、金銭的なベネフィット、やりがいのある仕事） ② B社（タイ） 　これといった施策はないが、評価制度の中で、特に優秀な人についてはA評価がつくとか、昇進するとかそういったことをしているので、それがおのずとリテンションにつながっているといえる。 ③ C社（インド） 　中堅どころ（そろそろ課長クラス）がヘッドハントの対象になっている。よって、彼らを手放さないための手法としては、以下のようなことが考えられる。 　・給与面でプラスアルファ 　・査定でトップをつける（あなたは会社にとって大切な人材である、というシグナルを送る） 　・コミュニケーション（上記と同じ） 　・新しい刺激的なプロジェクトを与え続け、仕事面での魅力を与える

のような社員を他社ではどのように処遇しているのかを、図表45にまとめました。

手放したくない人材については、給与や待遇面での好条件の提示はもちろんですが、「会社は貴方を必要としている」というメッセージを送ることや、やりがいのある仕事を与え続けることを、離職防止策としている点も特徴的です。

2. 代替可能な必要人材

自社にとって必要ではあるものの、仮に退社されても、当該人材と同等程度の条件提示で採用することが可能な人材を指します。よって、上記の「代替不可の必要人材」ほど価値は高くありませんが、仮に転職されてしまいその代替となる人材を採用する際には、一定のコストが発生するため、「代替可能な必要人材」に該当する社員についても、できるだけ社内にとどめておきたいところでしょう。

その場合、上記1．に準じた、離職防止策を検討する必要はあります。

Q2 不要人材の取扱方法

社内には、「これといって大きな失敗をするわけではないが、正直なところ、できればやめてもらいたい社員」が存在します。かといって、当地では労働法が厳しく、解雇はよほど何か大きな問題を起こさない限りは不可能です。このような場合、他社ではどのように処遇しているのでしょうか。

A

不要な人材の取扱方法としては、「きちんとした手順を踏んで、解雇に持ち込むケース」と「自社内では将来がないことをにおわせて、自主退職に持ち込むケース」「必要悪として温存するケース」の3つがあります。以下、順番に解説していきます。

1. 不要人材の取扱い方

有能な人材の定着と同様に、経営者の頭を悩ませるのが、不要な人材の取扱いです。よく聞かれるのは、「特に大きな失敗もしないものの、業務に対して特に熱意や改善の意欲もない人材がいるが、こういった人材の取扱いには苦慮している」という声です。このようないわゆる「不要人材」について、他社ではどのように取り扱っているのでしょうか。

(1) きちんとした手順を踏んで、解雇に持ち込むケース

「労働者有利の労働法が施行されている国においては、解雇は事実上困難」とあきらめている企業がある一方、「きちんとした手順を踏めば、解雇は可能」として、後からトラブルが発生しないように、手順を踏んだうえで解雇に持ち込む企業もあります。

具体的には、「きちんとした人事評価を行い、どういう理由で評価が非常に低いのかを明示」するとともに、勤務態度や業績が悪い場合は、その都度、文書にて「WARNING LETTER」を数回にわたり交付したり、勤務態度や

業績が悪い社員に対して、会社側が更生を行う努力をした旨を証拠に残したりするなど、「会社としては最善の努力をしたが、やむを得ず解雇に至った」ことがわかる証拠を残しておくことが必要になります。

また、こういった解雇にいたるまでの一連の手続きと同様またはそれ以上に重要なのが、採用時の雇用契約や就業規則です。

これら雇用契約や就業規則に、「どのような業績や態度であれば解雇の対象になるか」が明示されていることが必要です。その点でも、採用時に必要となる雇用契約や就業規則は、こういった解雇など望ましくない事態から会社を守るために非常に重要になります。

当然ながら、解雇の際には、弁護士など専門家に相談したうえで進めないと、後から訴訟や殺傷沙汰に巻き込まれるリスクもあるため、十分な注意が必要になるでしょう。

また、ある日系企業の担当者によると、「WARNING LETTERを3回出したら解雇する旨を予め雇用契約書に記載し、実際の解雇にあたっては、以前、日本人が解雇をめぐってのトラブルに巻き込まれ殺された事案もあることから、日本人は関与せず、現地スタッフから解雇を言い渡すようにしている」という意見も出ました。

（2）自主退職に持ち込むケース

仮に上記(1)のように具体的な手順を踏んでも、解雇という形を取る以上、トラブルの元になることは否めません。よって、ナショナルスタッフが自主的にやめてくれる形が一番望ましいのは言うまでもありません。

具体的には、「このまま自社にいても将来はない」ことを、昇給をストップするなどして暗に示したり、本人が望まない仕事に異動させる（これも事前に異動の可能性がある旨を雇用契約の中で記載しておく必要があるでしょうが）、退職金の上積みを行うといった方法や、「半年間時間をあげるから、その間もっとあなたに向いた仕事を探してください」といった形で、社員の側から退職を申し出るのを待つという方法もあります。

この方法は上記(1)ほどは危険はないものの、あまり露骨にやると、労働者側から訴えられる可能性はあります。

　しかし、「こういった仕打ちによって、やめていく人間はまだましなほう。なぜなら、やめるということは、マーケットでまだその人を拾う会社があるということだが、誰も拾ってくれないような人材であれば、会社にしがみつくので、どんな仕打ちをしてもやめないのが現実」といった声も聞かれます。

　よって、市場におけるその人材のニーズがあるうちに、早めに見切りをつけ退職に持ち込むほうが転職先が見つかりやすいことから、本人も退職に応じやすいでしょうし、会社も、不要な人材を抱え込むリスクが少なくなります。

(3)不要社員も必要悪として温存するケース

　解雇や退職勧奨も実際には難しく、また会社にとってもリスクがあるため、現実には「不要な社員も必要悪として温存」しているケースが最も多いと思われます。

　しかし、パフォーマンスの悪い人材が社内に残っていると、有能な人材に配分すべき報酬原資がその分少なくなるばかりか、「仕事をしてもしなくても処遇に大きな差がつかない」という認識をもたらしたり、社内の緊張感がなくなるため、結果的に有能人材の意欲を削ぎ、離職を促すことにもつながります（これといった能力もない、年齢的にも転職が難しい人材が居残る傾向が強いようです。）。

2. 最も重要となるのは、採用時の取決めと人事評価、業績が悪い社員には居心地が悪い環境作り

　不要人材を溜め込まないようにするためには、「どのような業績・行為であれば退職や契約終了に該当するか」を採用時に明確にし、ナショナルスタッフに納得させてから正式に雇用する必要があるでしょう。この点があいまい

だと、解雇や退職にあたり、いろいろなトラブルの元になります。

さらに人事評価をきちんと行い、「会社は当該社員の業績や態度が改善するように様々な努力をした」ことがわかる形を残しておくことも、円満な解雇・退職には必要になります。

また、「定着施策を行うと、必要でない人材までもが定着して困る」という声も聞かれます。よって、「定着施策は業績の良い社員にのみ適用することで、業績が良い社員には居心地が良いが、そうではない社員には居心地が悪い環境を作り出す」ことも、会社にとって望ましくない人に、自主的に退職してもらうためには必要になります。

3. 不要人材を採用しないために
〜試用期間を利用した社員の見極めは可能か〜

　上記では、できるだけトラブルのない解雇・退職について述べましたが、解雇や退職にはトラブルがつきものです。よって、そのようなリスクのある人を採用時からできるだけ排除するのが、いわゆる「転ばぬ先の杖」となるでしょう。その際、活用できるのが、採用してから一定期間設けることが可能な「試用期間」の活用です。

　基本的に試用期間中の解雇は、正式雇用後に比べると簡単です。しかし、現地経営者からは、「業務に慣れていない試用期間中に、難しい仕事をさせて失敗されると、当社にとってもダメージになるため、結果的に簡単な仕事をさせることになる。そうすると失敗のしようがないため、結果的に試用期間中に見極めることが困難になっている」という意見もありました。

　よって、試用期間中に能力を見極めたいと思った場合は、ある程度リスクを冒しても、責任の大きい仕事を任せて、その人の力量を見極めるより他はなさそうです。

Q3 実例：人員整理とその対応（日系企業A社の場合）

当社では、世界的な金融危機の影響もあり、昨年から受注が大幅に減少し、業績の大幅悪化と人員整理が避けられません。実際に人員整理をされた企業の実例を教えてください。

A 以下では、人員整理のため、希望退職を募った在タイ日系企業A社の事例を紹介します。この企業では、希望退職により、会社として離職してほしかった人材の転出を促すことに成功しました。人員整理により退職金など一時的な出費の増加、離職した従業員からの嫌がらせを受けるかもしれないリスクが生じた反面、余剰人材がいなくなり、マネジメントがしやすくなったこと、社員が以前以上に緊張感を持って仕事に取り組むようになったこと、がメリットとしてあげられます。

1. 人員整理までの経緯・背景

A社では、世界的な金融危機の影響もあり、2008年10月下旬から受注が大幅に落ち込み、11月、12月の生産量は2007年1月から10月までの10か月平均の30％となってしまいました。

そのため、11月、12月に大幅な生産調整を行い、法定最低給与（基本給の75％）を支払うことで、製造現場を数日間休日としました。

しかし2009年になっても、A社の商品、取引先の状況から判断すると、受注の急激な改善は期待できず、少なくとも2009年6月頃までは、人員整理をしない限り、生産調整をせざるを得ない状況に陥りました。

2. 給与カットか人員整理か

同社では、様々な検討の結果、生産調整による実質給与カットは、給与水準が最も低いワーカーレベルの給与をさらに引き下げることにつながるた

図表46　人員削減の目的

◆金銭面での目的
・給与の削減のみならず、福利厚生費、交通費などの圧縮が図れること。

◆モチベーションや従業員の質改善面での目的
・適正人員にすることにより、遊びの時間が無くなり、緊張感を持った状態で仕事が継続できること
・退職希望者の中に、会社としてやめてほしい人が多く入っており、従業員の質の改善が図れること
・A社は2001年設立の若い会社ということもあり、従業員間で年齢差が小さく、組織・指示系統などで難しい面があった。しかし、人員整理で3～5年勤続クラスを退職させることで、次に人を採用するときは若い人を採用することにより、ピラミッド型の組織にし、指示系統が円滑になる形を取りたかった

（出所）A社社長B氏へのインタビューより

め、彼らのモチベーションを大きく引き下げることから、彼らの生活維持自体が難しくなること、自社の製品の品質に与える影響も懸念されることから、A社社長である日本人赴任者B氏の判断のもと、生産調整を行うのではなく、希望退職者を募り、人員自体の削減が望ましいとする判断を下しました。

3. 人員削減の目的

　A社の人員削減の目的は図表46のとおりです。
　図表46にもあるように、人員削減は、社員のモチベーションや質の改善など単に金銭面でのコスト削減だけではない、長期的な視点に立った取組みだったことがわかります。

4. 人員削減内容と退職条件

　では、具体的な人員削減の内容と退職条件はどのようなものだったのでしょうか。

図表47　希望退職時の金銭的補償

会社都合退職時の法定補償金プラス２か月。 また、次の給料日まで１か月ないことから、さらに１か月分上乗せする。 　【例】勤続期間が、 　　　　　１年以上３年未満……90日分の手当　プラス　３か月分 　　　　　３年以上６年未満……180日分の手当　プラス　３か月分 ※Provident Fund（退職年金積立基金）について、会社側ポーションも全額支払う。

（出所）A社社長B氏へのインタビューより

① 人員削減内容

　45名いた従業員のうち、14名について、オペレーターを中心にスタッフを含め年末にやめてもらい、2009年１月から、創業時と同じ30名体制で、再スタートを行う形をとりました。

　※会計のスーパーバイザーについては、以前から海外での修士取得を考えていたことから、2009年２月末、決算関係処理が終わった段階で今回の希望退職者と同等の条件で退職扱いとしました。

② 退職条件

　退職条件は**図表47**のとおりですが、ポイントは、退職決定後の社員の取扱いです。

　退職が決定した後は、退職日までは出社させず、自宅待機とさせることにしました。これによって「退職決定後の会社に対する嫌がらせや品質に関する問題や情報漏えいの防止、会社に残る人材との不必要な問題」を回避することに成功しました。

5. 希望退職募集への対応状況

　希望退職の条件を固め、いざ応募者を募ったところ、見込んでいた12～13人以上の人達が手を挙げることになりました。

　B氏の予想通りの人が希望退職に手を挙げましたが、中には会社として必要な人材も、会社の将来に対して悲観的な展望を描き、希望退職に応募して

きたため、これら必要人材に対しては、今回の希望退職の意義や目的をていねいに説明し、結果的に会社に残ってもらうことになりました。

ただし、年齢的、性格的に転職が難しいスタッフから、日本人マネジャーに対し、「お前は俺が嫌いなのか？　俺をやめさせたいのか？」などといったいやがらせの電話が深夜にかかってきたこともありましたが、結果的には特に問題なく退職させることができたということです。

6. 人員整理のメリットとデメリット

上記のとおり、A社の希望退職による人員整理は無事終了しましたが、図表48のようなメリットとデメリットが発生しています。

図表48　希望退職を実施したことによるメリットとデメリット

◆メリット
① 早めに適正人員となったことにより、従業員に遊びが無くなり、仕事に対して前向きな態度が現れてきて、緊張感を持って業務を行っている。
② 会社側にとって好ましい人たちを残し、好ましくない人達に辞めてもらい、雰囲気が良くなった。
③ マネジメントがやりやすくなった。
④ 2～4年勤続の人達が多く減り、今後は採用時に若い人を採用することにより、人事組織として好ましい人事構成とすることが可能となった。
⑤ 従業員の中に、経費に対する考え方の厳しさが芽生えてきて、経費削減に従業員自ら協力しようとする態度が明確に現れてきた。
⑥ 他社が人員整理や給与カットなど、マイナスの話が多い中で、当社ではそれがもうないであろうとの考えが、従業員に自信を持たせ、生き生きと仕事をさせることにつながっている。

◆デメリット
① 退職金等一時的な大きな出費となった。
② 退職者の恨みを買っているとは思わないが、それへの注意を必要としている。
③ 従業員数が大きく減り、家庭的になり過ぎ、組織としての規律を維持することに気を遣う。

（出所）A社社長B氏へのインタビューより

しかし、今回の希望退職によるメリットは、デメリットを大きく上回ることから、景気悪化による生産調整をきっかけとして行った希望退職制度は、単に人件費削減にとどまることなく、社内の体質改善にも寄与したという点で、学ぶべき点は多いのではないでしょうか。

7. B氏からのメッセージ

最後に、B氏から今後人員整理などに携わる可能性のある方へのメッセージをいただいたので、以下にご紹介します。

図表49　今後、人員整理などに携わる可能性のある方へのメッセージ

- 基本的には従業員は会社の資産であり、財産である。よって、基本は育てるべきで、安易な人員整理は避けるべきだと考えている
- 常日頃から従業員との信頼関係を築いていること
- 自ら彼らと向き合い、よく話を聞いてあげること
- 嘘をつかず、約束は必ず守ること
- 情報は可能な限り、早めに開示すること
- 何事にもフェアーであること

Q4 有能人材定着にあたって最も大切なこと

有能人材の定着にあたっては、「物質面の満足」「先行き展望」「会社への帰属意識」「処遇の公平性」が非常に大切とわかりました。これらを満たしていれば、有能な人材は定着するという理解でよいでしょうか。

A 上記の4要件以上に有能人材定着に最も影響を与えるのが、「上司にあたる日本人駐在員」です。よって、以降のページでは、「有能なナショナルスタッフの定着にあたり、必要な駐在員の資質」について紹介します。

本章でご説明したとおり、ナショナルスタッフの育成・定着においては、制度面の施策は不可欠です（制度面の定着施策については**図表50**を参照）。

しかし、それだけでは「仏をつくって魂入れず」に過ぎません。

では、魂にあたるのは何でしょうか。

それは、現地法人の経営を担う日本人駐在員です。時々耳にするのが、「初代の現地法人社長となった駐在員は、ナショナルスタッフからの信頼も厚く、有能な人材が定着し事業も軌道に乗っていたが、初代社長が日本に帰任し、新しい駐在員が社長に就任したとたん、社内がぎくしゃくしく、有能人材が流出、経営もままならなくなった」というお話です（その逆ももちろんあります。）。

このことからも、有能なナショナルスタッフの定着に最も大きな影響を与えるのは、日本人駐在員であることが明らかです。

そこで以下では、日本人駐在員に求められる資質と、具体的な駐在員の育成方法について紹介します。

図表50　制度面からみた有能ナショナルスタッフの採用・定着のためのフローチャート

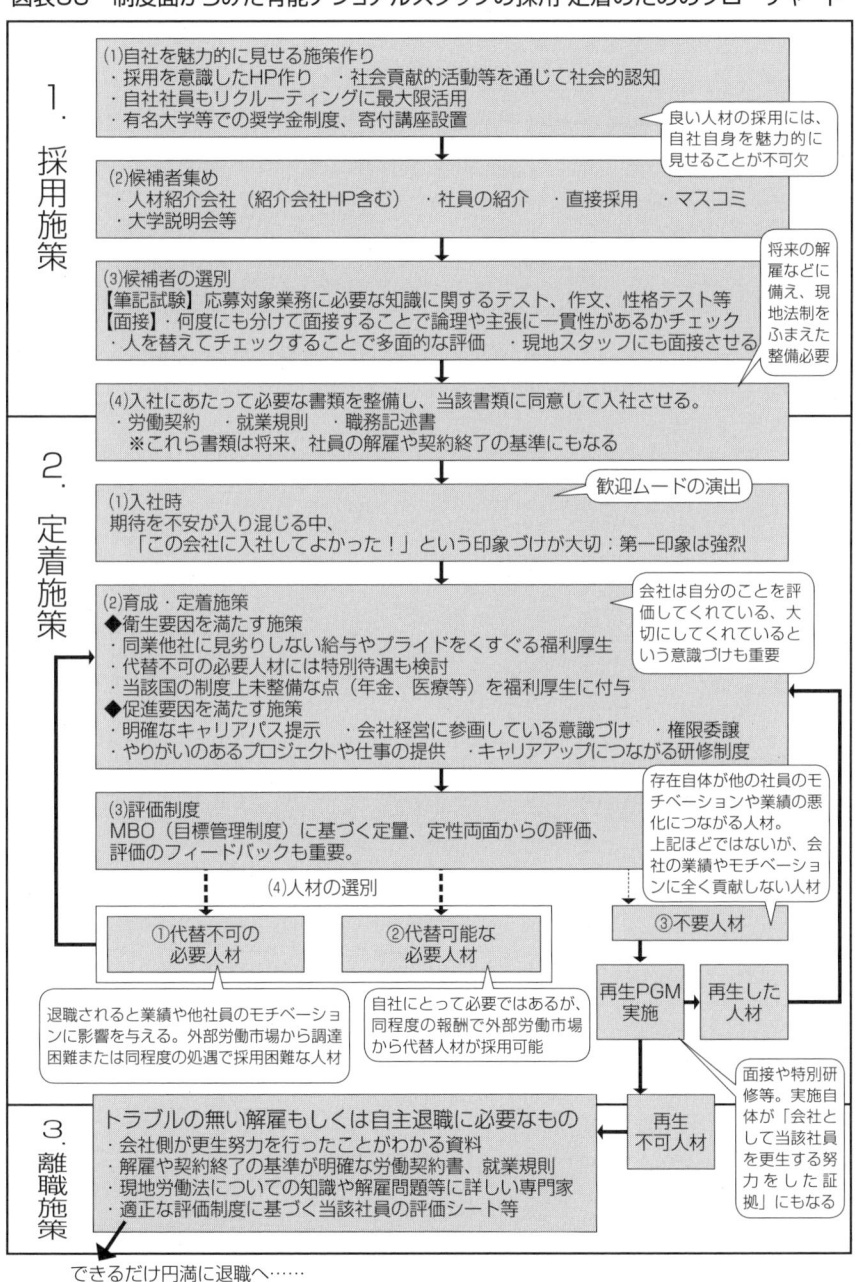

1. 採用施策

(1) 自社を魅力的に見せる施策作り
- 採用を意識したHP作り　・社会貢献的活動等を通じて社会的認知
- 自社社員もリクルーティングに最大限活用
- 有名大学等での奨学金制度、寄付講座設置

> 良い人材の採用には、自社自身を魅力的に見せることが不可欠

(2) 候補者集め
- 人材紹介会社（紹介会社HP含む）　・社員の紹介　・直接採用　・マスコミ
- 大学説明会等

(3) 候補者の選別
- 【筆記試験】応募対象業務に必要な知識に関するテスト、作文、性格テスト等
- 【面接】・何度にも分けて面接することで論理や主張に一貫性があるかチェック
- ・人を替えてチェックすることで多面的な評価　・現地スタッフにも面接させる

> 将来の解雇などに備え、現地法制をふまえた整備必要

(4) 入社にあたって必要な書類を整備し、当該書類に同意して入社させる。
- 労働契約　・就業規則　・職務記述書
- ※これら書類は将来、社員の解雇や契約終了の基準にもなる

2. 定着施策

> 歓迎ムードの演出

(1) 入社時
期待を不安が入り混じる中、「この会社に入社してよかった！」という印象づけが大切：第一印象は強烈

(2) 育成・定着施策
◆衛生要因を満たす施策
- 同業他社に見劣りしない給与やプライドをくすぐる福利厚生
- 代替不可の必要人材には特別待遇も検討
- 当該国の制度上未整備な点（年金、医療等）を福利厚生に付与

◆促進要因を満たす施策
- 明確なキャリアパス提示　・会社経営に参画している意識づけ　・権限委譲
- やりがいのあるプロジェクトや仕事の提供　・キャリアアップにつながる研修制度

> 会社は自分のことを評価してくれている、大切にしてくれているという意識づけも重要

(3) 評価制度
MBO（目標管理制度）に基づく定量、定性両面からの評価、評価のフィードバックも重要。

(4) 人材の選別

①代替不可の必要人材	②代替可能な必要人材	③不要人材

→ 再生PGM実施 → 再生した人材 / 再生不可人材

- ①退職されると業績や他社員のモチベーションに影響を与える。外部労働市場から調達困難または同程度の処遇で採用困難な人材
- ②自社にとって必要ではあるが、同程度の報酬で外部労働市場から代替人材が採用可能
- ③存在自体が他の社員のモチベーションや業績の悪化につながる人材。上記ほどではないが、会社の業績やモチベーションに全く貢献しない人材
- 面接や特別研修等。実施自体が「会社として当該社員を更生する努力をした証拠」にもなる

3. 離職施策

トラブルの無い解雇もしくは自主退職に必要なもの
- 会社側が更生努力を行ったことがわかる資料
- 解雇や契約終了の基準が明確な労働契約書、就業規則
- 現地労働法についての知識や解雇問題等に詳しい専門家
- 適正な評価制度に基づく当該社員の評価シート等

できるだけ円満に退職へ……

Ⅲ 駐在員の育成

本編では、日本人駐在員が有能なナショナルスタッフをいかに見極め、アトラクション（引き付け）＆リテンション（引き留め）するか、そして現地法人の全従業員にいかに影響力を及ぼすかについての方法論を述べています。
　具体的には、①企業ブランド、②金銭的報酬、③非金銭的報酬の持つアトラクション＆リテンション効果を概観し、さらに企業やマネジャーが検討・実践すべきテーマを提供しています。特に、非金銭的報酬の項では、日本から派遣されてくる駐在員の質がナショナルスタッフに大きな影響を及ぼすという考えから、日本人マネジャーが心得ておくべき諸事項についても言及しています。
　また、ソフト・パワーやスマート・パワー、価値方程式、レシプロシティー（互恵性）の社会通念など、聞き慣れないかもしれない表現がいくつか登場してきます。しかし、これらは日頃われわれが何気なく感じていることを概念化したもので、いずれも世界一流の学者によるものなので、非常に説得力があり汎用性に富んでいると筆者は思っています。

Q1 人材の定義

「引き付け」(アトラクション) と「引き留め」(リテンション) すべきナショナルスタッフとはどんな人材なのでしょうか。何か目安になるものがあれば教えてください。

A

「引き付け」「引き留め」に値する重要な人材は、その人の仕事に対する愛情と人格で見極めるのがよいと思います。仕事に対する愛情・愛着は、ヒトを継続的改善活動に駆り立て、人格は職場内の相互扶助を促進し、難易度の高い業務遂行を可能にします。その結果、組織は大きな便益を得ることになります。有能人材を彼ら(彼女ら)の持つ行動特性だけで見極めようとするのはよくないので、注意してください。

1. 仕事への愛情と人格を軸に考える

アトラクション(Attraction)とは、「ぜひ、うちの会社に来てほしい」と思う人材の目を自社のほうに向かせ、入社したいと思わせることです。リテンション(Retention)とは、一旦、入社してきた人材を会社に長く留め置くことです。

企業にとっても最も重要な資産は「人材」であるといわれることからも、有能人材をアトラクション・アンド・リテンション(Attraction & Retention)することは、自社の競争力を確保するうえで重要なのは明らかです。

アトラクト(引き付ける)すべき人材とリテイン(引き留める)すべき人材は、必ずしも同じではありません。アトラクトすることに成功して入社してきた人材の中には、あえてリテンションすべきでない人も含まれています。

アトラクションしリテンションすべき人材は、その行動特性をつぶさに調べることで見極められ、人材の優劣は機械的に峻別できると主張する人がいます。この考えは、人材管理を「手続き論」で処理しようとする人に多く見

られます。しかし、現実はそれほど簡単ではありません。ハーバード大学のナイ教授が主張するように、「人間同士の相互作用は、決定論的なシステムというより、オープンなシステムにおいて行われる。オープンなシステムは『等結果性』の原理に基づいて動くのである。簡単にいえば、行動自体には様々なやり方があるにせよ、それでも同じ結果が得られる」(ジョセフ・S・ナイ(著)、北沢格(訳)『リーダー・パワー』p.45、日本経済新聞出版社)わけです。つまり、「よくできました」と賞賛される結果はひとつであっても、その成果の出し方は、人それぞれ異なるということで、有能かそうでないかを行動特性のみから判断しようする試みは、妥当性を欠いたものといわざるを得ません。

では、どのように人材を識別すればよいのでしょうか。私は、「仕事への愛情」を縦軸に、「人格」を横軸にした「人材マトリクス」を利用するのがよいと考えています。仕事への愛情・愛着は人を見るうえで非常に重要な指標となります。自分が携わる仕事に愛情や愛着があれば、仕事を前向きにとらえ、今よりもっと良いやり方はないかと能動的に行動します。この継続的改善を実践しようとするマインドセットは、組織に大きなメリットをもたらします。

仕事は、ひとりでできるものではありません。複雑で難易度の高い仕事になればなるほど、他人の協力なしで成功することはまずあり得ません。職場内外の人に助けられたり、助けたりしながら仕事は進められていきます。この共同作業の巧拙を決める重要な要素が人格です。すなわち、仕事への愛情が強く、人格が高ければ結果は良いものになるし、その逆の場合は悲しい結末に終わります。

人材マトリクスの各象限は、いわば「人材の小宇宙」で、4つの象限の中に「現時点でのスキル」「容姿」「知識・知性」「人脈」「マキャベリズム特性」といった要素が入ります(図表51)。ここでいうマキャベリズム特性とは、「目的は手段を正当化する」といった意味で使われていますが、人格の高い人でもマキャベリズム特性は持っています。

図表51　人材マトリクス

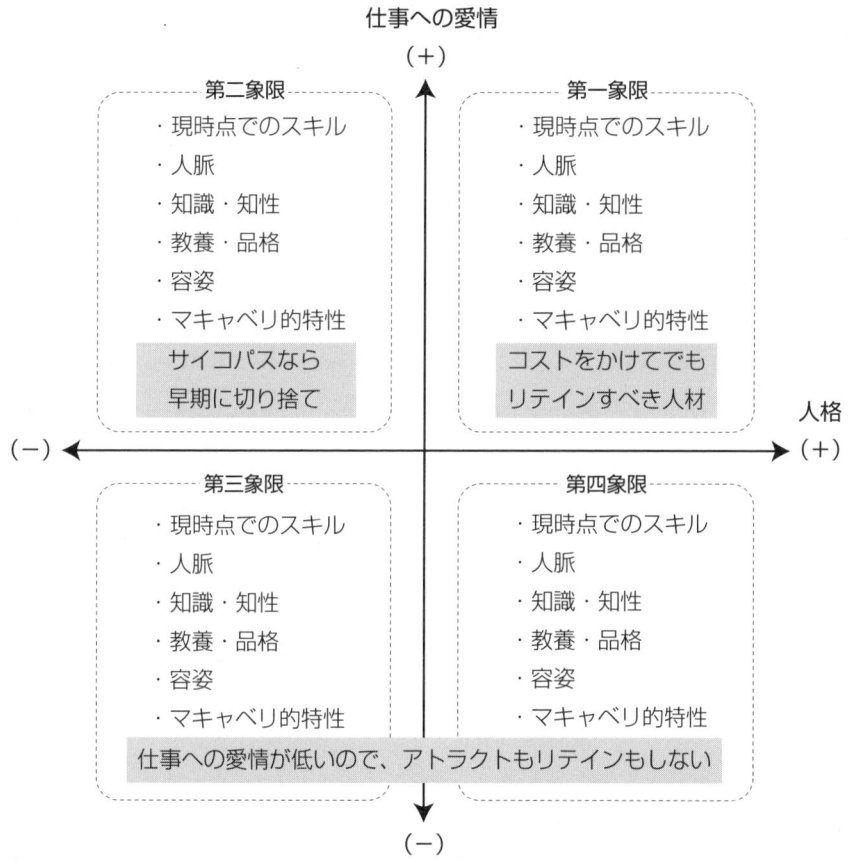

	第二象限	第一象限
	・現時点でのスキル ・人脈 ・知識・知性 ・教養・品格 ・容姿 ・マキャベリ的特性 **サイコパスなら早期に切り捨て**	・現時点でのスキル ・人脈 ・知識・知性 ・教養・品格 ・容姿 ・マキャベリ的特性 **コストをかけてでもリテインすべき人材**
	第三象限	第四象限
	・現時点でのスキル ・人脈 ・知識・知性 ・教養・品格 ・容姿 ・マキャベリ的特性	・現時点でのスキル ・人脈 ・知識・知性 ・教養・品格 ・容姿 ・マキャベリ的特性

縦軸：仕事への愛情（＋／－）　横軸：人格（－／＋）

仕事への愛情が低いので、アトラクトもリテインもしない

（作成）三菱UFJリサーチ＆コンサルティング

　人材を選抜する際には、各象限に共通してある「現時点でのスキル」「容姿」「知識・知性」「人脈」といったわかりやすい要素に目を奪われがちですが、これらの要素は仕事への愛情と人格で構成される「大宇宙」に影響されることはあっても、影響を及ぼすことはないので、人材選抜の最重要要素として用いるのは正しくありません。まずは、仕事への愛情と人格の高さで、人材をスクリーニングすべきであると思います。

　人材マトリクスの第一象限に入る者たちが、最もアトラクトされ、かつリ

テインされるべき人材です。たとえ現時点でのスキルが他の象限にいる者と同じであったとしても、仕事への愛着が強く、人格的に優れたものがあれば、仕事のスキルはどんどん高まっていきます。この象限の人材には継続的改善のマインドセットがあるために、顧客や社内の上司・同僚・部下に大きな便益を与え、結果的に組織に好循環をもたらします。また、長期的には、ここに入る人は、企業DNA（遺伝子）を次世代に継承する重責を担うべき人材になり得ると考えて差し支えないと思います。

第三象限と第四象限にカテゴライズされた人材は、仕事への愛情・愛着が乏しいので、組織が彼らにメリットを感じることはありません。彼らは、そもそもアトラクトされるべき人材ではないので、当然のことながらリテンションの対象にもなり得ません。

2. サイコパスに気をつける

第二象限にいる人材には注意が必要です。ここには、アトラクトはしたものの、必ずしもリテインするに値しない人材が含まれています。すなわち、「サイコパス」的特徴を持った人材です。サイコパスとは、平気でうそをつき、他人を操り、策略をめぐらし、冷酷で身勝手に振る舞う有害な性質に根ざした"パーソナリティ障害"を持った人間のことです（ポール・バビアク／ロバート・D・ヘア（著）、真喜志順子（訳）『社内の「知的確信犯」を探し出せ』ファーストプレス）。

いくら仕事に対する強い愛着を持っていても、「人格」に問題があれば、放置しておくわけにはいきません。社内に悪影響を及ぼすこの種の人材を、採用過程で、見極め、排除することは難しいので、会社は一旦サイコパス的特性が出現した時点で、彼ら（彼女ら）を円満に退職させるスキームを保有しておく必要があります。

仕事に対する愛着は、人を継続的改善活動に駆り立て、組織に大きな便益をもたらします。「ブックオフ」という新古本を中心とした流通チェーンの上場企業があります。そこの会長である橋本真由美氏は、同社でのキャリア

を時給600円のパート従業員からスタートさせたことはあまりに有名な話です。「誰にも負けない努力をする」を座右の銘に持つ橋本氏は、この仕事が本当に好きでたまらないといっていますが、まさに好きこそものの上手なれを地でいくサクセスストーリーです。

牛丼チェーンを全国展開する吉野家ホールディングスの安部修仁氏も、吉野家にアルバイトで入り、社長にまで上り詰めた人物です。安部氏の仕事に対する取組みの基本は、「働く人1人ひとりの役割を大切にし、『日々の改善』による価値追求」であるとのことです（一橋ビジネスレビュー）。

3. 継続できる者が有能人材

「ひとつの分野で一流になるためには10,000時間の研鑽が必要である」と三菱UFJリサーチ＆コンサルティングの理事長である中谷巌はいっています。スキルの蓄積は、最初の5,000時間でかなりの水準にまで達するでしょうが、本当に一流の領域にまで至るには、「収穫逓減の法則」から遅々として上達しない後半部も努力し続けなければなりません。「仕事に対する愛着」がなければ、この辛いプロセスを諦めずに、努力し続けることはできないでしょう。

仕事に対する愛着のない人間と、一緒に働きたいと思う人はいません。筆者の体験談で恐縮ですが、某アシスタントの話を紹介します。彼女は英語が達者だったので、筆者は短い英訳を頼んだことがありました。しかし、納期になってもでき上がってこないので催促したところ、「まだ手をつけていない。明日やる」との回答が返ってきました。まだ定時まで時間があるので、今日中に完成させられないかと聞くと、「今日は夕食の約束があるので早く帰る」との答え。仕事に対する愛着は、業務へのプライドと責任感を生み出します。彼女の責任感のなさには開いた口が塞がりませんでしたが、結局のところ、彼女は翻訳といった仕事が好きでなかったのかも知れません。自分に合っていて、本当にやりたい仕事に出会ったなら、彼女も寝食を忘れて打ち込むほどのオーナーシップを感じるはずです。

Q2 人材の識別

アトラクション（引き付け）とリテンション（引き留め）すべき人材を識別する具体的な方法を教えてください。

A 応募してくる人物の本質を短時間で見極めるのは至難の技です。しかし、本人や人材紹介会社が作成する履歴書や職務経歴書に頼りすぎるのは考えものです。人には、相対する人間が信頼するに足る人物か否かを識別する本能（直感）があります。この直感もまんざら捨てたものではありませんが、重要な人物を選考する際には、できるだけ多くの人の目を通して評価すべきです。また、応募者の仕事に対する思い入れを知るためには、エッセーを即興で書かせてみるのも有効です。

1. 直感を信じる

採用面接にかけられる時間には限りがあるし、受験者側もとびきり上等の自分を見せてきます。面接する側には、かなりの鑑識眼が求められるのはいうまでもありません。

「人物」を短時間で見極めるのは難しく、その人物推定には、ロジックだけでなく、直感に頼るところが大きいのも事実です。「ヒトの（脳にある）扁桃体には、出会ったすべての相手に対して、自動的・強制的にその人物が信頼できるかどうかをチェックする機能がある」そうです（ダニエル・ゴールマン（著）、土屋京子（訳）『SQ生きかたの知能指数』日本経済新聞出版社）。

相手が信頼できるかどうかを見極める警戒システムには、人の頭の中にある2つの回路、すなわち「表の道」と「裏の道」の両方が使われるそうです。ゴールマンは、「表情筋をコントロールするのは「裏の道」、嘘を考えるのは「表の道」の働きだ。言葉で嘘をつこうとしても、表情が本心を暴露してしまう。「表の道」は隠そうとし、「裏の道」は暴露しようとする。「裏の道」

は多数の回路を使って沈黙のうちに人間の脳と脳を結びつけている。こうした回路があるおかげで、人間は信頼すべき相手と避けるべき相手を見分けることができ、難しい人間関係にも対処できる」と述べています（ゴールマン前掲書、p.43-44）。

「表の道」と「裏の道」を最大限活用して、面接にあたることが重要です。忙しいという理由で、面接をいい加減に済まそうとすると、あとで思わぬコストを支払うことになります。海外現地法人の要職を任せるための人材を採用する際には、面接はさらに重要性を帯びてきます。外国語によるコミュニケーション、異なる文化的背景など、日本国内での採用とは違った要素が複雑に絡み合います。社長だけによる1回限りの面接で済ませることなく、現地法人幹部の複数の目で複数回にわたって応募者を評価することが大切です。応募者と自社との相性を十分に考えて採用に踏み切らないと、お互いが不幸になります。

2. 即興でエッセーを書かせる

面接では、応募者の人格のみならず、仕事に対する思い入れもしっかりと把握しなければなりません。それを把握するためには、2時間程度の時間を与えて「この会社で何をしたいか」というテーマでエッセーを書かせるといいでしょう。仕事に対する強い思い入れのある人間は、たとえそれが名文にならないとしても、熱い思いがある分、強いエネルギーが文章に現れてきます。思い入れのある人間が書いたエッセーは、仕事に関することが頭の中で常に整理されているので、現実的で説得力のある内容になる場合が多いのです。

履歴書と職務経歴書に書かれた情報のみに頼る人物評価は危険です。いくらでもハンサム・レザメ（見栄えの良い経歴書）を書くことが可能だからです。ハンサム・レザメの書き方を指導したり、依頼者のために代筆したりするプロも存在します。

高いポストの人材を採用する際には、人材紹介会社が介在するケースが多

いのですが、紹介会社の担当者のいうことを鵜呑みにするのは考えものです。彼らは紹介した人材が企業に採用された場合、月給の数倍を謝礼として受け取る場合が多いので、「人材という商品」をできる限りゴージャスにデコレーションして売り込んできます。その人材の過去の実績を(嘘にならない程度で)上手に演出し、潜在能力をきれいに描写して、需要者側に紹介するのです。需要者は、その巧みな宣伝に説き伏せられて、社内評価もそこそこに採用してしまうことが少なくありません。

しかし、採用した後で「こんなはずじゃなかった」と後悔する雇用者が後を絶ちません。有能人材という触れ込みで入社してきたにも関わらず、いつまで経っても鳴かず飛ばずの人間はいます。高い報酬を提示してヘッドハンティングしてきた場合は特に、マネジメントはイライラします。その反面、「いつかは活躍してくれるだろう」という微かな期待も捨てきれず、その社員を抱え込んだまま、いたずらに時間だけが経過します。しかし、この種の人間がある日を境に高い成果を生み出す人材に生まれ変わることはまずありません。

期待される結果が出ない責任のすべてを鳴り物入りで入社してきた人間に押し付けるのは酷な話でもあります。仕事の結果は環境や条件に支配されるところが大きいからです。成果を出す力は絶対的なものではなく、あくまで相対的なものであることを理解すべきです。

不幸にも自社の期待と社員のパフォーマンスとの間に看過できないほどのギャップが顕在化した場合は、これまでかけてきた費用を「沈没コスト」とあきらめて、できるだけ早く「円満退職のスキーム」で会社を辞めてもらうしかありません。それが本人にとっても会社にとっても残された最善の道なのです。組織としては、いつまでも不良資産を抱えておくわけにはいかないし、本人にしてみても自分に合った環境や文化の下で、心機一転やり直す機会を得るほうが幸せなのは間違いありません。

Q3 アトラクションとリテンションの工程

アトラクションとリテンションの方法を具体的に教えてください。また、それぞれの方法の長所と短所についても知りたいです。

A まず会社に興味を持ってもらうことから始めます。次に、入社後がっかりさせないための施策を講じます。そして、会社をますます好きにさせた後、彼ら（彼女ら）を良き伝道者に昇華させる仕掛けをつくります。各過程で採用すべきツールと技法は異なりますが、前半部分では主に企業ブランドや経済的報酬の多寡が比較的高い効果を発揮するのに対して、後半部では権限委譲や経営への参画など内発的動機付けがより重要度を増してきます。

1. 最初の1週間で「価値」を感じさせる

　有能なナショナルスタッフをアトラクトし、リテインする方法は数多くありますが、用いるべき「ツールと技法」は、その目的によって異なってきます。

　アトラクションとリテンションの理想的な流れは、まず、「会社に興味を持たせる」ことから始まります。次に、「入社後がっかりさせない」、そして「ますます会社を好きにさせる」という行動に続きます。そして、最後は「良き伝道者」になってもらい、次世代のナショナルスタッフを第一世代のナショナルスタッフが日本人駐在員になり代わってアトラクション＆リテンションするという好循環のサイクルを作り出したところで完了します（図表52）。

　まず、「会社に興味を持たせる」段階で重要になるのは、まだ入社していない人材を引き付けるために、高いアトラクション効果を持つ各種の手法を用いることです。企業ブランド力のある会社や高給を提示できる会社は、部外者にとって「見栄えの良い会社」に映るので、そうでない会社に比べて、

図表52　アトラクションとリテンションの流れ

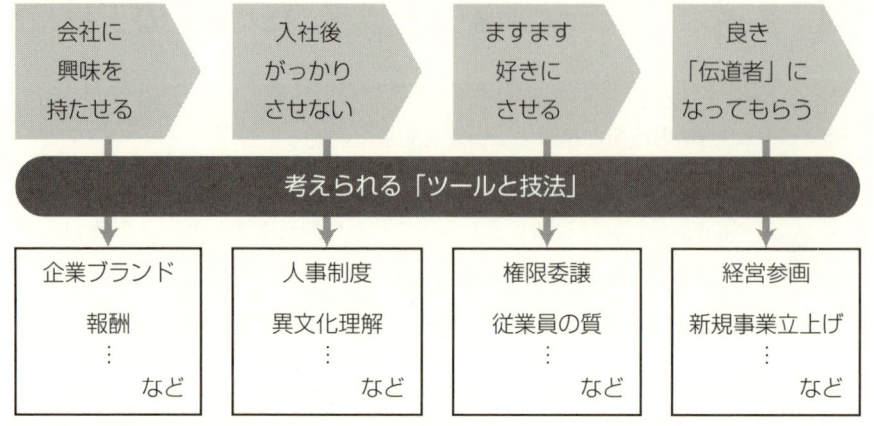

会社に興味を持たせる	入社後がっかりさせない	ますます好きにさせる	良き「伝道者」になってもらう

考えられる「ツールと技法」

企業ブランド 報酬 ⋮ など	人事制度 異文化理解 ⋮ など	権限委譲 従業員の質 ⋮ など	経営参画 新規事業立上げ ⋮ など

（作成）三菱UFJリサーチ＆コンサルティング

　人材アトラクションが成功する可能性は高いといえます。業界外の人材や学生は、見栄えがして、一般受けする企業に、より高いブランド認知を示す傾向があるので、表の看板は目立つに越したことはありません。

　しかし、企業ブランドがあるからといって安心していてはいけません。ブランドはあくまで入口の話に過ぎないからです。重要なのは、むしろ入社してからどうするかです。

　「これはっ！」と思う人材が入ってきた場合、まず注意すべきことは、「入社後、彼ら（彼女ら）をがっかりさせない」ことです。米国の経営コンサルタントであるフレデリック・F・ライクヘルドは、自身の著書『ロイヤルティ戦略論』（伊藤良二（監訳）、ダイヤモンド社）の中で、「会社に入って最初の40時間の間に、従業員は拭い去ることのできない文化的な洗礼を受ける。この40時間で、会社とその事業に対する理解の大枠が決まる」(p.131)と述べています。つまり、入社1週間で、その従業員の会社へのスタンスは決まってしまい、その期間に何らかの失望感を抱いた社員は、長らくそのマイナス感情を引きずってしまいます。大事に扱われた場合は、その逆で、会社が好きになり、組織への忠誠心を醸成しやすくなるわけです。

「釣った魚に餌はやらない」を地で行く企業もありますが、それでは従業員の自社へのロイヤルティ（忠誠心）は得られません。合理的で納得性のある人事評価制度を社内に持っているか、従業員のスキルをさらに高めるための教育プログラムを実践しているかどうかは、入社前にはわからなくても、いったん会社の人間になればすぐに知れてしまいます。良い人材を本当にリテインしたければ、各種の人事制度を充実させておく必要があるのはいうまでもなく、ナショナルスタッフ本人や彼らの文化的バックグラウンドをよく理解し、敬意を払おうとする「異文化理解」も非常に重要になってきます。

2. 権限委譲は上司の質による

　縁あって入社してきた人材をその会社のファンにする仕掛けを作ることは、次世代人材のアトラクションのためにも重要です。この段階で効力を発揮するのは、「権限委譲」や「上司の質の高さ」です。権限の委譲と上司の質との間にはプラスの相関関係があり、低次元の仕事しかできない（あるいは意欲のない）人間は、高次元の仕事にシフトすることはありません。勤続年数が長いだけで課長になったものの、仕事の仕方は平社員とまったく同じという人をたまに見かけます。本来ならば、平社員の間に、次の職位である主任や係長を目指して、その職位で求められる仕事の仕方を模擬訓練しておくべきなのに、それを怠り、クラシカルな日本的雇用システムに身を委ねて無為に時間を過ごしてきた人がこの種の上司になってしまうのです。まさに年功序列の弊害でしょう。仮にこの種の人間が上司になった場合には、部下への権限委譲はまずあり得ません。この種の上司は高次の仕事に取り組まない（取り組めない）ので、本来ならば部下に渡すべき仕事を取り込んで離さないのです。その結果、部下のスキルアップは臨むべくもなく、会社へのロイヤルティの醸成もあり得ません。

　逆に上司の質が高い場合には、権限委譲はスムーズに進みます。上司本人が、より高みを目指して高次元な仕事にチャレンジし続けようとするので、上司が「自分にはもはや低次である」と認識した仕事がどんどん回されてく

るからです。

3. 伝道者の力を借りる

　ナショナルスタッフが、入社した会社にオーナーシップを感じるところまでくればしめたものです。自分の働く会社を愛すれば、その会社がもっと良くなることを願うのが人情です。その意識を持ち、特に、継続的改善活動に励む高人格なナショナルスタッフは企業DNA（遺伝子）の継承者たるにふさわしい人達なので、経営参画の機会を惜しみなく与えるべきです。

　「うちの会社の日本人社長は、能力とやる気次第で、われわれナショナルスタッフもマネジメントに取り立ててくれるよ。うちの会社に移ってくればいいのに。やる気出るよ」と伝道者の役割を果たす従業員も出てくるでしょう。人は気に入ったものを5人に紹介するといいます。伝道者の数を社内に増やせば、ねずみ算式に良い噂が広がります。一方で、人は悪い噂を広めるのはもっと好きで、不平や不満があれば、11人に悪評を流すといわれています（全米消費者保護局による調査：「カスタマー・ロイヤルティの経営」日本経済新聞社）。いったん悪い評判が立てば、その会社に良い人材は応募してこなくなります。口コミマーケティング、恐るべしです。

Q4 経済的報酬による アトラクション&リテンション

ナショナルスタッフの労務管理で最も有効なのは「経済的報酬である」という話をよく聞きます。それは本当でしょうか。また、なぜ経済的報酬に強い関心を示すのでしょうか？

A
有能さを手っ取り早く証明するのに学歴の高さがよく使われます。高学歴や難関資格を得るには多くの投資が必要で、高い学歴のナショナルスタッフはその投資を回収するために高い経済的報酬を得ようとします。この点から「経済的報酬」が非常に重要な要素になるわけです。しかし、学歴の高低や資格の有無は、その人材の能力と必ずしも強い相関関係があるわけではないのはご存知のとおりです。従業員の給与は、むしろその人の持つ「分析力」「経験」「直感力」の高低で決定されるべきです。

1. 高まる若者の高給資格指向

ナショナルスタッフのアトラクションとリテンションを考える場合、すぐ想起されるのは、やはり「報酬」でしょう。人は報酬額を上げるために、各種の努力を惜しみません。MBA（経営学修士号）の取得などは、その好例でしょう。最近、この「資格」を有する若者が洋の東西を問わず増えてきています。アメリカだけでも、この10年間で100万人近くのMBA取得者が経済・産業界に送り出されているといいます。MBAのカリキュラムは、学生たちが各種の経営分析ツールに"広く浅く"触れることに主眼を置いているので、「学位」というよりも、むしろビジネスエリートへのパスポート的性格を持った「資格」と考えたほうがいいと筆者は考えています。

図表53に、米国の主要ビジネススクールの学費と入学希望者が受験しなければならないGMAT（共通試験）の合格平均点を示しました。2年間の学費はとても高いですし、共通試験では1,000点満点の7割という高得点を上

図表53　米国のトップ・ビジネススクール

順位	学校名	所在地	収益（5年）合計(1,000$)	支出(%)	損益分岐(年)	給与 MBA取得前(1,000$)	給与 MBA取得後(1,000$)	他州学生学費(1,000$)	GMAT(点)
1	ダートマス（タック）	ニューハンプシャー州	115	66	3.6	60	180	84	710
2	スタンフォード	カリフォルニア州	102	54	3.7	72	200	87	720
3	ハーバード	マサチューセッツ州	94	48	3.9	75	200	79	707
4	バージニア（ダーデン）	バージニア州	94	63	3.5	56	149	83	680
5	ペンシルベニア（ウォートン）	ペンシルベニア州	82	44	3.9	65	196	82	710
6	コロンビア	ニューヨーク州	81	47	3.9	61	188	84	706
7	シカゴ	イリノイ州	81	44	4.0	65	199	84	710
8	イェール	コネチカット州	80	52	3.7	52	150	82	710
9	ノースウェスタン（ケロッグ）	イリノイ州	78	45	3.9	60	170	85	710
10	コーネル（ジョンソン）	ニューヨーク州	78	49	3.6	56	145	79	690
11	NYU（スターン）	ニューヨーク州	78	46	4.0	60	198	81	700
12	デューク（ファクア）	ノースカロライナ州	76	48	3.6	51	130	81	710
13	UCバークレー（ハース）	カリフォルニア州	75	54	3.5	59	148	75	710
14	テキサス・オースティン	テキサス州	75	62	3.4	50	125	71	670
15	ノースカロライナ	ノースカロライナ州	75	55	3.4	51	121	77	660
16	アイオワ（ティッピー）	アイオワ州	74	85	3.0	35	95	47	650
17	MIT（スローン）	マサチューセッツ州	72	42	3.8	56	159	90	710
18	ブリハム・ヤング（マリオット）	ユタ州	71	83	3.0	36	93	34	640
19	ミシガン州立（ブロード）	ミシガン州	70	67	3.2	40	102	51	640
20	カーネギー・メロン（テッパー）	ペンシルベニア州	69	46	3.5	48	119	87	700

（出所）http://www.forbes.com/lists/2007/95/lead-careers-cz_07mba_Best-Business-Schools_Rank.html

げなければ合格できないことがわかります。

　米国では、若くしてビジネスエリートになるためには、どこのビジネススクールを出たかが無視できない条件になっているともいわれています。トップスクールの学費はどこも高く、8万ドルはかかります。GMATで高得点を狙うためには事前の準備が必要で、プリンストンレヴューなど、そのための予備校もあるくらいですし、そこでの授業料も決して安くはありません。MBAのコースは通常2年で、その間は授業の予習と復習に追われるため、フルタイムで働くことはまず不可能です。そのために、2年間の収入を犠牲にしている学生もたくさんいます。MBAという学位は、ことのほか高い「資格」なのです。

　それではなぜ、そこまでしてMBA取得にこだわるのでしょうか。答えは取得後の期待報酬の高さです。図表53に示すように、MBA取得前と後とでは、その年収に大きな開きがでるのです。トップスクールのひとつであるダートマス・カレッジの場合、取得前の年収が6万ドルであったのが、取得後には、その3倍の18万ドルに跳ね上がっています。スタンフォード大学やハーバード大学の場合も同様です。

2. 高給を正当化する三点セット

　若くしてビジネスエリートを目指す者たちは、経済的・精神的に多大な費用を支払ってでも、MBAやMS（修士号）などの資格や学位の取得を目指します。これはなにも米国に限った現象ではなく、そもそも学歴を重視するアジア諸国でも同様のことがいえるでしょう。

　しかし、MBAやMSを取ったばかりの若者にそれだけの高給を支払う価値があるのかと疑問を抱く経営者は多いはずです。

　実際の会社経営はMBAコースが教える「分析」だけを使って行えるほど簡単なものではありません。カナダのマギル大学のミンツバーグ教授は、著書『MBAが会社を滅ぼす』（池村千秋（訳）、日経BP社）において、「マネジメントとは本来、『クラフト（＝経験）』『アート（＝直感）』『サイエンス（＝分析）』

の3つを適度にブレンドしたものでなくてはならない」(p.12)とし、「従来型のMBA教育は、サイエンス、具体的には分析を教えることにほぼ終始している」(p.22)点を指摘しています。つまり、分析はマネジメントの三大要素の1つに過ぎません。この1要素を学校で習った証（卒業証書）を持っているというだけで、企業に2,000万円もの年俸を支払うことを期待するのはおかしな話です。

　企業側も人材をリクルートする際に、トップスクールのブランドだけに目を奪われていると高い買い物をしてしまうことになりかねません。その人材が報酬に見合うだけの要素、すなわち、分析力、経験、直観力をバランス良く備えているかを把握したうえで、採用に踏み切ることが重要なのです。

Q5 非経済的報酬によるアトラクション&リテンション

経済的報酬以外によるアトラクションとリテンションには、どんなものがあるのでしょうか。その具体的方法と有効性を教えてください。

A 目的に応じて方法を変えるのが現実的です。たとえば、人材の引き付け（アトラクション）には、経済的報酬や企業ブランドが有効です。しかし、これらの手法は人材の引き留め（リテンション）に大きな効果を発揮することはないようです。「これはっ！」と思うナショナルスタッフを長く保持したいなら、彼らを内発的に動機付けることが必要です。「報酬や制度を充実させることは重要だ。しかし、それだけではダメで、結局一番効いてくるのは、そこで働く従業員の質だ」と主張する経営者は多く、人材が人材を呼ぶメカニズムにも注目する必要がありそうです。

1. 経済的報酬と限界効用逓減の法則

給料や福利厚生など「経済的報酬」によるアトラクション（人材の引き付け）やリテンション（人材の引き留め）は、その導入に長い時間を要さず、実施も比較的簡単です。それを実行するのに十分な原資が社内にあれば、「来月分から給料を上げるので辞めないでほしい」といえるし、即効性も期待できます。

しかし、その効果はあまり長続きしません。「限界効用逓減の法則」という考え方が経済学にあります。「のどが渇いているとき、1杯目の水はほんとうにうまい。しかし、2杯目の水は1杯目ほどうまくない。3杯目、4杯目とだんだんうまくなくなり、最後はもう欲しくなくなる」というものです。

経済的報酬もそれとよく似ています。給与水準が低いうちは、月給が1万円上がるだけでもうれしいものですが、月給100万円の高給取りになると、「1万円上げてあげるから辞めないで」といっても、それほどありがたがり

ません。実際には、感謝されないどころか、「バカにするな！」と怒らせてしまうことすらあり得えます。人は、この種の外的な動機付けにはすぐ慣れてしまうからです。経済的報酬だけで人材を確保しようとすれば、ますます高い額を提示し続けなければならなくなり、これではお金がいくらあっても足りません。

少し前のモスクワで大変なことが起こっていました。中間管理職のスキルを持った人材を採用しようとすれば、なんと2万ドルもの月給を提示しないと人が集まらなかったのです。この金額は、ロンドンの場合の約3倍にもなります（ジェトロ・ユーロトレンド 2008.7）。ロシアがいくら魅力的な市場といっても、需要と供給のバランスから考えれば、月給2万ドルというのは行き過ぎです。中国やベトナムでもよく似た現象が起きていましたが、お金にあかして人の確保に走るのは、人材市場を混乱させることからも決して正しい方法ではなく、むしろ甚だ危険といわざるを得ません。

2. 内発的動機付けでロイヤルティを高める

「ハーツバーグの衛生要因と促進要因」という概念があります。「衛生要因」とは、賃金や執務環境といったもので、これらの要因は、あってもやる気は引き出されないが、なければやる気を阻害してしまう性質のものです。「促進要因」は、組織における役割や社会からの認知といったもので、これは満たされるほどに動機付けが強くなります。先に見た「経済的報酬」は衛生要因で、刺激がある一定のところまで達すれば、仕事に対する動機付けはそれ以上高まりません。この概念をグラフ化したのが図表54です。

図表55は、アジア4か国の日系企業で働く現地人ホワイトカラー従業員に対して、筆者らが行った仕事に対する動機付けアンケートの結果をまとめたものです。これを見ると、人は「お金」以外の要因、例えば「能力活用」などによっても強く動機付けされることがわかりますし、むしろ、促進要因の効果が衛生要因のそれを上回っているといっても過言ではありません。

先述したように、しっかりとした人事評価制度や人材育成プログラムが社

図表54　仕事に対する動機付け

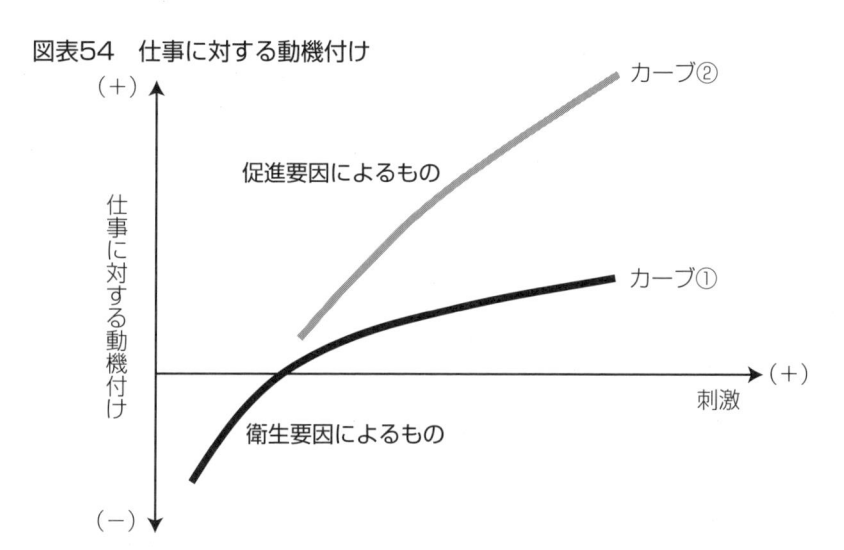

（+）↑
仕事に対する動機付け
　　　　促進要因によるもの　　　　　　カーブ②
　　　　　　　　　　　　　　　　　　カーブ①
　　　　　　　　　　　　　　　　　　　　　→（+）刺激
　　　衛生要因によるもの
（−）↓

（出所）ハーツバーグら「動機付け－衛生理論」をもとに筆者作成

図表55　アジア４か国の日系企業で働く現地人ホワイトカラーの動機付け要因
(%)

		中国	タイ	ベトナム	インド	（平均）
衛生要因	高収入	58.4	57.9	58.2	43.4	54.5
	安定	52.6	53.6	43.1	57.9	51.8
	福利厚生	62.8	57.9	50.2	57.9	57.2
	少拘束時間	37.4	44.2	24.0	31.9	34.4
	（平均）	52.8	53.4	43.9	47.8	49.5
	全体での割合	**52.2**	**52.6**	**45.1**	**48.2**	**49.6**
促進要因	能力活用	62.2	56.8	59.3	60.8	59.8
	先行き展望	55.2	46.3	56.2	52.1	52.5
	習得技術・自己成長	55.8	54.7	58.2	37.7	51.6
	責任・権限	42.5	56.8	51.2	55.0	51.4
	チャレンジ	48.8	54.7	50.2	52.1	51.5
	社会貢献	35.5	42.0	52.2	40.6	42.6
	社会的評判	38.7	25.2	47.2	60.8	43.0
	（平均）	48.4	48.1	53.5	51.3	50.3
	全体での割合	**47.8**	**47.4**	**54.9**	**51.8**	**50.4**

（作成）三菱UFJリサーチ＆コンサルティング

内にあることは重要です。これらの制度やプログラムの構築や導入には、先に述べた報酬の導入と比べて長い時間がかかります。これらの制度やプログラムのスコープが、報酬のそれと比較して広大だからです。しかし、これらの制度やプログラムが一旦機能しだすと、従業員に与える動機付けは大きなものとなります。もし、これらの制度が、強い内発的動機付けを可能にする「権限委譲」などの行為とうまくリンクされている場合には、従業員へのリテンション効果はきわめて強力なものになります。

　企業ブランドは、その構築に気が遠くなるほど長い時間が必要です。ブランドというのは、そもそもその企業の製品やサービスに対する「評判」の集大成だからです。米国の著名な戦略理論家であるジェイ・B・バーニーは、「企業の「評判」とは、まさに顧客と企業間の「社会的に複雑」な関係であり、長年の経験、コミットメント、そして信頼によって形成されたのも」といっています（ジェイ・B・バーニー（著）、岡田正大（訳）『企業戦略論（中）事業戦略編』p.145、ダイヤモンド社）。

　その獲得に時間のかかる企業ブランドは、人材のアトラクションに大きな力を発揮するのは疑いありません。世間に名の通った企業で働くことを格好いいと考える人は少なくないし、特に、社会経験の浅い若年層でその傾向が強いといえるでしょう。

　しかし、アトラクションに大きな威力を発揮する企業ブランドも、リテンションになると話は別です。いったん会社の中の人になってしまうと、自社の内情がよくわかり、ブランドという外観よりも会社の本当の姿を重視しだすからです。つまり、リテンションという点では、企業ブランドは大きな力を発揮しないのです。

3. 一流社員は一流人材を引き付ける

　われわれはコンサルタントという職業柄、経営者の方々に接する機会が多くあります。筆者は、経営幹部の方々に、「人材のアトラクションとリテンションの要諦は何ですか」という質問をすることがあるのですが、その問いに対

して多くの経営者の方から、「報酬や制度を充実させることは重要です。しかし、それだけではダメで、結局一番効いてくるのは、そこで働く従業員の質です」という旨の回答が返ってきます。一流の人材を引き付けるためには、すでに一流の人材を社内に保有していなければならないというわけです。

　海外現地法人の場合なら、日本の本社からその地に派遣されている駐在員の質が高いかどうかによって、ナショナルスタッフのアトラクションとリテンションの結果に差が出てくることになります。これは、筆者の体験とも合致します。筆者は、前職のメーカー勤務時代に海外駐在し、途中、競合企業の買収もあり、数百名の米国人とともに働いた経験があります。もちろん、そこに勤めるすべての米国人を知っていたわけではありませんが、筆者の属するセールス＆マーケティング・チームは、その他のチームと同じビルにオフィスがあった関係で、それぞれの部署に属するナショナルスタッフとコーヒールームやトイレなどで会う機会がありました。そこで、日本人駐在員（特に中間マネジメント層）についての彼らの品定めを耳にしたこともありました。ナショナルスタッフによる評価は多少のバイアスはかかっているものの、総じて筆者が感じていた評価と整合するところが多く、「よく観ているなぁ〜」と感服したことを覚えています。よく観ているということは、よく観られているということで、日本人駐在員はナショナルスタッフに常に値踏みされているのです。

　数こそ多くないですが、スキルがあって自分にも他人にも厳しい日本人駐在員もいました。彼らが率いるグループは、一様にピリッとして規律正しかったことを憶えています。逆に、自分に甘いリーダーのチームはダラリとしていました。会社の社風が最高経営層の考え方によって異なってくるように、グループやチームの雰囲気はリーダーの行動に大きな影響を受けます。モチベートされた日本人リーダーは、部下であるナショナルスタッフのやる気を鼓舞しますが、いいかげんな日本人リーダーに動機付けされるナショナルスタッフはいません。

Q6 人材育成プログラム

「一流社員が一流人材を引き付ける」ことは納得できます。他人を引き付ける一流の人材を育成するためのプログラムを構築したいのですが、中小企業であるわが社にそれができるでしょうか。

A

「経験から学習する能力を持つ人が、事業戦略で決定したとおりに経験が与えられた際、適切な支援が得られる限り、必要なスキルを学習することができる」という思想を下敷きにした制度を考えるべきです。簡単にいえば、「経験による人材育成」を可能にする全社一丸のプログラムが理想的なのです。この理想型を運営している企業はまだまだ少ないのが現実ですが、人材育成プログラムの実施にあたっては、中小企業は経営者の意向とやる気が反映しやすい分、大企業に対して有利な立場にあるはずです。そのアドバンテージを活かして、有能な人材をアトラクト＆リテインすることは十分に可能です。

1．（才能）＋（経験）＝（何かいいもの）

　有能人材をアトラクトし、リテインするには、しっかりとした人事評価制度や人材育成プログラムの存在が不可欠であると繰り返し述べてきました。では、いったいどんな教育制度が有効なのでしょうか。ここで、人材育成プログラムのひとつとしてのリーダーシップ能力開発の理想的モデルの概要を紹介します。これは人材育成とリーダーシップの研究家で、米国南カリフォルニア大学教授のモーガン・マッコールが提唱するものです。

　図表56に示すように、彼のいうリーダーシップ能力を開発育成するためのモデルはいたってシンプルで、「経験から学習する能力を持つ人が、事業戦略で決定したとおりに経験が与えられた際、適切な支援が得られれば、必要なスキルを学習することができる」（モーガン・マッコール（著）、金井壽宏（訳）

図表56　ビジネスリーダー育成の方程式

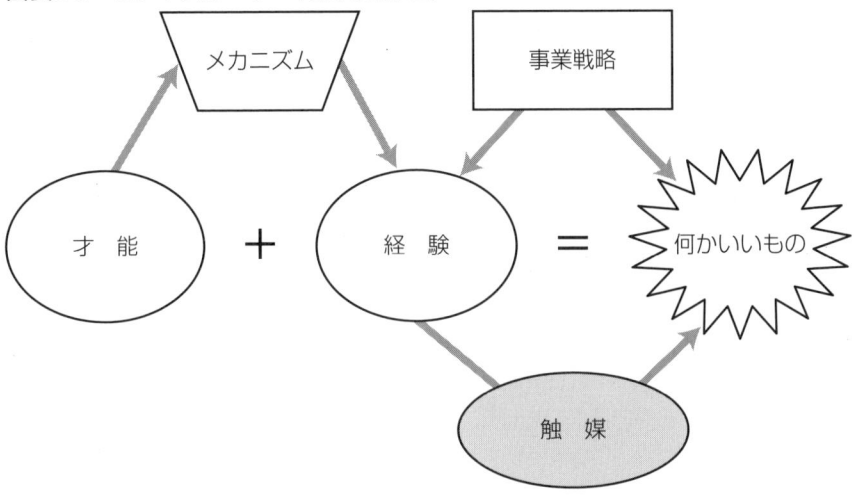

(出所) モーガン・マッコール (著)、金井壽宏 (訳)『ハイ・フライヤー　次世代リーダーの育成法』プレジデント社

『ハイ・フライヤー　次世代リーダーの育成法』p.260、プレジデント社) というものです。この思想は、「(才能) + (経験) = (何かいいもの)」という方程式で表わされます。しかし、これは「事業戦略」「メカニズム」「触媒」といったほかの要素とリンクして初めて意味を持つことに注意が必要です。「事業戦略」はリーダーシップ開発の最重要要素で、事業戦略におけるリーダーシップの意義が確認できないと、リーダーシップ開発は無駄な努力になります。業績に影響を及ぼさないのであれば、そのような能力を開発する意味がないからです。「触媒」とは、ある人が経験から学習できるようにさせるための重要な促進要素で、成長するために必要な機会を有能な人に提供する要素である「メカニズム」とともに必須の存在であるとマッコールはいっています。

　参考までに、マッコールらが示す「理想モデル」の具体的施策を紹介します (図表57)。これを見て、事業リーダーを育成するには、こんなに多くのことをしなければいけないのかと圧倒されると同時に、これを完璧に実践している会社が果たしてあるのだろうかという疑念を抱いてしまいます。

図表57　リーダーシップ能力を開発するための理想的なモデル

戦　略	●リーダーシップ開発を戦略の優先事項とする ●人の開発を重んじる環境をトップダウンでつくり出す ●事業戦略を具体的なリーダーシップ課題に変換する ●課題に対する現在のリーダーシップの「強み」と「弱み」を評価する
経　験	●現在の課題を恒久的あるいは一時的なスパンで広範に利用し、社員が課題に対して準備できるようにする ●成果をあげるコーチと役割モデルを特定し、その人たちに接することができるように、課題を利用する ●必要な経験を提供あるいは代用するコースやプログラムをつくる ●目標となる経験を創造する ●「企業内スクール」をつくり利用する
才　能	●経験から学習する能力に基づいて、採用と早期選抜を実施する ●コンピテンシーを毎年評価する ●脱線の潜在性（致命的欠点）を毎年評価する ●毎年、それぞれの課題から何を学習したかを評価する ●人材開発に対する説明責任を明確にした業績管理制度を確立する
異動の メカニズム	●潜在能力が高い層と「Bリスト」候補者の両方を把握する後継者育成プログラムを確立する ●「成長を促す」主な課題と「スクール」を公に明確にする ●経営幹部を管理する部門が影響力を持ち、集中化され、「企業の資産」として管理する権限を有するようにする ●「成長を促す」経験と進捗状況を長期的に追跡する ●業績管理制度で人材開発を重視する
触　媒	●ラインの責任：具体的な開発目標と説明責任を設定する。「成長を促す」機会と資源を提供する。人材開発に基づく報酬を与える ●人事の責任：「成長を促す」フィードバックと解説（360度フィードバックなど）を提供する。訓練とコーチングを実施する。経験を活用する際にライン・マネジャーを指導する。安全ネットを与える ●個人の責任：人材開発に対して個人的に責任を負うことを期待する。自主的に「成長を促す」機会を求めさせるようにする

（出所）モーガン・マッコール（著）、金井壽宏（訳）『ハイ・フライヤー 次世代リーダーの育成法』プレジデント社

2. 人材引き付けに有利な中小企業

　筆者らは、日系大企業の人材育成への取組みを詳しく調べたことがありますが、そこでわかったことは、企業内大学を含む体系的な人材育成システムの必要性を感じながらも、実施するに至っていない企業がきわめて多いという事実です。

　パナソニック、ソニー、アサヒビールなどの先進的な人材育成プログラムを持つといわれる一流企業ですら、自社制度に改善の余地があることを指摘しています。人材育成に割ける原資に制約の多い中小企業に至っては、お手上げの状態かもしれません。

　人材育成を考える際に、ベンチマーキング先として必ず名前が上がるのは、米国GE社のジョン・F・ウェルチ・リーダーシップ開発研究所（旧クロトンビル研究所）です。しかし、同じところの事例が繰り返し引用されるということは、裏を返せば、参考になる事例がそれだけ少ないことを意味すると考えて差し支えないでしょう。

　しっかりとした人材育成システムの存在が重要といいながらも、それを具現化しているところが少ないことに内心ほっとしてしまうのが人情です。しかし、「うちにはできないな〜」と早々に諦めるのはもったいないことです。大企業ですら手付かずのところが多いという事実を逆手に取って、中小企業が身の丈に合った実効性のある人材育成制度を部分的にでも導入することで、大企業に先駆けて有能人材のアトラクション＆リテンションが可能になります。オーナー企業が多い中小企業では、トップの意向が浸透しやすい分、スピーディーに制度を定着させることができるはずです。また、企業規模が小さい分、運用コストも少なくてすみます。中小企業の身軽さを強みに変えた逆転の発想も必要です。

Q7 経験による人材育成

経験による人材育成とは、具体的にどんなプログラムと考えればいいのでしょうか。それを支援するツールや技法などはあるのでしょうか。

A

経験による人材育成とは、講習などの座学によるものではなく、実務体験から「成長の要素」を学び取るものです。成功や失敗を通して「一皮むける」という考えに基づいています。ただ、同じことを漫然と繰り返すだけの実務から高い学習効果を得ることは期待できないので、早く成長するには、成長の要素を随所に意図的に散りばめたプロジェクトを定期的に回すのが最善と考えられます。プロジェクトを成功させるには高度なスキルが必要で、体系的なプロジェクト・マネジメント手法をあらかじめ学習しておくことが大切です。

1. 経験は知識を凌駕する

人はプロジェクトを自ら回すことで確実に成長すると筆者は信じています。

「プロジェクト」とは、「独自のプロダクト、サービス、所産を創造するために実施される、有期性の業務」のことで、反復的で継続的な「定常業務」とは区別されます。橋梁建設やシステム・プログラミングといった大規模なものだけがプロジェクトではなく、社員旅行の企画と実施も立派なプロジェクトといえます。

定められた時間内に限られた予算をやりくりして、求められる結果を出すための管理手法がプロジェクト・マネジメント（以下、「プロマネ」という。）です。目標を達成するには、自分の能力を超えるような仕事のやり方も必要になります。ときには修羅場を踏むこともあり、プロジェクトを通して人は本当に鍛えられていきます。

図表58 効果的なプロマネに必要な五大要件

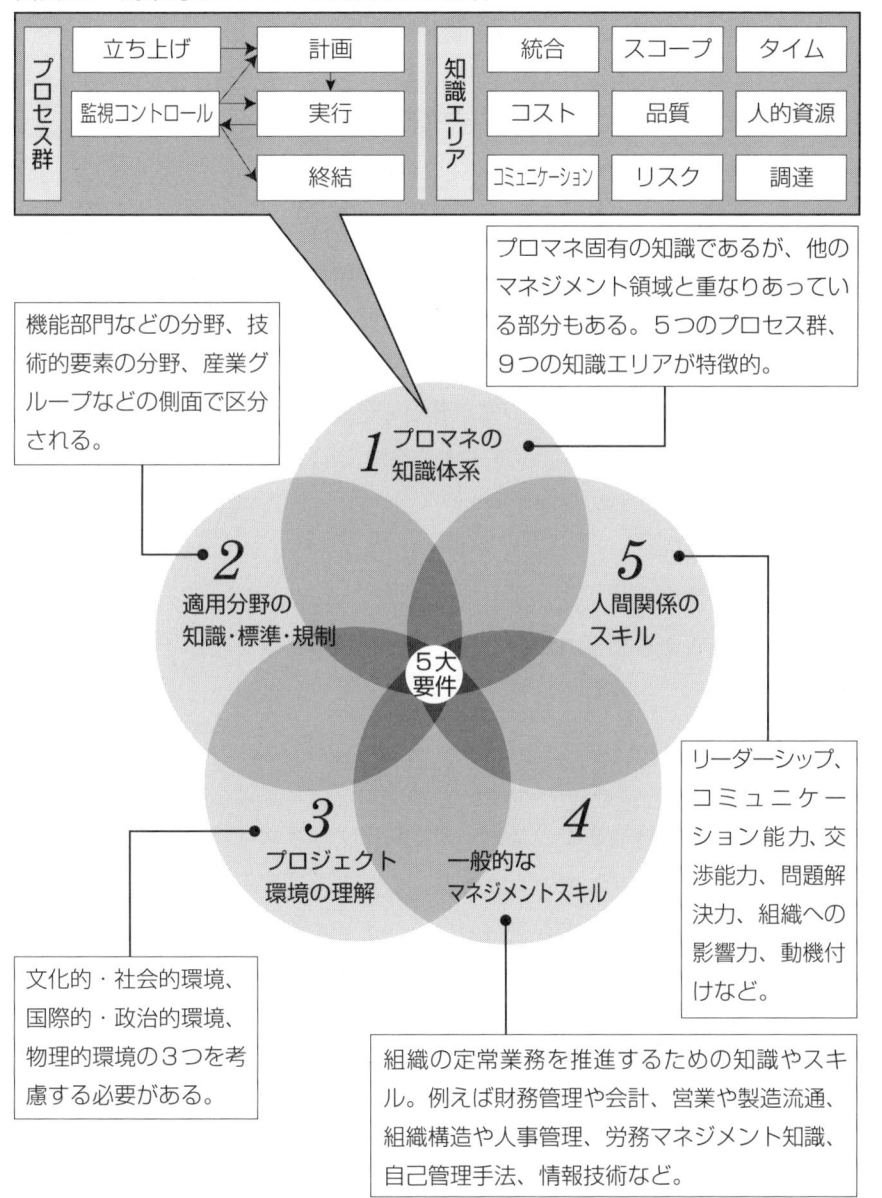

プロセス群			知識エリア		
立ち上げ	計画		統合	スコープ	タイム
監視コントロール	実行		コスト	品質	人的資源
	終結		コミュニケーション	リスク	調達

プロマネ固有の知識であるが、他のマネジメント領域と重なりあっている部分もある。5つのプロセス群、9つの知識エリアが特徴的。

1 プロマネの知識体系

2 適用分野の知識・標準・規制

3 プロジェクト環境の理解

4 一般的なマネジメントスキル

5 人間関係のスキル

5大要件

機能部門などの分野、技術的要素の分野、産業グループなどの側面で区分される。

文化的・社会的環境、国際的・政治的環境、物理的環境の3つを考慮する必要がある。

組織の定常業務を推進するための知識やスキル。例えば財務管理や会計、営業や製造流通、組織構造や人事管理、労務マネジメント知識、自己管理手法、情報技術など。

リーダーシップ、コミュニケーション能力、交渉能力、問題解決力、組織への影響力、動機付けなど。

(出所) Project Management Institute（著）、PMI東京支部（訳）『プロジェクトマネジメント知識体系ガイド』第3版をもとに三菱UFJリサーチ＆コンサルティングが作成

神戸大学大学院の金井壽宏教授は、著書『仕事で「一皮むける」』（光文社）のなかで、「ひとの成長は、漫然と漸進的にずっとゆっくり進むのではなく、ここぞというときに大きなジャンプがある」とし、それは「新規事業・新市場開発など、ゼロからの立ち上げ時に多く見られる」というアンケート結果を紹介しています。

新規事業や新市場開発作業はすぐれてプロジェクト的であるため、それを切り盛りするプロマネという行為には、人材育成の効能があるといえるでしょう。

ここで、プロマネを効果的に行うための５大要件を紹介しておきます。その５大要件とは、①プロマネの知識体系、②適用分野の知識・標準・規制、③プロジェクト環境の理解、④一般的なマネジメントスキル、⑤人間関係のスキルを指します。

プロマネを行うにあたっては、**図表58**にあるような知識を、本で読んだり、セミナーに参加したりして、ある程度は得ておいたほうがいいのは当然ですが、理論に偏重することのないように注意しなければなりません。理論的知識は重要ですが、それらはあくまで部品にすぎず、単体では機能しないからです。

知識は統合され、上手に運用されてはじめて価値を生みます。プロジェクトの立ち上げから終結までのフェーズで利用すべきプロマネ項目に濃淡をつけながら上手に舵取りしていく能力は、これまでにどんな経験をどれだけ積んできたかによるといっても過言ではありません。あくまで主役は経験なのです。

2. プロジェクトで経験を疑似体験する

経験ある大人たちは、MBA的な「知識と分析によるマネジメント」の限界を知っています。カナダの大学院で教鞭をとる経営学者H・ミンツバーグは、「マネジメントは、クラフト（＝技）の側面が大きい。そのクラフトの土台をなすのが、実際の仕事を通じて学ぶ『経験』である」（ミンツバーグ前

掲書、p.21）と述べています。

筆者は、「人材育成の仕掛けが施された仕事としてのプロジェクトを社員教育の一環として、会社の制度に取り入れる」ことがきわめて重要であると考えています。図表59に示したものは、プロジェクトによる人材育成の流れを仕事の中に組み込む際のフローチャートです。

このプロジェクトによる学習フローの内容を簡単に説明します。会社はまず、従業員の各職位に必要とされる要件を洗い出します。次に、それらの要件を頻繁に活用しなければならないような「訓練用のプロジェクト」をテーマアップします。ただし、テーマは、あくまで実務に直結したものでなけれ

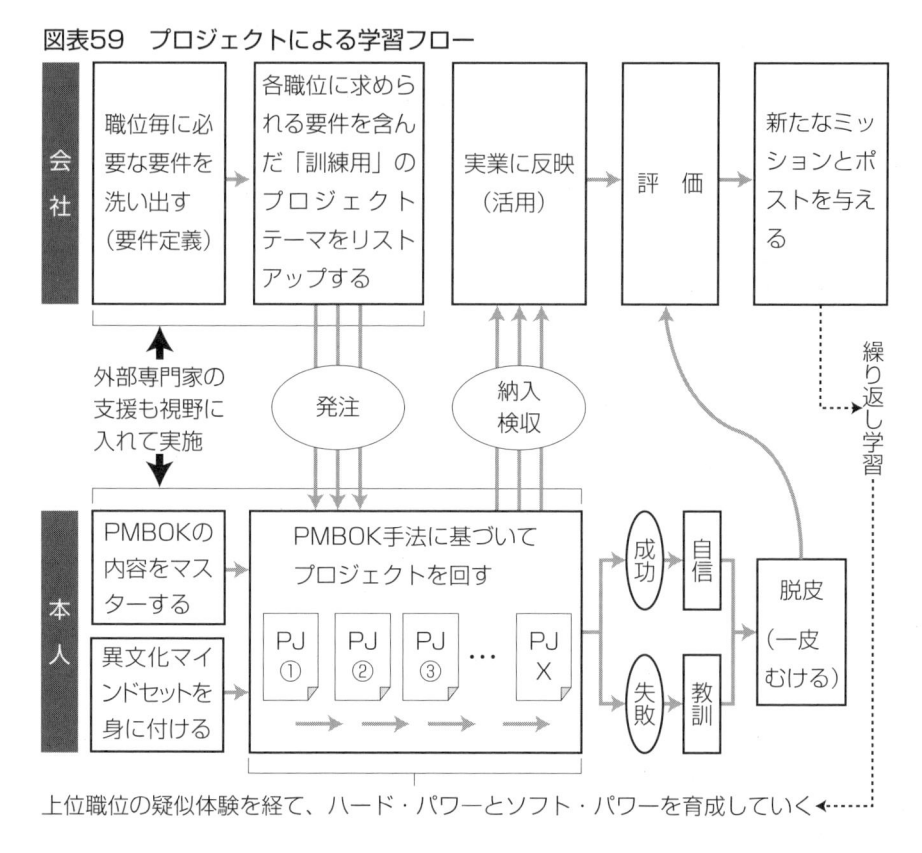

図表59　プロジェクトによる学習フロー

```
会社：
職位毎に必要な要件を洗い出す（要件定義）
　→ 各職位に求められる要件を含んだ「訓練用」のプロジェクトテーマをリストアップする
　　→（発注）
　　　→ 実業に反映（活用）←（納入検収）
　　　　→ 評価
　　　　　→ 新たなミッションとポストを与える
　　　　　　⋯⋯ 繰り返し学習

外部専門家の支援も視野に入れて実施

本人：
PMBOKの内容をマスターする
異文化マインドセットを身に付ける
　→ PMBOK手法に基づいてプロジェクトを回す
　　PJ①　PJ②　PJ③ … PJ X
　　　→ 成功 → 自信
　　　→ 失敗 → 教訓
　　　　→ 脱皮（一皮むける）

上位職位の疑似体験を経て、ハード・パワーとソフト・パワーを育成していく
```

（作成）三菱UFJリサーチ＆コンサルティング

ばなりません。プロジェクトのためのプロジェクトや、人材育成のために無理やり作り出されたようなテーマではいけません。会社はそれらのプロジェクトをプロマネ手法や異文化理解の訓練を十分に行ってきた従業員に社内発注します。プロジェクトマネジャーになった従業員は、PMBOK（Project Management Body Of Knowledgeの略で、プロマネの知識体系のこと）手法に基づいてプロジェクトを回していきます。プロジェクトによって得られた所産は会社に納入され、会社はそれらを事業運営の中で活用していきます。

　また、会社は納入された所産の出来映えを評価して、担当したプロジェクトマネジャーに新たなミッションとポストを与えるか否かを判断します。プロジェクトを切り盛りした本人は、その立ち上げから完了までの間に種々の経験を積むことができます。さらに、プロジェクトが成功すれば「自信」につながり、失敗すれば「今後への教訓」を得ます。これらのことを幾度となく繰り返すことで、既出の金井教授のいう「ここぞというときの大きなジャンプ」を経て、従業員は「一皮むける」のです。

　経営者の最重要責任のひとつが「人材育成」であることに異論を唱える人はいないでしょう。経営者は従業員が早く「ひと皮むける」ように、彼らの背中を押してやらなければなりません。具体的にいえば、「ひと皮むける」ための現場としての「プロジェクト」、それを支える知識としての「プロマネ・ツール」に接する機会を従業員に与えてほしいのです。それは、後継者予備軍の度量を大きくしていくことにもつながるからです。既出の金井教授は、何度も修羅場をくぐり、何度も脱皮してきた人のみが持つ魅力と迫力と信頼性を「生涯を貫くリーダーシップの貯め」と表現し、賞賛しています。

Q8 ナショナルスタッフのリテイン事例

経済的報酬によるもの以外で、ナショナルスタッフがリテイン（引き留め）されるイメージが湧きません。非経済的報酬でうまくリテインされた事例を教えてください。

A 経済的報酬によるリテインが長続きしにくいのは先述したとおりです。有能人材を長く留め置きたければ、彼ら（彼女ら）に何らかの内発的な動機付けを与える必要があります。東南アジアにある某日系企業の経営者は、「混乱期を一緒に乗り越えたナショナルスタッフ」は、会社に対するコミットメントが強く、それがリテンションにつながっていると断言しています。このことから、ある程度の「混乱」や「ゆらぎ」を人為的に業務に組み込むことで、従業員の連帯感と会社への帰属意識が強化されると考えられます。

1.「ゆらぎ」でロイヤルティを醸成する

筆者らは、中国、タイ、ベトナム、インドに進出している日系企業のトップにインタビューを行ったことがあり、その中で、きわめて示唆的なエピソードを話してくださったマネジャーがいました。

彼は、「当社は数年前にある会社と合併した。この出来事がナショナルスタッフたちの結束を固くし、会社への帰属意識を高めたのは間違いない」と断言しています。ここでのポイントは、合併・統合による混乱期を乗り越えるために、日本人駐在員がナショナルスタッフをうまく巻き込み、その結果、ナショナルスタッフが「自分たちも新会社を軌道に乗せるのに大きく貢献した」と自負している点にあります。このことからも、組織に対するコミットメントやロイヤルティの強化において、「この会社は自分たちの力で作り上げた」というオーナーシップをナショナルスタッフに感じさせることの重要

性が浮かび上がります。

2.「ゆらぎ」を操る駐在員

　オーナーシップ醸成のためには、仕事の中に、混乱にも似たある種の「ゆらぎ」を人為的に組み込む手法が有効です。

　『現代用語の基礎知識』（自由国民社）によると、「ゆらぎ」とは「ある量が平均値の上下に不規則に変化すること」とあります。このゆらぎの一種に「1/ｆゆらぎ」というものがあり、元東京工業大学教授の武者利光氏によれば、「（このゆらぎは）意外性と期待性を適度に含み人に快い感じを与える」のだそうです。1/ｆ波長をもった「ゆらぎ」を職場に作り出すことができれば、従業員はそこに心地よさを感じ、リテンションが促進され得るという仮説が成り立ちます。

　その「ゆらぎ」をマネジメントする立場にあるのが日本人駐在員で、彼らにはナショナルスタッフを疲弊させない程度の難易度と長さを持った「ゆらぎ的混乱」を巧みにデザインする能力が求められます。こういった能力は経験を通して習得されることが多いため、駐在員自身が、これまでにどれだけ多くの成功や失敗を積み重ねてきたかが問題となります。ただし、定常業務からでは短期間のうちに多くの蓄積を得るのは難しいので、やはり海外赴任前から多くのプロジェクトに関わることが重要になってきます。また、プロマネには各種経営要素のエッセンスが詰まっているので、プロジェクトを多く回すことで、海外現地法人のマネジャーになった際に役立つ経営感覚が自然に身についていきます。

Q9 日本人駐在員の役割

ナショナルスタッフのアトラクト（引き付け）とリテイン（引き留め）のために、日本人駐在員はどんなことをすれば良いのか教えてください。

A 「一流の人材を引き付けるためには、すでに一流の人材を社内に保有していなければならない」という経営者は少なくありません。これは、日本人駐在員がナショナルスタッフにいかに大きな影響力を持っているかを意味しています。しかしながら、われわれが行った調査では、残念なことに日本人駐在員の評価は必ずしも高いものではありませんでした。有能なナショナルスタッフを保有し続けるには、ハード・パワーとソフト・パワーの２つをバランスよく備えた人材の存在が欠かせず、その点における日本人駐在員の質的向上がまず必要ということができそうです。

1. 感受性に乏しい日本人駐在員

「初代の現地法人社長となった駐在員は、ナショナルスタッフからの信頼も厚く、有能な人材が定着し事業も軌道に乗っていたが、その社長が日本に帰任した途端、社内がぎくしゃくし、有能人材が流出し、業績も振るわなくなった」という話を時々聞きます。このことからも、日本人駐在員がナショナルスタッフの定着に与える影響が小さくないことがわかります。

マネジメントする立場にある日本人駐在員がナショナルスタッフからどのように評価されているかを把握するために、巻末の参考資料で紹介しているアンケート情報をもとに異文化マネジメントで必要とされる４つの要因分析を行いました。１つめの要因は、通常の仕事をするときに求められる「状況調整能力」、２つめは、異文化に対応するときに特に求められる「文化（カルチャ）認識力」、３つめは、社会生活を営むうえで重要な「自己調整力」、４つめは、上記３つの中核となる「感受性」で、上智大学の渡辺文夫教授の

モデルを考え方の土台にしています。

　ナショナルスタッフの感じる不満度を要因ごとに集計したのが**図表60**です（50を中心にして、数字が大きくなるほど不満が大きく、数字が小さくなるほど不満が小さいと読みます。）。

　集計の結果、「状況調整力」に対する不満はおしなべて低いものの、「感受性」「自己調整力」「文化（カルチャ）認識力」が要改善事項であることが浮き彫りになりました。つまり、ナショナルスタッフは、自分たちの上司を「仕事をうまくこなすためのスキルは十分持っているが、社会生活でより強く求められる能力に弱さがある」と考えているようです。

図表60　日本人上司への不満

	カルチャ	感受性	自己調整	状況調整
中　国	49.2	55.3	52.5	45.5
タ　イ	52.0	51.0	52.3	47.2
ベトナム	50.7	53.0	52.6	45.4
インド	51.3	49.4	56.8	48.8

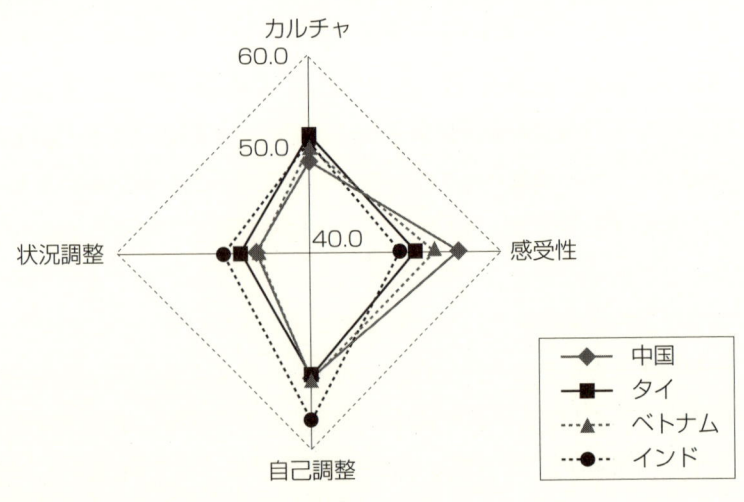

（作成）三菱UFJリサーチ＆コンサルティング

仮にナショナルスタッフが、「会社は生活の糧を得る場だからヒューマンタッチな部分はなくても仕方ない」といったある種の諦念感を持っていて、その結果、組織に定着しないのであれば、ナショナルスタッフのリテンションがはかどらない原因の一端は日本人駐在員にあるといってもよいでしょう。

2. 組織論でも機能する万有引力の法則

　高校の物理の授業で「万有引力の法則」を習った記憶があります。「2つの物質の間には、両物質の質量の積に比例し、2物質間の距離の二乗に反比例する引力がある」という法則です（図表61）。この考え方は、ナショナルスタッフのアトラクションとリテンションにも適用できそうです。

　人には家族を中心とした生活文化圏が存在します。その家族の中にはリーダーがいて、リーダーである父親（あるいは母親など）に向かって集まる凝集力が働いています。このことから、ハード・パワーとソフト・パワー（これらのパワーについては別途解説する）の2つをバランスよく備えた「有能人材」がリーダーとして組織の中に存在すれば、有能なナショナルスタッフはそこに引き寄せられ（アトラクション）、定着（リテンション）が図れるという仮説が成り立ちます。つまり、「有能な日本人上司（あるいは同僚）が駐在員とし

図表61　万有引力の法則

$$F = G \frac{mM}{R^2}$$

F＝ 引力の大きさ
G＝ 万有引力定数
m＝ 物質(1)の質量
M＝ 物質(2)の質量
R＝ 物質(1)と物質(2)の間の距離

図表62　究極のアトラクション＆リテンション方程式

$$F = G \frac{mM}{R^2}$$

組織内に「重み」のある人が多くいるほど、より強く引き付けられる。

組織内の人間関係が「密」であるほど、より強く引き付けられる。

（作成）三菱UFJリサーチ＆コンサルティング

て複数存在すれば、一部の有能なナショナルスタッフが魅了され、その結果、他のナショナルスタッフが連鎖吸引される」という好循環のメカニズムです（図表62）。このことは、先に紹介した経営者諸氏の持論、すなわち「一流の人材を引き付けるためには、すでに一流の人材を社内に保有していなければならない」ということと一致します。

　有能な日本人が数多くいても、彼らの勤務地が東京にあったのでは意味がありません。ナショナルスタッフたちからの距離が遠すぎるからです。同じ事務所に、有能人材同士が一緒に机を並べていることが重要なのであって、距離が遠ければ遠いほど、有能人材が他者に与える影響力は小さくなります。

　古代中国の思想家であった孔子には、5,000人もの弟子がいたといわれています。古代ギリシャの哲学者ソクラテスにはプラトンが、プラトンにはアリストテレスという偉大な弟子がいました。彼らはその偉大さのゆえに弟子たちを引き付けたのではないでしょうか。

Q10 上司と部下との関係

初めて海外赴任することになりました。日本人駐在員とナショナルスタッフとの関係は、どうあるべきかを教えてください。

A　人を動かすには「ギブ・アンド・テイク」の考え方が必要です。上司と部下との間にも、この「互恵性」が存在します。日本人駐在員は、部下であるナショナルスタッフが何に価値を感じるかを知り、それを彼ら（彼女ら）に与えることで、彼ら（彼女ら）の輪の中に入っていくことが重要なのです。彼ら（彼女ら）が価値を見い出す何かは、常に「お金」など物質的なものであるとは限りません。集団志向の強いアジア諸国では、従業員とのヒューマンタッチな関係に注目することで、有能なナショナルスタッフを他社に横取りされないための具体的な方策が見えてくるはずです。

1.「互恵性」に支配される影響力のメカニズム

　他に影響力を及ぼす方法について詳述した本に、アラン・R・コーエン、デビッド・L・ブラッドフォードが著した『影響力の法則』（高嶋薫・高嶋成豪（訳）、税務経理協会）があります。この本を読んでみると、人を動かすには「ギブ・アンド・テイク」の考え方が、いかに重要であるかが改めてわかります。「その根底にある原則は、自分の求めるものを手に入れるためには、まず相手側が価値を感じる何かを提供すべき」（p.17）という、「ほとんどあらゆる文化に共通する社会通念としての『レシプロシティー（互恵性）』（よい行動には見返りが、悪い行動には報復が戻ってくる）」（p.19）の考え方です。

　上司と部下との間にも、このレシプロシティーの関係が存在しています。上司は部下に、部下は上司に対して、相手が価値を見い出す何かを提示することで影響力を及ぼしつつ、自己に課せられた職務を遂行しています。

　中国には「老板（らおぱん）」という社会的存在があります。それは、組織

図表63　上司と部下との関係は「互恵的」

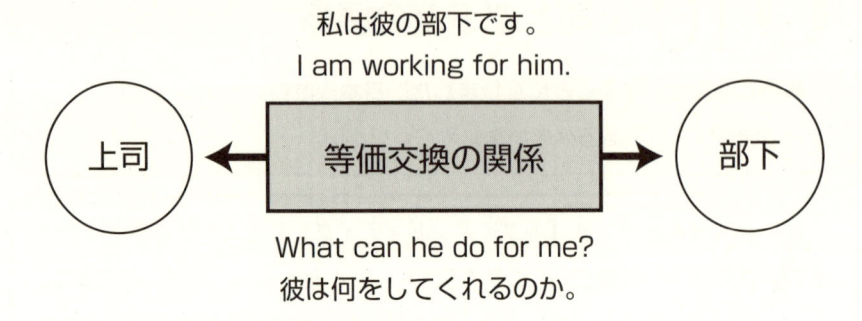

私は彼の部下です。
I am working for him.

上司 ← 等価交換の関係 → 部下

What can he do for me?
彼は何をしてくれるのか。

（作成）三菱UFJリサーチ＆コンサルティング

の中にあっては社長を意味します。自分たちのことを守り、幸福にしてくれる尊敬すべき老板に、中国人はとことんついていきますが、その逆の場合には離反します。自分が欲する何かを与えてくれる上司には価値を見い出すが、そうでない者には価値を認めないのだから当然です（**図表63**）。

　海外現地法人のトップやマネジャーは、ナショナルスタッフにとっては大切な「老板」です。だから、現地法人のマネジメントは上記のことを十分意識して日々の生活を送らなければならず、日本からの派遣社員だけで構成される小宇宙で駐在員生活を『謳歌』していてはいけません。ナショナルスタッフの信頼を得て、「われわれ」という仲間の内側に入ることを許され、そこでしっかりと地歩を固め、経営にあたることが重要なのです。そうしないと、ナショナルスタッフが価値を感じるものが何であるかが把握できず、結果として経営上必要な影響力を行使できなくなってしまいます。

2. 影響力を発揮する非経済的報酬

　ナショナルスタッフが価値を感じる何かは、常に「お金」など物質的なものであるとは限らず、「居心地の良さ」や「家族のような暖かさ」といったヒューマンタッチなものである場合も往々にしてあります。
　タイやインドネシアといった東南アジア諸国には、強い集団主義指向が見

られます。集団主義社会では、「われわれ」の集団と「やつら」の集団が明確に区別されており、「われわれ」の集団（内集団）は、みずからのアイデンティティの主な源であり、人は生涯にわたり内集団に忠誠を誓います。この忠誠を破ることは人にとって最悪の行為であると、オランダの社会学者G・ホフステードは主張しています（G・ホフステード（著）、岩井紀子・岩井八郎（訳）『多文化社会』有斐閣）。

　日本は極東に位置する島国であるとはいえ、アジアの一員ですから、西洋文化の個人主義よりは集団主義のほうがわかりやすいと筆者は思っています。企業は、部下と上司の関係を親と子ども、あるいは兄弟（姉妹）同士という関係に置き換えることで、会社を第二の「内集団」にさせることができるように思います。この考え方が、高度経済成長を謳歌した1950年代から60年代にかけて、わが国にも厳然と存在していたことを思い出してください。このように従業員とのヒューマンタッチな関係性に注目することで、有能なナショナルスタッフを他社に横取りされないための具体的な方策も見えてくるのです。

　某日系電子部品メーカーの東南アジア統括会社で社長を務めるA氏は、その文化的ボンデージ（つながり）に気付きつつあります。同社のアジア本部はタイにあるのですが、A社長は従業員との距離を縮めるために、中間管理職以上の現地社員とインフォーマルなコミュニケーションを欠かさないようにしているそうです。また、目標管理の「見える化」にも取り組んでいます。タイの国旗は、赤・白・紺・白・赤の5本の横帯で示され、トン・トライロングともいうこの「三色旗」の色（赤・白・紺）は、それぞれ国家・仏教・王室を意味しています。

　A社長は、タイ国旗のこの3色に注目し、3つの課題を部下たちに与え、1つ達成すれば国旗の下地である「赤」色のシールを制服の胸の部分に貼り、2つできれば「白」色を重ね貼りすることを許します。そして、すべての課題が達成できた者には、「紺」色の太いストライプが中央に貼られて、タイ国旗が完成します。「タイの人々が尊敬してやまない王室のシンボルである

『紺』を最後に貼らせるところがミソだ」とA社長はいいます。

　欧米の多国籍企業のマネジメントには、アジア文化がわかりづらい分、「経済的報酬」というわかりやすく即効性のある手段を使ってナショナルスタッフをマネジメントしようとする傾向が強いようにも思えます。しかし、この報酬主導によるマネジメントは、先述したように限界効用逓減の法則から賃金インフレをいたずらに招くだけで、好ましい結果を生むことはありません。

Q11 影響力

現地法人の従業員たちと強固な関係を築き、彼らに対する強い影響力を発揮したいと考えています。どうすればよいのでしょうか。

A 人に影響力を持つためには、「ギブ・アンド・テイク」の姿勢が必要であると先に述べました。部下を持ったからには、その部下たちがいかに自分に貢献してくれるかを期待する前に、自分が部下にとってどの程度価値のある上司なのかをまず考えてみる必要があります。自分の現在価値を客観的に把握するには、「ボスの価値方程式」を使った360度評価をするが良いと思います。この方程式によって出てきた結果を真摯に受け止め、「強みはさらに伸ばし、弱みは克服する」ための行動を取り、部下にとって価値の高い上司にならねば、彼らに影響力を及ぼすことはできません。キャッシュ・ネキサス（お金による繋がり）で保たれた上司と部下との関係ほど脆弱なものはありません。

1. 価値方程式を理解する

ハーバード・ビジネススクールのヘスケットらは、顧客が財やサービスに対して感じる価値を、図表64に示す方程式で表しています。この方程式は、「顧客にとっての直接的な結果（便益や効用）」「サービス提供過程の質」「売価」「入手コスト」という4つの変数で構成されており、各変数がそれぞれ増減することで、「顧客の感じる価値」も変化します。すなわち、分子の値の総和が分母の値の総和を上回る場合、顧客の感じる価値は大きくなります。顧客の感じる価値を高めるには、ひとことで言えば、分子の値を高めるか、分母の値を低くするかです。たとえば、品質や機能の同じ商品が2つあり、それら商品は接客態度が同等な店員のいる異なる2つの店で売られていたとしましょう。この場合、消費者は、価格の安い商品のほうに目を向けるでしょ

図表64　顧客の感じる「価値の方程式」

$$VC = \frac{R + PQ}{P + AC}$$

　　VC = Value for Customer（顧客が感じる価値）
　　R　= Result（顧客にとっての結果）
　　PQ = Process Quality（サービス提供過程の質）
　　P　= Product Price（売価）
　　AC = Access Cost（入手コスト）

（出所）ジェームス・L・ヘスケット他（著）、島田陽介（訳）『カスタマー・ロイヤルティの経営』（p.54（日本経済新聞社）を参考に、三菱UFJリサーチ＆コンサルティングが作成

図表65　現地社員の感じる「ボスの価値」

$$VC = \frac{R + PQ}{P + AC}$$

　　VC = ナショナルスタッフの感じる「ボスの価値」
　　R　= 専門知識、マネジメント力、人脈、部下育成意識　等
　　PQ = 知性・教養、品性、容貌、ユーモア、異文化理解　等
　　P　= 部下から上司への気遣い、臨機応変な対応　等
　　AC = 気むずかしさ、執務場所、外国語力　等

（出所）図表64と同じ

　うし、最寄りの店舗で売られている品のほうを買い求めるでしょう。つまり、分子が一定ならば、消費者は分母の値が小さい（すなわちコストが低い）財に大きな価値を見い出すということです。
　この方程式は便利で、自分の部下やボスの価値を定性的に把握する時にも使えます。**図表65**に列記したのは、現地法人に勤める従業員が上司たちの価値を評価する際に用いるであろう変数の一部です。たとえば、これらの変数を価値の方程式に代入してみて、分子と分母の値がそれぞれどうなって、分数全体の値が結局増加するのか、減少するのかを感覚的に見てみるのです。

2. ボスの価値を高める

　先に、人を動かすには「ギブ・アンド・テイク」の考えが重要になると述べました。部下を持ったからには、その部下たちがいかに自分に貢献してくれるかを期待する前に、自分が彼らにとってどの程度価値のある上司なのかを考えてみる必要があるのではないでしょうか。ナショナルスタッフの感じる「ボスの価値」方程式を構成する要素の中で、自分に足りないものは何かを見極めることからすべてが始まるといっても過言ではないでしょう。

　人は勝手な生き物で、自分に甘く他人に厳しくなる傾向があります。自己評価は実態よりも3割甘く、逆に、他人を評価する時は、3割辛くなるともいわれています。もしそれが本当なら、この方程式を使った評価も自己評価に留めたのでは意味がありません。今の自分に足りないものが何かを本当に知りたいのであれば、上司、同僚、後輩に協力を依頼して、この方程式を使って自分を測ってもらうべきです。そして、この360度評価によって得られた結果を真摯に受け止め、「強みはさらに伸ばし、弱みは克服する」ための行動を取らねばなりません。時として部下や後輩が下す厳しい評価に落ち込むこともあるでしょうが、先に紹介したレシプロシティー（互恵性）の社会通念から、他者に対する影響力を強めたいなら、相手にとって価値ある存在にならねばならず、そのためにも、厳しい評価結果を現実として受け入れるべきです。

　本社採用とか日本人とかいった属性が、ナショナルスタッフに影響力を及ぼすだろうと考えるのは空しい思い込みです。もちろん彼ら（彼女ら）に対する人事権や査定権を握っているという点では、多少の影響力は持っているのですが、社内での微々たる昇格や昇給に関与する程度の影響力は、社外からの破格のオファーを含めたヘッドハンティングの挑戦にあってはひとたまりもありません。キャッシュ・ネキサス（お金による繋がり）で保たれた上司と部下との関係ほど脆弱なものはないのです。

Q12 駐在員の心得

来月からシンガポール現地法人にマネジャーとして赴任します。海外駐在は初めてですし、日本での管理職経験もありません。どのような心構えで駐在員生活を送るべきでしょうか。

A 職位と仕事の内容は連動していなければなりません。つまり、マネジャーにはマネジャーの仕事をしてもらわなければならないのですが、海外駐在の場合、十分にマネジャー経験を積んでいない人が、現地法人の管理職に就くことが多いようです。「すぐに慣れるよ。頑張ってね」と送り出す日本側はお気楽なのに対して、素人管理職を上司に持つナショナルスタッフはたまったものではありません。海外駐在する人間やそれを目指す人は、来るべき時に備えて、日頃から準備しておくべきです。また、海外駐在を定常業務ととらえるのは間違いで、「定められた期間内に、与えられた予算の中で、ある一定以上の成果を出す」ことが求められるプロジェクトであると認識すべきでしょう。

1. キャリアの転換点を意識する

職位と仕事内容は連動していなければなりません。係長には係長のやるべき仕事があり、部長には部長のやるべき仕事があります（図表66）。部長になったのに、いつまでも課長の仕事をしていてはいけないし、課長の仕事のやり方で部長の仕事をしてもいけません。そのためには、課長のポストにある間に、部長になる準備をしておかねばならないのです。

吉田兼好の徒然草にこんなくだりがあります。『春暮れてのち、夏になり、夏はてて、秋の来るにはあらず。春はやがて夏の気を催し、夏よりすでに秋は通ひ、秋はすなはち寒くなり、十月は小春の天気、草も青くなり、梅もつぼみぬ。木の葉の落つるも、まづ落ちて芽ぐむにはあらず、下より萌しつは

図表66　キャリアの転換点と対応するスキル

	転換点	転換のポイント	スキル
第一転換点	一般社員から係長	・仕事を「する」から、他の人にうまく仕事を「させる」ように変わる ・時間の割り振りを変える努力をする ・職務意識を変え、時間を他者のために使う、計画性を持つ、コーチングする	〈仕事の定義とアサインメント〉 計画や業務設計、人選、権限委譲等、上司や他の人々とコミュニケーションをし、計画を立案、調整し、担当者を選び仕事を任せる 〈部下に対するサポート〉 モニタリング、コーチング、フィードバックを実施し、経営資源を獲得しながら、問題解決、コミュニケーションを行う 〈関係構築〉 部下、上司、関係部門とオープンに話し合ったり、信頼しあえる関係を築く
第二転換点	係長から課長	・純粋な意味で管理職になる ・個人業務以外に目を向ける ・第一転換点の人を選定し、管理し、育成する ・自己の職能を超えて事業全体の支援にも関与する ・部下である係長をコーチングする	・係長の選抜とトレーニング ・係長の評価：異なるタイプの仕事を評価する方法や部下の成果を評価するフレームワークを開発することを学ぶ ・部門間で経営資源配分 ・境界線の管理：異なる職務機能やグループ間の壁や情報の流れを妨げる部門間の壁を突き破る、そのための具体的な仕事の流れを管理するスキルを持つ
第三転換点	課長から部長	・階層が離れた一般社員とコミュニケーションするための新しいコミュニケーションスキル開発が必要 ・自分の経験以外の未知の仕事を理解する ・他の職務機能の関心事や要求を勘案するスキルを習得する ・事業戦略と職務機能戦略を組み合わせるのに長けた戦略家になる必要がある ・幅広い長期的な思考を身につける	・複数の視点からその職務機能について考える能力を持つ ・頻繁に長時間対話することよりも、部下へ権限委譲し、部下を信頼することを学ぶ ・事業全体から考えるようになる ・部門をまたがってネットワークを開発したり、戦略的思考力を磨く ・リスニングスキルを身につける ・知らないことを学ぶ

第四転換点	部長から事業部長	・さまざまな職務機能を統合する役割を果たす ・職務機能的な観点から検討するのではなく、損益や長期的な観点から検討する ・さまざまなタイプの人々と一緒に働くスキルを習得する ・将来目標と現在の必要性を両天秤にかける	・新しい職務機能について学ぶ ・多様な人、職務機能、プロセスを結びつける点を結ぶ ・強いチームを形成し、メンバーが効率的かつ効果的に働けるようにうまく指揮する ・失敗から学ぶ ・複雑さに対処する ・短期的な業績と長期的な事業のポジショニングとのバランスを達成する
第五転換点	事業部長から事業統括役員	・戦略の評価に長ける ・事業部長の育成をする ・ポートフォリオ戦略に長ける ・自社が勝つためのコアコンピタンスを持っているか見極める ・より総合的な管理能力が必要となる	・全社を代表して外部との関係を構築する能力を持つ ・部下や事業の成功をサポートする能力を持つ ・戦略を批判したり、評価したりする能力を持つ ・財務面以外の評価をする ・法律や企業の方針に従い、ブランドの維持と強化に貢献していることを確認する ・資源配分を決定する前に、各投資案件の成功の可能性を評価する ・戦略を差別化する能力を持つ ・知識分析スキルに加えて、信用される ・潜在的な事業機会を見つけ出し、分析する
第六転換点	事業統括役員から経営責任者	・長期的な思考や洞察力を持つ ・長期と短期のトレードオフに意義を見い出す ・外部の動きに敏感になる ・戦略からビジョンへ！企業の視点からグローバルな視点へ変える ・細かい問題を手放し、全体感を持つ ・野心的で達成能力が高い、直属の部下を集めたチームを持つ ・全従業員を激励する	・ビジョン、戦略構想力、ポジショニングのノウハウを持つ ・大勢の多様な社員とコミュニケーションをとり、彼らを激励する ・適材適所の人材配置を実現する ・物事をやり遂げる力を持つ ・２年分の業績予測能力を身につける ・最新の情報を得る ・さまざまな人から幅広く意見を聞く

注：Charan et al. (2001) の記述に基づき筆者が要約作成。

（出所）谷口智彦『マネージャーのキャリアと学習』白桃書房

るに堪へずして落つるなり。迎ふる気、下に設けたる故に、待ちとる序はなはだ速し。(第155段)(現代語訳：春という季節が暮れきって夏になるのではない。夏という季節が終って秋になるのではない。春はそれ自身の中にすでに夏の気を催している。夏の中にすでに秋の気配が通っているのだ。秋になれば秋の中にはや冬の気が入っていて寒くなる。冬もまた、十月には小春と呼ばれる日和があるように、その中に春の気をふくんで、草も青々としだし、梅の蕾もふくらむ。木の葉の落ちるのもそうだ。まず葉が落ちきって、それからそのあとに芽が生じてくるというのではない。葉があるうちに下から新芽がきざしふくらんでくるので、押しあげるその力に堪えきれなくなって古い葉が落ちるのだ。すべてこのように、今の季のうちに次を迎える気を下に設けてあるために、新を待ちうける順序がかくも速く行われるのだ)(中野孝次『すらすら読める徒然草』97〜99頁、講談社)。鎌倉時代の賢人が、現代企業のキャリアパスを連想させる随筆を書いているのは興味深いです。

　部長になった人は、これまでの課長の仕事のやり方を思い切って捨てる必要があります。これが「転換点」です(図表67)。この転換点を経験することなく、年齢や勤続年数だけで昇進していくことを良しとする人事制度をとっている会社があるとすれば、そこには新入社員の仕事の仕方で課長や部長の仕事をする管理職がいることになってしまいます。上司がいつまでも職位に応じた仕事をしないなら、その下に連なる部下たちの仕事の仕方や内容にも悪影響を及ぼすことになるでしょう。

2. 未体験領域を疑似体験する

　海外現地法人の勤務者の場合も同じことがいえますが、海外駐在員の場合は、本来通過すべき転換点を経ずに、現地法人のマネジメント職を任されるケースが多くあります。つまり、日本では主任だった人が、海外赴任と同時にジェネラルマネジャー(部長)に昇進したり、日本本社で部下なしの担当部長だった人が、社長になったりします。

　社長になる準備が十分できていない人が、トップになったために現地法人が混乱に陥るケースは少なくありません。準備をまったくしていない人に、

図表67　キャリアのパイプライン

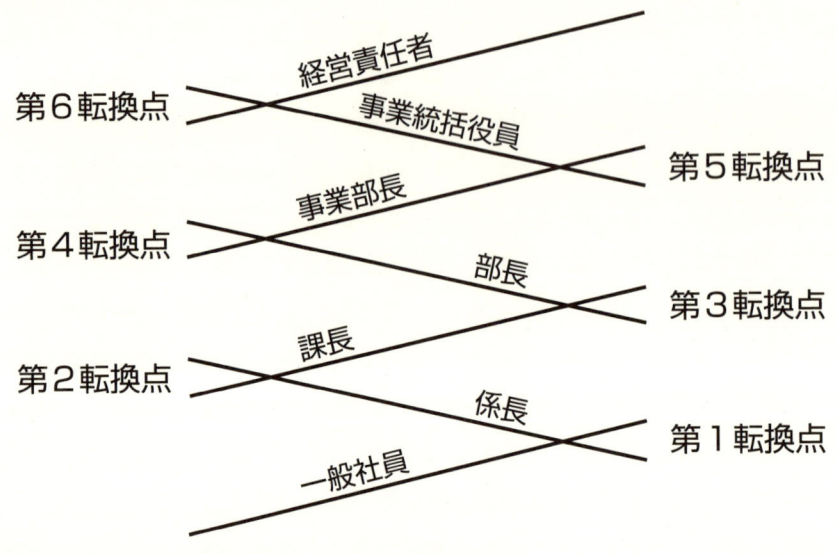

```
                    経営責任者
第6転換点  ╳─────────────────────────
                    事業統括役員
                           ╳  第5転換点
                    事業部長
第4転換点  ╳─────────────────────────
                         部長
                           ╳  第3転換点
                    課長
第2転換点  ╳─────────────────────────
                         係長
                           ╳  第1転換点
                    一般社員
```

ウォルト・マーラー「クリティカル・キャリア・クロスロード」
（出所）ラム・チャランほか（著）、グロービス・マネジメント・インスティチュート（訳）
『リーダーを育てる会社・つぶす会社』英治出版

　数ランク上の仕事を任せるのは、あまりにも危険です。海外赴任者を選定する場合には、その人に準備ができているかどうかをしっかりと見極める術が必要です。その際に活用できるのが、先に紹介した360度評価を前提にした「価値方程式」です。事前準備を怠りなく重ねてきた人材なら、数ランク上の職務にチャレンジする機会を与えても構いませんし、むしろ、この種の人材には、どんどんチャレンジする機会を与えるべきです。先述のモーガン・マッコールの『ハイ・フライヤー　次世代リーダーの育成法』を思い出してください。経験から学習する能力を持つ人が、事業戦略で決定したとおりに経験が与えられた際、適切な支援が得られれば、必要なスキルを学習することができるのです。

　赴任があれば帰任もあります。駐在期間はせいぜい3年から7年です。現地で社長職を任されていた駐在員も日本本社に帰れば、本来の職位である中

間管理職に戻る場合が多いと思います。これを格下げとみなす駐在員はいないでしょうが、権限とパワーが小さくなることにフラストレーションを感じて会社を辞めていく人も少なくありません。組織のロジックと個人のエゴが噛み合わなくなって起こる悲劇です。この悲劇の責任は、辞めていく個人にばかりあるわけではないと筆者は考えます。むしろ、海外駐在というミッションを与える際に、会社が、その本人にいかに説明してきたかが問題なのです。

3. 海外駐在を有期的なプロジェクトと心得る

図表68は、海外駐在員の類型とその長所と短所を記したものです。赴任地と日本本社への忠誠心（ロイヤルティ）を軸に類別したものですが、理想的な赴任者のタイプは「二重帰属市民型派遣者」であるといわれています。

海外駐在を日本での業務の延長線上にある定常業務ととらえるか、キャリア形成の中で特別に組み込まれたプロジェクトととらえるかで、帰任後の心理的影響は大きく変わってきます。連続的な定常業務ととらえれば、駐在期間に付与されたパワーは帰任後も続くであろうと期待してしまうでしょう。しかし、海外赴任は有期性のプロジェクトであると日頃から認識していれば、駐在期間が終われば、そこで付与されていた権限やパワーがなくなるのも受け入れられるはずです。また、プロジェクトテーマの与え方次第で、好ましからざる類型の駐在員に変質することにもある種の歯止めがかかるでしょう。

海外派遣される人間には、駐在は「定められた期間に、与えられた予算の中で、ある一定以上の成果を出す」ことが求められるプロジェクトであるという認識が必要です。また、"プロジェクトマネジャー"を現地に送り出す側の日本本社も、「君をシンガポール現地法人の社長として、彼の地に3年間赴任させる。その間の最大ミッションは、まとまりなく存在している東南アジアの5つの現地法人を、効率的かつ有機的に機能させるための体制づくりである。この仕事を1億円の予算で行ってほしい。また、各ステークホルダーに対する定期的な進捗報告を義務付ける」という明確なスコープ、期間、予算額を提示することが必要になるのはいうまでもありません。

図表68　忠誠心の各類型の長所と短所

類　型	長　所	短　所
フリーエージェント	●優れて発揮されている国際能力（例：言語、交渉、マネジメント） ●伝統的な海外派遣者に比べて、ややコストがかからないことが多い	●多くの場合、将来のための忠告を残さない ●後任者を配属するためのコストが甚大 ●会社の利害より自分の利害を優先させる
現地志向型派遣者	●現地の文化や環境にうまくかつ素早く適応できる ●たいてい現地の環境（従業員、顧客、供給業者、政府関係者との関係を含めて）において成果を挙げることができる	●グローバルな方針と対立する ●本社の方針を実施するのが遅い ●帰任後、退職する可能性が高い
本社志向型派遣者	●グローバルな方針の調整を促進する ●本社の方針を素早く実施する ●帰任後も会社にとどまる可能性が高い	●典型的な現地の文化および環境にうまく適応できないタイプ ●現地の従業員、顧客、供給業者、政府関係者との関係においてしばしば成果を発揮できない ●本社の方針を適切に実施できない
二重帰属市民型派遣者	●現地の文化や環境にうまくかつ素早く適応できる ●たいていの現地の環境（従業員、顧客、供給業者、政府関係者との関係を含めて）において成果を挙げることができる ●グローバルな方針の調整を促進する ●本社からの指示に素早く反応する ●帰任後も会社にとどまる可能性が高い	●彼らを育成するためには企業の真摯さとコミットメントが必要とされる ●稀少価値的存在のために他社からスカウトされるリスクがある

（出所）J.S.ブラックほか（著）、白木三秀ほか（訳）『海外派遣とグローバルビジネス』白桃書房

Q13 上司のパワー

今期から米国現地法人のトップを任されています。私の前任者はパワフルな人で、部下達をグイグイ引っ張っていくタイプの人間でした。しかし、私は彼とはまったく違うタイプのマネジャーです。ズバリ、部下に対して持つべき上司のパワーについて教えてください。

A パワーという言葉は、その響きから、力でグイグイ押す行為を想像してしまいます。しかし、パワーにはいくつかの種類があります。アメとムチによる「ハード・パワー」、相手の心を引き寄せて望む結果を得る「ソフト・パワー」、そしてTPOに応じてその両方を上手に使い分ける「スマート・パワー」。企業経営にあたっては、これら3つのパワーを身に付けることが必要であると思います。

1. ハード・パワーとソフト・パワー

国際社会において、ある国のヘゲモニー（覇権）は軍事力や経済力（ハード・パワー）によって確立されるという考え方が一般的でした。しかし、ハーバード大学のジョセフ・ナイ教授は、「ハード・パワーの対極に位置するソフト・パワー」の存在を自らの著書の中で紹介しています（ジョセフ・S・ナイ（著）、山岡洋一（訳）『ソフト・パワー』日本経済新聞社）。同教授は、その国の持つ価値観や文化の魅力で相手を敬服させ、魅了することで、自分の望む方向に動かすのがソフト・パワーであると定義しています。

リーダーシップの概念にも、このハード・パワーとソフト・パワーの考え方を導入することができます。ナイ教授は『警察、財力、人を雇用・解雇する力、これらは現実のハード・パワーの例で、他人に立場を変えることを強いるのに使われるものである。ハード・パワーは誘導（アメ）と脅迫（ムチ）に基づいている。しかし、脅迫や報酬がなくても、協議の場を設定して相手

を自分の側に引き寄せることで、望み通りの結果が得られる場合もある。これがソフト・パワー、つまり、物質的なインセンティブで相手を操作するのではなく、相手の心を引き寄せることで望みの結果を得る力である』と説明しています（ジョセフ・S・ナイ（著）、北沢格（訳）『リーダー・パワー』p.51、日本経済新聞出版社）。

そして、ソフト・パワーとハード・パワーの両方のスキルを兼ね備えた力をナイ教授は「スマート・パワー」と呼んでいます。

2. 3つのパワーの構成要素を知る

これら3つのパワーは、それぞれに特徴的ないくつかのスキルで構成されています（図表69）。これを見ると、既成概念としてあるパワーの源泉の多くがハード・パワーの要素であることがわかります。その一方で、ソフト・パワーとスマート・パワーの要素である「EQ（こころの知能指数）[注]」「コミュニケーション力」「ビジョン構築力」や「状況把握力」がいかに重要であるかも改めて痛感させられます。

　　(注)「こころの知能指数」という表記は、『EQ こころの知能指数』（ダニエル・ゴールマン（著）、土屋京子（訳）、講談社）からとっています。

ソフト・パワーだけが強くても、浮世離れの理想主義になってしまうし、ハード・パワーだけでも、従業員は疲弊し、組織は荒廃してしまいます。企業経営を担うトップマネジメントには、このハードとソフト、そしてスマートの3パワーを自ら醸成し、TPOに応じて巧みに使い分ける存在であってもらわなければなりません。

ハード・パワーの要素である組織の管理運営力、交渉力や他社との連携といったマキャベリ的特性の解説書やノウハウ本は、身近なところに多く存在します。しかし、ソフト・パワーやスマート・パワーの構成要素の習得について述べた情報や講座は比較的少ないと感じるのは筆者だけでしょうか。そもそも、ソフト・パワーやスマート・パワーが後天的に鍛えられるものなのかを考えてみる必要があります。

図表69　スマート・パワー

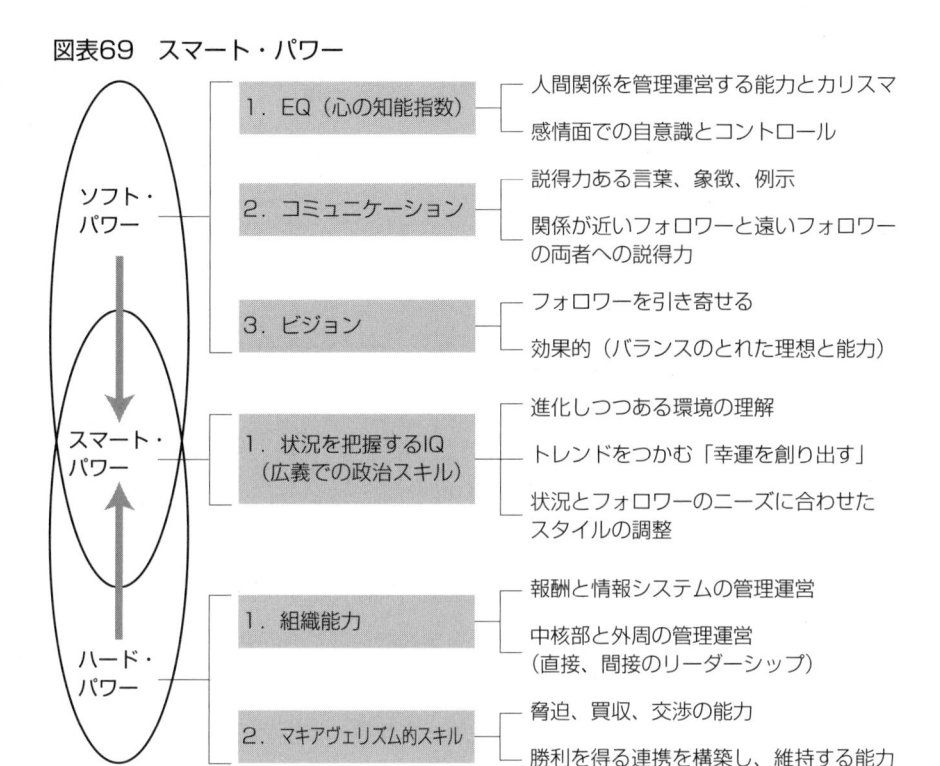

パワー区分	要素	内容
ソフト・パワー	1. EQ（心の知能指数）	人間関係を管理運営する能力とカリスマ／感情面での自意識とコントロール
ソフト・パワー	2. コミュニケーション	説得力ある言葉、象徴、例示／関係が近いフォロワーと遠いフォロワーの両者への説得力
ソフト・パワー	3. ビジョン	フォロワーを引き寄せる／効果的（バランスのとれた理想と能力）
スマート・パワー	1. 状況を把握するIQ（広義での政治スキル）	進化しつつある環境の理解／トレンドをつかむ「幸運を創り出す」／状況とフォロワーのニーズに合わせたスタイルの調整
ハード・パワー	1. 組織能力	報酬と情報システムの管理運営／中核部と外周の管理運営（直接、間接のリーダーシップ）
ハード・パワー	2. マキアヴェリズム的スキル	脅迫、買収、交渉の能力／勝利を得る連携を構築し、維持する能力

（出所）ジョセフ・S・ナイ（著）、北沢格（訳）『リーダー・パワー』日本経済新聞出版社をもとに、三菱UFJリサーチ＆コンサルティングが作成

Q14 ソフト・パワーの鍛錬

ソフト・パワーが何であるかはわかりましたが、それを身に付ける方法がわかりません。ソフト・パワーは先天的なものなのでしょうか。もし後天的なものならば、良いボスになるためにも、そのパワーを身に付ける方法を知りたいのですが。

A ソフト・パワーは先天的なものではなく、学習によって身に付けることができるといわれています。ソフト・パワーの構成要素である「EQ」「コミュニケーション力」「ビジョン構築力」を個別に鍛えることで、同パワーの水準を上げることが可能です。しかし、そのためには継続的かつ反復的な訓練が必要です。それを最も効率的に可能にするのが「これはっ！」と思う人を見つけて、その人を徹底的にコピーする「模倣」という行為です。本や講座による学習も「考える」きっかけを与えてくれるという点では有益といえますが、やはり身をもって体験することに勝るものはありません。

1.「これはっ！」という人材をベンチマーキングする

ソフト・パワーは「もって生まれたパワー」などではなく、学習によって身に付けたり教えたりすることが可能な力といわれています。しかし、ソフト・パワーを鍛錬するのは容易ではなく、ハード・パワーを鍛えるのと異なり、短期間では終わりません。

ソフト・パワーは頭で理解すべきものでなく、心に落とし込んで、体の中で「化学反応させて自分のものにする」というプロセスを経ないと生まれてこないように思われます。

ソフト・パワーを構成する要素は、先に触れたように、「EQ（こころの知

能指数)」「コミュニケーション」「ビジョン構築力」であるといわれています。理論的には、これらの構成要素に関わるスキルを個別に鍛えていくことで、ソフト・パワーの水準を上げていくことが可能となります。しかし、これらのスキルは、本を読んだり、講習に参加したりすることで、習得できる性質のものではありません。あくまで経験を通して身に付けていくものです。しかも、それは１度や２度の体験では足らず、継続的かつ反復的に行うことで、初めて身に付くものなのです。

　経験の回数を増やすためには、自ら積極的にその機会を作らなければなりません。しかし、ただ漠然とあてもなく機会を探し求めていたのでは、時間の浪費が多く不効率です。私はその対策として、誰かお手本になる人を探して、徹底的にその人の真似をすることを勧めています。真似るという行為そのものは単純なので、模倣の対象さえ決まれば、その反復と継続はそれほど難しいことではありません。

　「これは凄い」というターゲット人材を探すにあたっては、まず、自分の目標を設定し、それを達成するには今の自分に何が欠けていて、何を補強せねばならないかを知ることから始めます。それが認識できれば模倣すべき「像」は自ずと見えてきます。ベンチマーキングする人が決まれば、その人に頼み込んでコーチングまで引き受けてもらうのです。「あなたを模範とさせてほしい」という申し出を不快に思う人はいないでしょう。その人の行動をあらゆる局面で模倣して、節目節目でフィードバックしてもらうのです。ただし、時として厳しい内容になるかもしれないフィードバックを喜んで受け入れる心の準備は必要です。正しく真似ることによって、ベンチマーキング対象の行動パターンが自分の脳の中に深く刻み込まれて、やがては自分のものになっていきます。

　EQといった目に見えないものでさえ、人はそれを感じ取るメカニズムを持っていると米国の心理学者ゴールマン博士はいっています。その働きを司るのがミラー・ニューロンという体内物質です。同博士によると、『ミラー・ニューロンは、感情を伝染させる。目で見た感情をその人の中に喚起させる。

205

（中略）人間は、他者の感情を、動きを、感覚を、情動を、自分の内部で起こっているかのように感知することができる—きわめて広い意味で他者を「感じる」ようにできている』のだそうです（ダニエル・ゴールマン（著）、土屋京子（訳）『SQ生きかたの知能指数』p.69、日本経済新聞出版社）。

2. ブレない自分を作るリベラルアーツ

　経験に勝る教師はありませんが、教訓のエッセンスが詰め込まれた歴史、哲学、心理学などの書物から何かを得ることはできます。慶應ビジネススクールの池尾恭一教授は、「高度経済成長期に活躍した大手企業の経営者には、旧制高校出身者が多かった。彼らは時代的幸運にも恵まれたが、実業界で成功したのは、経営者としての資質を高めていく基礎的訓練を旧制高校時代に無意識的に行っていたからではないか。10代後半に、歴史、文学、哲学などのリベラルアーツをしっかり勉強し、学生同士で侃侃諤諤と議論してきた。その経験が経営者になってから役立ったのだと思う」とリベラルアーツを勉強することの重要性を指摘しています。

　リベラルアーツを勉強するプロセスで、何のために生き、働くのか、そのために自分はどうあるべきかを考えることで、必然的に心の知性が磨かれ、大人になってから必要とされる持論の核になる何かができあがります。その核が、その後の研鑽で信念にまで昇華されていくのです。持論と信念、そしてこれらが将来に投影されてできあがるビジョンを持てば、行動にブレがなくなります。考えや行動に一貫性のある経営者やマネジャーは信頼感を醸し出し、部下の目には頼もしい存在に映ります。そのために、従業員の感じる「ボスの価値」は高まり、上司としての求心力は強力なものになっていきます。

　各界のリーダーを対象に、日本アスペン研究所は「古典を素材とした対話を通じて判断力やリーダーシップの涵養を目指す企業幹部向けセミナー」を行っています。カリキュラムの一部は図表70に紹介するとおりですが、ソフト・パワーの源泉を考える良いきっかけを与えてくれるプログラムであると筆者は思います。

図表70　日本アスペン研究所の企業幹部向けセミナー

	エグゼクティブ・セミナー	ヤング・エグゼクティブ・セミナー
概　要	都塵から離れた自然環境の中で、日本が直面している現在および将来にわたる課題の本質について、優れた古典やコンテンポラリィな文献をよりどころに、自由な対話方式によって語り合い、人間的価値の本質について思索し、自らの現在の位置を見極め、ヒューマニティを高めることを目的としたリーダーシップ・プログラム。 「世界と日本」から「デモクラシー」の6セッションを通して、人間、文化、社会、自然、さらには世界の直面する問題などについて、普遍的価値に根ざして対話し、思索を深めていく。 セミナーの主体は参加者で、テキストについて自分はどう考えるかを述べ合い、論じ合うので、事前にテキストを十分読み込むことが求められる。このほか、学会の先生を講師に講義いただく懇話会、セッションに関連した美術館見学や音楽鑑賞プログラムの用意もある。	これからの日本社会を担う若い世代に対し、早期から古典を通しての"対話の場"を提供すべく、2006年11月から主にマネジャー層を対象に実施しているリーダーシップ・プログラム。 「世界・日本」から「社会・デモクラシー」の4セッションを通して、人間、文化、社会、さらには世界の直面する問題などについて、普遍的価値に根ざして対話し、思索を深めていく。 セミナーの主体者は参加者で、テキストについて自分はどう考えるかを述べ合い、論じ合うので、事前にテキストを十分読み込むことが求められる。
参加者	企業の役員・幹部社員、官公庁の幹部、学者・研究者、政治家、NPO・NGO関係者など	主に企業の30〜40代前半のマネジャー層
期　間	5泊6日	2泊3日
内　容	セッションⅠ：「世界と日本」 セッションⅡ：「自然・生命」 セッションⅢ：「認識」 セッションⅣ：「美と信」 セッションⅤ：「ヒューマニティ」 セッションⅥ：「デモクラシー」 「レビュー・セッション」	セッションⅠ：「世界・日本」 セッションⅡ：「認識」 セッションⅢ：「ヒューマニティ」 セッションⅣ：「社会・デモクラシー」 「レビュー・セッション」

(出所) http://www.aspeninstitute.jp/

動きの速い現代社会では、考えるプロセスに時間をかけず、まず答えを求める傾向が強い気がしてなりません。「○○が２時間で分かる本」とか「△△のためのハウツー本」などといった書物が増えているのは時代の要請で、その存在意義を否定することはできません。しかし、こころの知性（EQ）やコミュニケーション力、ビジョン構築力などは一朝一夕にできあがるものではなく、むしろ、現代人が悩む「時間による恐怖」から解放されることでその萌芽を経験できるのではないでしょうか。ある食品メーカーの幹部社員は、年に何回か休暇をとって滝巡りをし、また、ある銀行マンは、判断に迷いが出たら京都の寺を訪れるそうです。大自然や古都の佇まいに触れることで、時間の流れをしばし忘れることができるからでしょう。

Q15 異文化理解

わが社は最近、あるベトナム企業と合弁会社を立ち上げました。今後、同国の人々とビジネスする機会が増えそうですが、文化的背景の異なる人々と仕事をするうえで、特に注意すべきことを教えてください。

A　文化には、地域ごとにある種の類似性が存在するようです。例えば、西欧文化圏の人々は言語に頼ったコミュニケーションを行う傾向が強いのに対して、東アジアの人々は言語以外のコンテクストに依存する部分が多いといわれています。しかし、生まれ育ったところが近いからといって、「言わずもがな」を期待するのは危険です。文化を異にする人々と一緒に仕事をするうえで大切なのは、「自分の尺度だけで物事を測らないこと」で、個人や民族、文化など様々な相違に配慮して、互いに強調的な関係を築くことであると思います。

1. 多様性を認める

オランダの社会学者G・ホフステードは、その著書『多文化社会―違いを学び共存への道を探る』（岩井紀子・岩井八郎（訳）、有斐閣）で、国民性の違いが組織を作り上げる場合の様式にどんな影響力を持つかを論じています。同書は、50か国以上を対象とした調査結果に基づいており、異文化マネジメントを論じる際の古典的文献ともなっています。

例えば、「権力格差指標における地域の差」を見てみると、図表71に示すように、最も高いスコアを示す国はマレーシアで、最も低い国はオーストリアとされています。ここでいう「権力格差」とは、上司と部下を隔てている情緒的な距離のことで、オランダの実験心理学者マウク・ムルダーが行った研究に由来するといわれています。日本は50か国中33位と中位以下に位置しています。また、「個人主義指標」では、北米2か国と西欧諸国が高いスコ

図表71　地域で異なるマネジメントのポイント

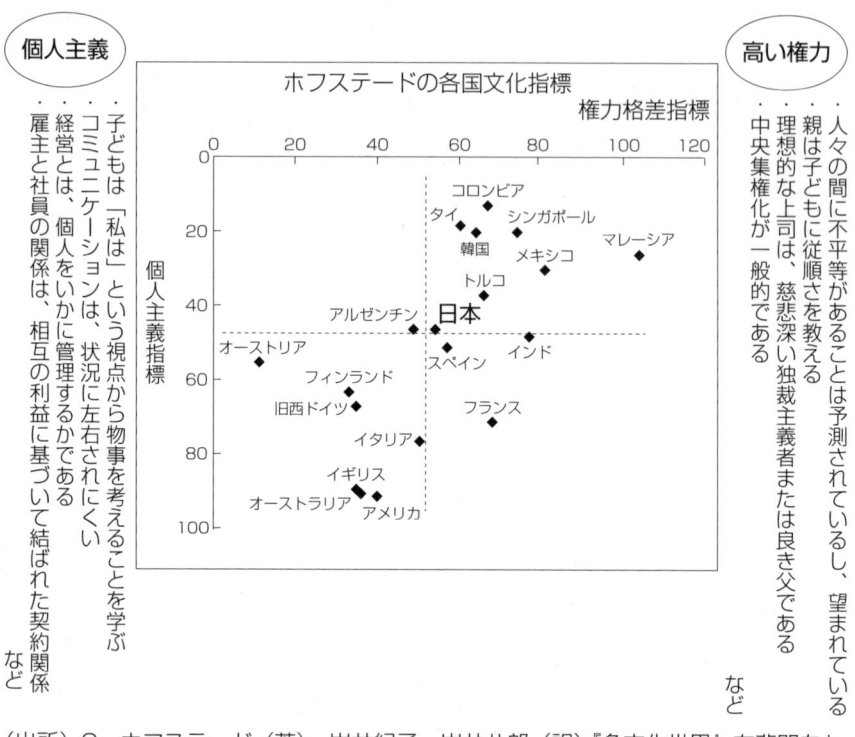

【個人主義】
・子どもは「私は」という視点から物事を考えることを学ぶ
・コミュニケーションは、状況に左右されにくい
・経営とは、個人をいかに管理するかである
・雇主と社員の関係は、相互の利益に基づいて結ばれた契約関係
など

【高い権力】
・人々の間に不平等があることは予測されているし、望まれている
・親は子どもに従順さを教える
・理想的な上司は、慈悲深い独裁主義者または良き父である
・中央集権化が一般的である
など

ホフステードの各国文化指標

縦軸：個人主義指標（0〜100）
横軸：権力格差指標（0〜120）

プロット：コロンビア、タイ、シンガポール、韓国、メキシコ、トルコ、マレーシア、アルゼンチン、日本、オーストリア、スペイン、インド、フィンランド、旧西ドイツ、フランス、イタリア、イギリス、オーストラリア、アメリカ

（出所）G・ホフステード（著）、岩井紀子・岩井八郎（訳）『多文化世界』有斐閣をもとに、三菱UFJリサーチ＆コンサルティングが作成

アを得る一方で、南米諸国のスコアは概して低く、日本は22位にランクされています。

　このように理論的観点からも各国文化は一様でないことがわかります。経験的にも文化の違いに戸惑ったことは少なくないはずです。筆者は、以前メーカーに勤務していたころ、アメリカ人の同僚とよく出張しましたが、移動中の飛行機やレンタカーで、彼らの会話攻撃にうんざりさせられたことを覚えています。「アメリカ人は、常に喋っていないと不安になる」と聞いたことがあります。その真偽のほどはわかりませんが、書物にあたってみたところ、確かにアメリカは低コンテクスト文化圏に属しており、「雄弁は金」の発想

のようです。「そうだったのか。彼らの感覚は日本人と同じではないのだ！」と合点がいきました。ちなみに、コンテクストとは「状況」とか「背景」とかを意味する英語で、コミュニケーションの場で使用される言葉や表現を定義付ける背景や状況そのものを指します。

コミュニケーションという点においては、西欧系文化圏の人々は言語に頼る傾向が強いのに対し、東アジア系の人々は言語以外のコンテクストに依存する部分が多いといわれています。極東で生まれ育った日本人にとっては、韓国や中国など近隣諸国の人々とのほうが、はるか遠くで暮らす人々とよりもコミュニケーションを取りやすいのは自然なことでしょう。

しかし、近隣国の人々との間でトラブルが起こらないかといえば、決してそんなことはありません。同僚のコンサルタントから、以下のような話を聞いたことがあります。

2. 自分の中の前提に気付く

ある日本人が上海に出張したとき、飛行機が遅れ、予約したホテルにたどり着いたのは夜中でした。しかし、何かの手違いで部屋がありません。応対した中国人担当者は無愛想に空き室を探し始めましたが、それを見て日本人客は「まず謝罪が先だろう」と苦言を呈しました。それでも、その担当者は、自分のミスではないからと、いっこうに謝る気配がありません。

日本人には、同僚が犯したミスでも、対応にあたった者がまず謝るという感覚があります。結局、その日本人の怒りは頂点に達し、「マネジャーを出せ！」という声が深夜のロビーに響き渡ったそうです。

生まれ育ったところが近いからといって、「言わずもがな」を期待するのは、危険極まりないことです。

企業が海外に拠点を置くのは、当該国でビジネスを成功させるためであって、本国の企業文化を進出先の国に根付かせるためではありません。進出先の国や地域でビジネスを成功させるためには、「郷に入れば郷に従え」の考えに根ざした経営が必要であるのはいうまでもないことです。

文化を異にする人々と一緒に仕事をするうえで大切なことは、「自分の尺度だけで物事を測らないことである。外国人の文化的背景を十分に考慮しているか常に自問自答する姿勢が大切」と、かつての筆者の同僚コンサルタントで、星城大学教授の盧聰明氏はいっています。また、上智大学の渡辺文夫教授は、「異文化接触においては、自分のなかにある前提や枠組み、さらにはそれらのもとにある前提の前提にどの程度気づいているのか、その前提や前提の前提をかたくなに守ろうとしないで新しい異文化の状況にどの程度調整していけるかが課題となる」といっています。個人や民族、文化などさまざまな相違に配慮して、互いにプロとして協調的な関係を築く「異文化マネジメント」能力が必要ということでしょう。

Q16 異文化マネジメント力

東南アジアにある現地法人で働きたいという希望を出しています。海外勤務するには、異文化対応能力をまず身に付ける必要があると聞いており、いつ辞令が出てもいいように、今から準備をしておきたいのですが、その能力を鍛える良い方法を教えてください。

A 異文化マネジメント力を鍛えるには、まず自己を認識することから始めなければなりません。本を読んだりセミナーに参加したりしても、それが一方通行的なものである限り、効果はあまり期待できません。自分の中にある前提が変わるほどインパクトの強い「気づき」を得るには、心にグサッと突き刺さる思いが必要で、異文化研究家や専門コンサルタントなどに現状をズバリ診断してもらうのが良いでしょう。そうすることで、異文化マネジメントの4大要素（状況調整力、文化認知力、自己調整力、感受性）のどれが発達していて、どれが未発達かがはっきりとわかり、次の手が打ちやすくなります。また、経験を積んだ指導者が行う異文化シミュレーションも気づきを得るのに有効です。

1. 専門家によるズバリ診断

では、どうすれば異文化マネジメント能力を強化できるのでしょうか。ほとんどの人は、他の文化のなかで生活するのが一番だと思っているはずですが、それではコストがかかりすぎます。それに代わるものとして、本を読んだり、講演を聴いたり、セミナーに参加したりするなどの方法が思い浮かんできます。

しかし、本を読んだ程度で自分のなかの前提がにわかに変わるはずもないし、セミナーも一方通行的なものである限り、その効果は読書と大差はないでしょう。

筆者は、読書やセミナーの有効性を否定はしませんが、よりインパクトの強い「気づき」を得るためには、心にグサッと突き刺さる思いを自ら体験することが必要と考えています。そのためには、異文化研究の専門家やコンサルタントなどに、自己の現状をズバリ診断してもらうのがよいでしょう。

　北海道大学の山岸みどり教授や既出の渡辺教授らは、「「異文化間能力」測定の試み」(『現代のエスプリ』299（至文堂））の中で、異文化で成功するための要因とモデルを**図表72**のようにまとめています。

　このモデルの特徴は、通常の仕事をするときに求められる「状況調整能力」、異文化と対応するときに求められる「カルチュラル・アウェアネス」および「自己調整能力」、そして中核となる「感受性」を組み合わせ、総合的に異文

図表72　異文化で成功するための要因とモデル

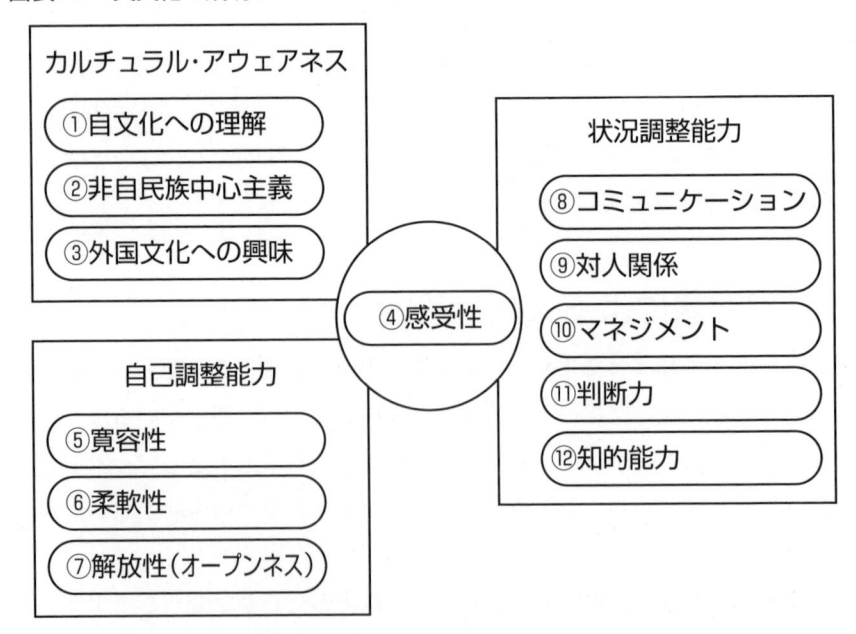

カルチュラル・アウェアネス
- ①自文化への理解
- ②非自民族中心主義
- ③外国文化への興味

自己調整能力
- ⑤寛容性
- ⑥柔軟性
- ⑦解放性（オープンネス）

④感受性

状況調整能力
- ⑧コミュニケーション
- ⑨対人関係
- ⑩マネジメント
- ⑪判断力
- ⑫知的能力

（出所）山岸みどり、井下理、渡辺文夫「「異文化間能力」測定の試み」『現代のエスプリ』299（至文堂）をもとに、三菱UFJリサーチ＆コンサルティングが作成

化接触の資質をとらえようとしたところにあります（感受性は、既出のスマート・パワーの核である「状況把握の知性の本質を司る」という意味において重要な役割を担っています。）。

ここでカギとなるのは、「調整」という考え方と、「アウェアネス（気づき）」という考え方です。

専門家に診断してもらうと、高いと信じていた感受性が意外に低かったり、低いと思いこんでいた柔軟性が高かったりして、新しい発見ができます。

何が自分に欠けているのかがわかれば、後は読書やセミナーで弱点を重点補強すればよいのです。まずは、何から着手すべきかを知ることから始まるといっても過言ではありません。

2. 異文化シミュレーションを体験してみる

麗澤大学教授の八代京子氏らの著書『異文化コミュニケーション・ワークブック』（三修社）に、異文化コミュニケーションを教えるときに用いられる研修方法が詳しく紹介されています。研修方法には、エクササイズ、シミュレーション、カルチュラル・アシミレーター（文化的同化訓練法）、フィールドワークなどがありますが、著者は異文化シミュレーションが、短時間で手軽に行えるという点から興味を持っています。同シミュレーションにはいくつかの種類がありますが（図表73）、いずれも経験あるファシリテーターのもとで行われる限り、知識、感情、行動の3つの側面を総動員することで自己気付き、他者気付きを体験することが可能になります。

八代教授らが運営する異文化コミュニケーション学会（SEITRA JAPAN）では、異文化シミュレーションを体験する機会とその実践方法の研修を行っているので、異文化マネジメントスキルを磨くための最初のステップとして、いずれかのシミュレーションをまず体験してみることをお勧めします。

図表73　異文化シミュレーション

名　称	目的と概要	人　数	時　間
バファバファ	参加者をA国とB国の2つのグループに分け、それぞれの所属する国の文化、習慣、行動様式などを学び、その後、各グループから別のグループに調査団を派遣し、自分のグループにその報告を行い、文化の違いについて話し合いをする。すべての報告が終わった後、異文化を理解するうえでの難しさ、カルチャーショックなどについてディスカッションを行うもの。	1か国10名程度	1時間半〜2時間
アルバトロス	文化背景の異なる自分とは違った価値観を持つ人々を理解し、より良い人間関係をつくるためのコミュニケーション能力を養成することが目的。そのためには、自分の文化的な偏狭に気づき、異なる価値観を受け入れる柔軟性を持ち、自分自身のものの見方を広げていくことが重要。「アルバトロス」は、前半のアルバトロスの代表者（男女）による歓迎の儀式のシミュレーションと後半のディスカッションと振り返りの2部で構成されている。	12〜15人	1時間半〜2時間
スターパワー	人間の心に内在する権力欲に気付くこと。さらに、不当な権力に対抗するためにどのような平和的手段を考え出せるか、実行できるか疑似体験することが目的。3つのグループに分かれて、チップの取引を行い、出来高によるグループ分けが行われる。各グループ間で競争が起き、出来高の高いほうがますます良い結果が出るようなシステムになっている。グループ間に緊張関係が生じ、ゲームが続行できなくなる。ゲームを終了し、振り返りのセッションに入る。	18〜35人	1時間半〜2時間

レインボー・ミッション	異文化間の衝突やカルチャーショックを体験すること、自文化中心主義を検証し気付きを深めること、多文化共生について考えることを目的とする。保守／伝統的なレッド、芸術／優越的なブルー、革新／教育的なゴールドの色で表される3つの異なる文化集団が、自分たちのカラーカードについて、それぞれの信念に基づいた使命を果たすために行動する。共通言語はなく、限られた言葉と非言語コミュニケーションのみでやりとりする。その後、3つの集団が集まる接触場面において、与えられた時間内で最も効果的に自分たちの使命を果たすことのできた集団の勝利とする。	12～40人	1時間半
クスクス	異質な人々を受け入れるための、開かれた心作りのための教育教材。参加者は、ヒラネシア文化とカナネシア文化という異なる文化圏に分かれ、互いに他の文化を訪問しあう。参加者は、異文化を疑似体験することによって、これらから直面するであろう異文化社会に置かれたときの自分の心理状態について認識を持ち、"心の準備"ができる。	10～60人	1時間半

（出所）八代京子ほか『異文化コミュニケーション・ワークブック』（三修社）等をもとに、三菱UFJリサーチ＆コンサルティングが作成

Q17 マネジメントスタイル

来月から総経理として中国に赴任します。私にとって初めての海外赴任で、どんなマネジメントスタイルをとればよいのか悩んでいます。また、パワーを行使する際の注意点についても教えてください。

A 海外現地法人では、日本にいるときに比べて数ランク上の職位に就くケースが多いのは先に述べたとおりです。未知の職位を任されるということは、未知のパワーが付与されることを意味します。パワーを支えるためには、その源泉ともいえる権威が必要ですが、権威にはいくつかの種類があります。どの権威が良くて、どれが悪いということはありませんが、リーダーはTPOに応じてそれらの権威を使い分けねばなりません。権威を間違って行使するとナショナルスタッフの心はすぐに離反していきます。専門性の高いホワイトカラー従業員に対しては、C＆C（命令・統制）型よりもE＆E（権限委譲・鼓舞）型マネジメントの有効性が指摘されています。

1. パワーの種類と副作用を知る

海外駐在員は日本にいるときに比べて、数ランク上の職位に就くケースが多いのは先述したとおりです。日本で係長だった人が、現地では部長職に就いたり、日本では課長ランクだった人が、中国現地法人では総経理（他の地域では社長に相当）になったりします。つまり、未知の領域の仕事を任され、未知のパワーが付与されるのです。

組織のリーダーであるためには、組織を動かすためのパワーが必要です。パワーを使うためには、その源泉ともいえる権威を持たねばなりません。リーダーがパワーの拠り所とする権威にはいくつかの種類があるといわれていて、その種類について解説しておきます。一般に、権威は図表74に示すように、①権限による権威（正当権力）、②報酬による権威、③罰を与える権威、

図表74　フレンチとラーベンによるパワーの源泉

類型	内容
①正当権力	公式の集団および組織において力の源泉を手に入れる最も一般的な方法と考えられ、組織の公式のヒエラルキーにおける地位の結果として得られる権力のこと。会社の社長、銀行の頭取、学校の校長など、「組織メンバーによる職位権限の容認」を受けた者が何かいえば、その組織の下位者は大抵従う。
②報酬力	人が他者の望みや指示に従うのは、そうすることがプラスのメリットをもたらすからである。したがって、他者の目から見て価値のある報酬を与えることのできる人物は、他者に対して力を有する。
③強制力	ある人物が強制力に反応するのは、そうしなければ良くない結果が起こるかもしれないという恐怖心からである。苦痛を与えたり、身動きを制限して欲求不満にさせたりといった身体的制裁や、心理学上の基本的欲求や安全欲求の制限を課すこと、あるいはそうすると脅すことによって成り立っている。
④専門力	専門技術、特殊なスキル、知識を有する結果として行使される影響力のこと。仕事が専門化するにつれ、人々は目標達成のためにいっそう「専門家」に依存するようになってきている。
⑤同一視力	好ましい資質や個性を備えた人物との同一化によるもの。同一視力は他人への称賛やその人のようになりたいという欲求から生じるもので、もしＡさんがＢさんを高く評価し、ＡさんがＢさんを同一化しているとすれば、ＢさんはＡさんに対して力を行使できる。なぜならば、ＡさんはＢさんを喜ばせたいと思うからである。

（出所）ステファン・Ｐ・ロビンス（著）、髙木晴夫（監訳）『組織行動のマネジメント』ダイヤモンド社をもとに、三菱ＵＦＪリサーチ＆コンサルティングが作成
（注）ジョン・フレンチ、バートラム・ラーベン…アメリカの社会心理学者

④専門的権威、⑤後ろ盾による権威（同一視力）、の５種類があります。

どの権威が良くて、どれが悪いということはありません。リーダーは５種類の権威を時と場合に応じて、使い分けているというのが実情です。

ひとつ留意しておいていただきたいのは、マネジメント職にある人は、平常心を失うほど重大かつ切迫した局面にしばしば遭遇するということです。

ビジネス社会においては上位職になればなるほど、そのような事態は増えてきます。海外駐在員の場合、日本では未体験の職位を任されるだけに、心に感じるプレッシャーは相当なものになるはずです。そんな状況下でもTPOをわきまえて、権威を正しく使い分けることができるかどうかが重要なのです。

2. C＆C型からE＆E型マネジャーになる

　ひとつの良くない例を紹介します。ある大手企業で上席マネジャーにまで出世したX氏は、その子会社の役員に天下りし、営業を管掌する重要ポジションに就きました。X氏は親会社勤務時代にいくつかの現地法人幹部を歴任し、とりわけ中国での駐在経験が長く、その国については一過言持っていました。しかし、役員として着任した子会社では、業種が異なるためか、彼が長年培ってきた経験と人脈がまったく役に立ちませんでした。子会社の従業員もそのことに気づき、X氏の権威が色あせるのにそれほど時間はかかりませんでした。

　X氏は典型的な「命令・統制型」あるいはCommand & Control（C＆C）型マネジャーで、権限や罰による権威を多用するタイプの人だったのですが、業種が異なりスペシャリストの多い子会社に移った時点で、自らのマネジメントスタイルをC＆C型から「権限委譲・鼓舞型」あるいはEmpower & Energize（E＆E）型に宗旨替えすべきでした。そうすれば、従業員の力を上手に利用することで彼らの信頼がかえって得られ、結果として、後ろ盾による権威を取得できたはずなのに、X氏はその努力を怠ったのです。「俺は営業本部長だ！　俺の言うことには絶対に従え。予算も必ず達成しろ。それができなければ降格だ」と威嚇するなど、権限による権威と罰を与える権威にますます偏重していきました。X氏は子会社の中国現地法人も管掌していましたが、その権限範囲を誇示するために、「中国時間」と書かれた札をつけた時計と日本時間を示す時計とを並べて、事務所の壁にかけさせたりしました。

「中国時間」という札に気付く従業員は少なく、「どちらの時刻が正しいのか」と、事務所内は混乱に陥りました。そもそも中国と日本の時差は1時間しかないので、中国のことをよく知っているX氏にはその国の時刻を示す時計など必要なかったのですが、彼があえてそうしたのは、「権限による権威」にしがみついたためだったのでしょう。TPOをわきまえずに間違った権威の行使をしたX氏は、組織の中でますます孤立していきました。

X氏は親会社で上席マネジャーにまでなった人物なので、その実力を認められていたのは間違いありません。しかし、天下りした先が「特別な専門性」が必要な業界の会社だったために、ジェネラリストである彼のレーゾンデートル（存在意義）が認知されなかったのでしょう。少なくともX氏本人は、そう感じたのではないでしょうか。

パワーは相対的なもので、周囲の状況によって、行使の仕方を変えねばなりません。使い慣れた権威にばかり固執していると、大失敗してしまいます。

Q18 評価の手法

私はこれまで部下を持ったことがありません。しかし、赴任先の海外法人では数名のナショナルスタッフの上司になる予定です。ナショナルスタッフにも受け入れられる人事評価の方法を教えてください。

A　言葉や文化が異なる外国での人事評価には注意が必要です。日本流の「ハイコンテクスト手法」は失敗のもとです。合理的なロジックに基づく査定をしないとナショナルスタッフの納得は得られません。全社の事業計画を出発点にした目標管理制度は有効で、目標設定時にはプロジェクト・マネジメントで多用するワーク・ブレークダウン・ストラクチャ（WBS）の考え方が役に立ちます。また、各従業員に会社の数字に対する当事者意識（オーナーシップ）を持たせるために、彼ら（彼女ら）に自ら目標設定させることも忘れてはいけません。

1. ロジカルさが必要

　海外現地法人で働く日本人マネジャーの中には、日本勤務時代に部下を1人も持ったことのない人が多くいます。そのような人にとって、何の拠り所もなく部下を査定するのがいかに難しいかは想像に難くありません。日本本社での管理職経験があっても、異なる文化の下で育った現地職員を上手に査定するのは並大抵のことではありません。

　ナショナルスタッフに限らず、人は上位者からどのように見られているかを非常に気にします。それが昇給や昇進（あるいはその逆）に関わることならば、なおさらです。「ここに着任する前は非管理職だったので、部下など持ったことがありません。だから査定に関しては素人です。ゴメンね」などという言い訳は通用しません。部下を1人でも持ったからには、被評価者を客観的かつ合理的に査定できなくてはなりません。そのためにも、赴任前に、しっ

かりとした評価者研修を受けておくことが重要です。

　部下を評価する際に最も注意すべきことは、何らかのロジックに基づいてそれが行われているかどうかです。社内に人事評価制度が存在すれば、それを査定の拠り所にすべきです。人事評価制度が完備されていない場合には、速やかにそれを作らねばなりません。何の拠り所もなく行われた査定では、結果が恣意的になる危険性があるだけでなく、被評価者が納得してそれを受け入れない可能性もあります。

2. 目標管理の手法を知る

　ロジカルでブレのない人事評価を行うためには、査定項目を会社の事業計画としっかりリンクさせたものにしておく必要があります。それに適するのが目標管理（MBO：Management By Objectives）の考え方です。しかし、部下に目標を立てさせねばならない目標管理法は難しく、上司自らが目標設定の要領を正しく理解していなければなりません。

　目標設定では、まず全社の目標が現地法人の目標に落とし込まれ、その目標がその現地法人各部署の目標に細分化され、そして最後にそこで働く各従業員の目標へとブレークダウンされていくのが正しいやり方といわれています。この辺りの手順を理解せずに、部下にフリーハンドで目標設定させると、事業計画と関係ないところで、個人の目標が立てられてしまいます。

　各期の事業計画をプロジェクトとみなすことで、目標は格段に立てやすくなります。プロジェクトとは、始めと終わりのある有期的業務で、その仕事を行うことによって得られるべき結果と、利用できる予算があらかじめ決まっています。目標設定を行うにあたっては、プロジェクト・マネジメント手法のひとつである「ワーク・ブレークダウン・ストラクチャの考え方」が役に立ちます。ワーク・ブレークダウン・ストラクチャ（WBS）とは、**図表75**に示したように、大きな仕事は、幾つかの中規模の仕事からでき上がっており、それら中規模の仕事は複数の小規模な仕事に細分化されるという考え方です。これは、先述した「全社の事業計画が個人の行動計画にまで細分

図表75　ワーク・ブレークダウン・ストラクチャ（WBS）の例

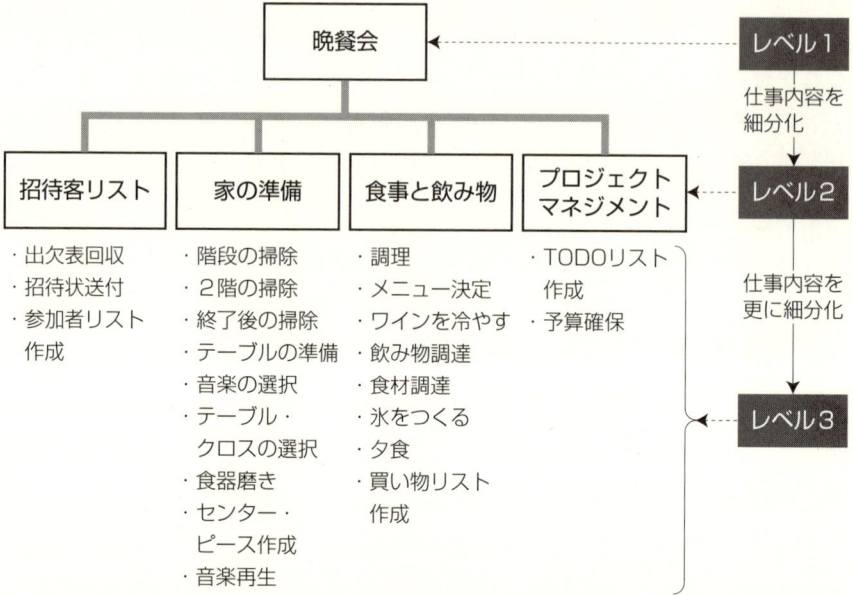

```
                            晩餐会 ←─────────── レベル1
        ┌──────────┬──────────┼──────────┬──────────┐            │ 仕事内容を
                                                                  │ 細分化
                                                                  ↓
   招待客リスト    家の準備    食事と飲み物   プロジェクト ←─── レベル2
                                           マネジメント
                                                                  │ 仕事内容を
                                                                  │ 更に細分化
                                                                  ↓
   ・出欠表回収   ・階段の掃除    ・調理         ・TODOリスト
   ・招待状送付   ・2階の掃除     ・メニュー決定    作成
   ・参加者リスト ・終了後の掃除  ・ワインを冷やす ・予算確保 ←── レベル3
     作成        ・テーブルの準備 ・飲み物調達
                ・音楽の選択     ・食材調達
                ・テーブル・      ・氷をつくる
                　クロスの選択    ・夕食
                ・食器磨き       ・買い物リスト
                ・センター・       作成
                　ピース作成
                ・音楽再生
```

（出所）Gregory T.Haugan（著）、伊藤衡（監訳）『実務で役立つWBS入門』p.96 翔泳社に、三菱UFJリサーチ＆コンサルティングが加筆

図表76　WBSの考え方を使った目標管理

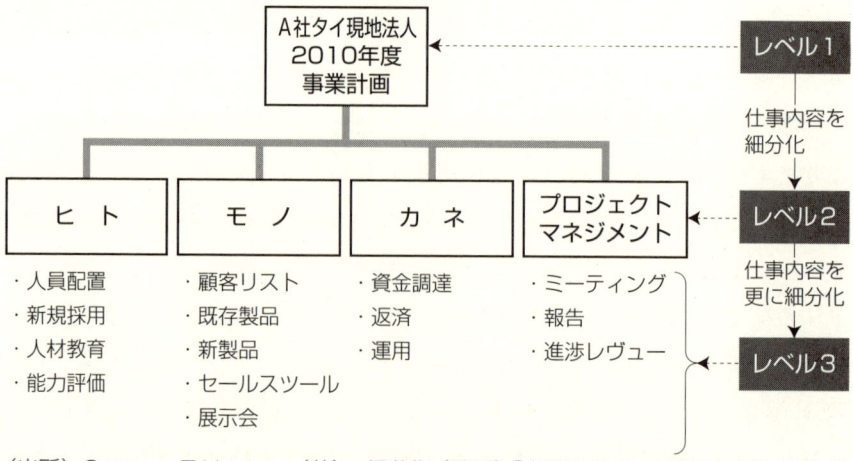

```
                    A社タイ現地法人
                    2010年度       ←───────── レベル1
                    事業計画
        ┌──────────┬──────┼──────┬──────────┐          │ 仕事内容を
                                                          │ 細分化
                                                          ↓
      ヒト        モノ       カネ    プロジェクト ←── レベル2
                                    マネジメント
                                                          │ 仕事内容を
                                                          │ 更に細分化
                                                          ↓
   ・人員配置  ・顧客リスト  ・資金調達  ・ミーティング
   ・新規採用  ・既存製品    ・返済      ・報告
   ・人材教育  ・新製品      ・運用      ・進捗レヴュー ← レベル3
   ・能力評価  ・セールスツール
              ・展示会
```

（出所）Gregory T.Haugan（著）、伊藤衡（監訳）『実務で役立つWBS入門』翔泳社をもとに三菱UFJリサーチ＆コンサルティングが作成

化されていくプロセス」に酷似しており、WBSの構造を頭に入れておけば、部下が目標設定を行う際に良いアドバスを与えることが可能になります。

3. オーナーシップを感じさせる

　目標管理において重要なのは、目標設定の段階から本人を巻き込んでしまうことです。お仕着せの目標では、従業員は「やらされている」といった意識を持ち、目標に対するコミットメントも希薄なものになってしまいます。それに伴い、そこから何かを学ぼうとする姿勢も弱いものになり、目標達成までのプロセスで得られるべき学習の機会が無駄になってしまいます。逆に、各従業員は、事業戦略にリンクした目標を自分で設定することで、会社の事業に対するオーナーシップをもっていきます。

　部下が目標を達成するまでの過程で、ボスが果たすべき役割はコーチです。そこで求められるスキルがコーチングです。コーチングとは、平たくいうと「目標を達成するために必要となる能力や行動をコミュニケーションによって引き出すビジネスマン向けの能力開発法」（大辞林第二版）です。これは、Q17で触れたE＆E型マネジメントに通じるところがあります。海外駐在員を目指す人間は、コーチングの要諦も学習しておかねばなりません。

4. 定量と定性で評価する

　設定された目標の結果は、定量と定性の両面から評価されるべきです。各従業員の生み出す成果は時として外部環境の変化に左右されることがあるので、それを十分に勘案して評価をせねばナショナルスタッフのやる気が損なわれることにもなりかねません。定量面ばかり重視して評価すると、従業員が近視眼的行動に走る危険性が高まります。他人を出し抜いてでも良い成績を取ろうとする従業員がひとりでもいると、組織の雰囲気は急にギスギスしてきます。逆に、定性面を重視しすぎると業績に対するコミットメントが希薄になることもあります。成果は、定量面を測る「結果」と定性面を測る「プロセス」の2つの指標を使って評価されるべきです。そして、両指標の比率

は、職位や職種によって差をつけるべきでしょう。たとえば、営業職は事務職に比べて定量指標のウェイトを高くしたり、職位の低いスタッフは上席者に比べて定性指標のウェイトを大きくしたりするといった具合にです。

Q19 ナショナルスタッフの査定

私はこれまで外国人の部下を持ったことがありませんが、来月から勤務するムンバイ支店では現地採用者5名の上司になる予定です。赴任地のナショナルスタッフを査定する際に気を付けることはありますか。

A 部下の国籍や文化的バックグラウンドに関係なく、査定は公明正大であるべきです。部下に対する敬意を忘れなければ、問題点の指摘は積極的に行うべきです。有能人材は自分の現在価値を外部からのインプットを頼りにモニタリングしているからです。一方で、上司の都合で事実を改竄したり、上司の権力を振りかざしたりする行為があれば、部下の心は間違いなく離れていきます。

1. 事実の改竄はご法度

有能人材は自分の価値を高めることに強い関心を持っています。今の自分に何が足りていて、何が欠けているかを知りたがっているのです。有能人材は、意識しているか否かに関わらず、先に紹介した「価値方程式」の概念を用いて自分のバリューを測定しています。価値方程式で算出される値を高めるには、自分の現在価値を正確に把握する必要があります。その価値を正しく測定するためには、客観的なインプットが欠かせません。有能人材は、人事評価を客観的なインプットを得る機会ととらえているのです。

人事評価においては、透明性がないといけません。上司は帳尻を合わせるために作為的ストーリーをこしらえてはいけません。自分の都合の良いように嘘をつくのはもってのほかです。

捏造に関係する事例をひとつ紹介しましょう。筆者の知るある会社では、顧客満足度アンケートの結果に対する上長所感を定性評価の一部に含めていました。同社の営業部長Y氏は、他部から転籍してきたある営業マンの査定を

低くすることで、子飼いの部下たちの相対評価を上げようとしたことがありました。高く評価された子飼いの部下たちの感謝の気持ちが、自分の影響力を強めるとＹ氏は考えたのでしょう。Ｙ部長は、新任の営業マンに対して「あなたの顧客満足度評価は６点満点中の３点でした。この点数は非常に低く、わが部で３点を取ったのは、あなただけです。残念ですが、その"事実"を考慮に入れて査定せざるを得ません」と部下を酷評しました。部長から厳しくいわれた部下は意気消沈して、そのことを同僚に話したところ、「俺も３点取ったけど、部長からは何もいわれなかったぞ。それに、他にも３点を取った人間を何人か知ってるぜ」と予想だにしない事実を知らされたのでした。

嘘をつかれた部下はたまったものではありません。上司の評価が、真実に基づくものでなく、捏造されたものだということがわかれば、部下たちの不信感が一気に沸きあがるのはいうまでもありません。捏造の事実を知った部下たちは、そのことを必ず他人に話します。それ以降、上司に対して感じるバリューが下がることは間違いなく、その結果、上司の部下に対する影響力も必ず低下していきます。

2. パワハラ上司はすべてを壊す

　評価の結果は正しく本人に伝えなければなりません。ほめるべきところは惜しまずほめ、改めるべきところは改めさせるのが大切です。しかし、その伝え方には注意が必要です。タイやインドでは部下を人前で叱ってはいけないというのは有名な話です。中国人に対しても同じことを聞きます。

　面子を重んじるナショナルスタッフが、「恥をかかされた」と感じたらおしまいです。最悪の場合、匿名中傷メールが全社員に配信されることや、帰宅途中に恐ろしい目にあうことも覚悟せねばならないと聞きます。また、国によっては告訴されることもあり得ます。

　国民文化の差異に関わらず、人に対する敬意は絶対に忘れるべきではありません。部下に敬意を持って接することは、文化の違いを超えて重要なことです。上司と部下との関係は、業務を遂行していくうえでの制度上の上下関

係に過ぎないのに、上司であること自体が偉いと勘違いする人間が中にはいます。職務上のヒエラルキーを盾に、精神的な嫌がらせ、いわゆる「モビング（いじめ）あるいはパワハラ」をする人間も散見されます。モビングやパワハラをよく行うタイプの人間は、「極度に支配的で、臆病で、神経質で、権力志向が強い、といったところがある」と職場でのいじめを研究しているダベンポートらは指摘しています（ノア・ダベンポート他（著）、アカデミックNPO（監訳）『職場いびり―アメリカの現場から』p.91、緑風出版）。しかし、皮肉なもので、モビングやパワハラを行えば行うほど、部下に対する影響力は低下していくのです。そのメカニズムは部下の感じる価値の方程式を論じたQ11を参照してください。

　パワハラの噂は従業員の間で瞬く間に広がります。恐怖と懐疑心が従業員の心から心へと伝播するからでしょう。パワハラ上司が1人いるだけで、マネジメントが苦労して高めてきた評判が一瞬に失われることもあり得ます。モビングやパワハラの起源がダベンポートらがいうように深層心理にあるのであれば、モビング習慣は治りにくいという議論につながります。モビング習慣のある人間がマネジャーになると、従業員の組織に対するロイヤルティが弱まるだけでなく、社外にいる有能人材のアトラクトも困難になります。モビングやパワハラは組織にとって大きなマイナスをもたらすだけに、新しく管理職を登用するにあたっては、その人柄を十分に吟味することが重要です。

Q20 駐在員選抜

わが社では希望者を優先的に海外赴任させてきました。しかし、これからは、人材の質を見極めて派遣しようと思っています。どんな点に注目すればよいのでしょうか。ポイントを教えてください。

A 質の高い日本人駐在員の存在が、その現地法人経営の成否の鍵を握るといっても過言ではありません。駐在員候補を選抜するにあたっては、①過去に経験したプロジェクト履歴、②外国語能力、③異文化体験と理解力、④異文化適応力、など注目すべき点がいくつかあります。良い駐在員を育成するには、選別、教育、評価、異動がシステマティックに統合された仕掛けを社内につくることも必要です。

1. 過去の異文化経験を尺度に使う

「GIGO（ガイゴ）の法則」という言葉があります。Garbage In Garbage Outの略であるGIGOは、コンピュータサイエンスでよく使われる言い回しで、「ナンセンスなデータ（Garbage＝ゴミ）からはナンセンスな結果（Garbage＝ゴミ）しか出てこない」という意味です。この言葉の辛辣さには、たじろいでしまいますが、「良いものを作りたければ、良い材料を使え」ということで、至極当たり前のことです。

このGIGOの法則は海外現地法人経営の場合にも当てはまります。質の高い日本人駐在員の存否が、その現地法人経営の成否の鍵を握るということです。

良い駐在員を育成するためには、選別、教育、評価、異動をシステマティックに統合させた仕掛けが不可欠です。日本にいる間に「経営模擬体験としてのプロジェクト」を数多く経験させ、そしてそこから多くの教訓を学び取る資質のある人材を選別し、それらの人材をプールし、適正なポジショ

ンに配置するシステムが社内に存在することがきわめて重要なのです。

　有能駐在員を選別する際に注目すべき点はいくつかありますが、それらを紹介することで、本編を終えたいと思います。

　まず、駐在員候補者がこれまでに関与してきたプロジェクトの履歴を調べ、彼（あるいは彼女）がそこから何を得てきたかを問うことが大切です。

　次に、部下の感じる価値の方程式などを用いて、当該人材のハード・パワー、ソフト・パワーそしてスマート・パワーの度合いを定性的に把握する必要もあります。その理由は、本章のQ13、Q14で詳しく述べてきたとおりです。

　外国語能力が海外駐在するに耐え得るかを測ることも忘れてはいけません。ナショナルスタッフとのコミュニケーションには語学（最低でも英語）力が欠かせません。ナショナルスタッフと意思疎通が図れなければ、彼ら（彼女ら）が感じる「価値」を知ることはできません。彼ら（彼女ら）が重視するものが何かわからなければ、先述した価値方程式の考え方から、その日本人駐在員のナショナルスタッフに対する影響力は弱いものになってしまいます。

　海外にほとんど行ったことのない人間を、「すぐに慣れるから大丈夫だよ」と送り出すのも無責任すぎます。異文化素人をボスに持ったナショナルスタッフこそ、いい迷惑です。異文化理解は一朝一夕にできるものではありません。人は経験したことのないことを想像するのは苦手で、未知のことに突然出くわしてもうまく対処できないのです。外国語が満足にできず、異文化経験もない人間を、海外ビジネスのマネジャーに登用してはいけません。

2. 年齢に関係する異文化順応性

　異文化は、できるだけ若いうちに体験しておくべきです。考え方の「前提」や「前提の前提」が自分の中で固まってしまって、それが意識できないほど自然になってからでは遅いのです。年齢と異文化受容との間には、figure 77に示すように、ある種の相関関係があります。

図表77　異文化順応と年齢との関係

アメリカで生活した日本人家族を約6年間に渡って追跡調査したもの。その結果、子供の友人との対人関係に関して、以下のような現象が見出せた。

9歳以後11歳未満で文化的境界を越えた日本の子は、日米間の行動の型の違いを認めることはできても、その背後にある意味空間の違いにまでは気づかない。1つの文化の意味空間によって行動と感情が左右されだす以前なので、ある文化型特有の行動形態から他の文化型の行動形態への置き換えは、比較的スムーズに行われる。	11歳から14歳の間に異文化社会に移行した場合は、新しい環境の文化文法に不協和を感じる。自文化の中で獲得した対人関係の文法は、異文化の文法を取り入れたからといって容易に消し得ない。	14歳から15歳以降に異文化圏に入った場合は、それまで暮らした母文化の影響を濃厚に受けており、異文化圏に移行しても、その文化文法にすぐに染まることはない。しかし、必要にせまられて、新しい文化的環境にみあうように、外見上は、行動形態が変わってくる。

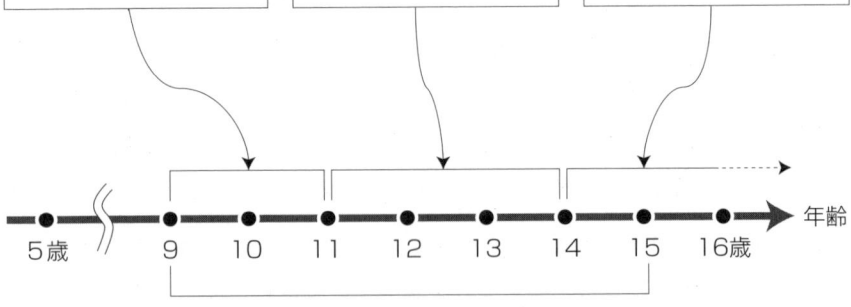

　5歳　9　10　11　12　13　14　15　16歳　→ 年齢

異文化の言葉を習得するのに、3年から4年かかること、言葉と文化が密接な関係にあることなどの理由により、対人関係領域の文化文法に包絡しきるには、同一文化環境に約6年間居住しつづける必要がある。対人領域の意味空間が体得される最も重要な時期は、9歳から15歳までの6年間と思われる。

（出所）箕浦康子『子供の異文化体験』（増補改訂版）新思索社をもとに、三菱UFJリサーチ＆コンサルティングが作成

海外派遣候補には異文化経験者か異文化適応能力の高い人材を当てるべきです。異文化地域に着任したら、しばらく生産性は落ちますが、これは仕方のないことです（図表78）。重要なのは、この低迷期間をいかに短く終わらせるかです。短くするためには、事前の準備が必要で、外国語訓練や異文化に対する模擬訓練を日頃から怠りなく行っておくべきでしょう。部下であるナショナルスタッフは、上司である日本人駐在員の一挙手一投足を観察しています。ボスがいつまで経ってもカルチャーショックから抜け切れず、まともなマネジメントができないのであれば、そのボスが尊敬されることはありません。さらに、その派遣者がナショナルスタッフの期待する「価値」を持ち合わせていない場合、面従腹背の憂き目に合うことは間違いないでしょう。

　「君は入社して５年経つからそろそろ海外勤務経験が必要だと思う。４月

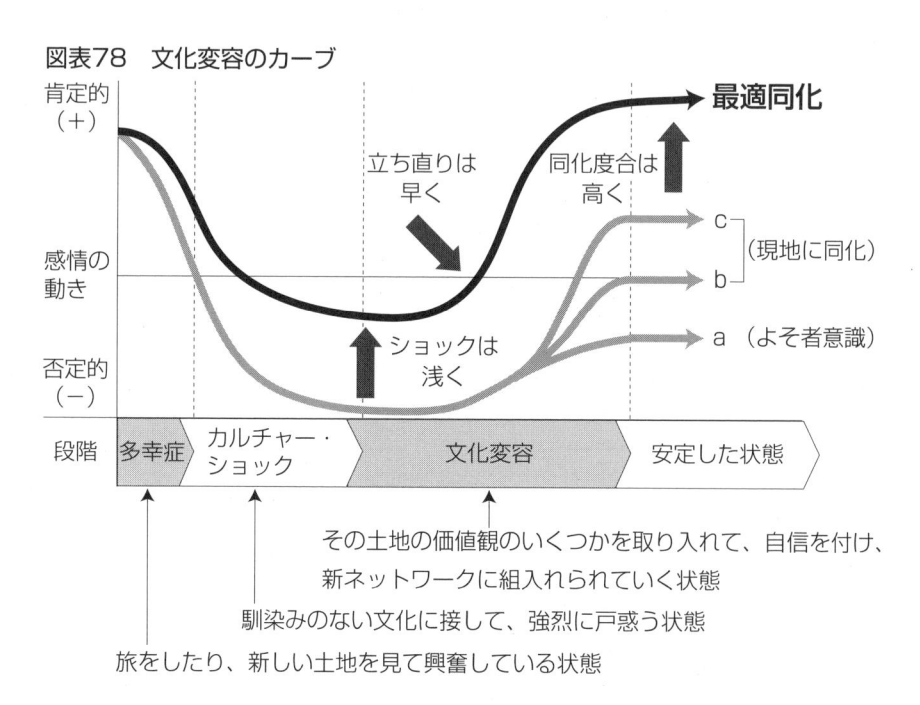

図表78　文化変容のカーブ

縦軸：感情の動き（肯定的（＋）／否定的（－））
段階：多幸症 → カルチャー・ショック → 文化変容 → 安定した状態

- 最適同化：立ち直りは早く、同化度合は高く
- c（現地に同化）
- b
- a（よそ者意識）
- ショックは浅く

- 多幸症：旅をしたり、新しい土地を見て興奮している状態
- カルチャー・ショック：馴染みのない文化に接して、強烈に戸惑う状態
- 文化変容：その土地の価値観のいくつかを取り入れて、自信を付け、新ネットワークに組入れられていく状態

（出所）G・ホフステード（著）、岩井紀子・岩井八郎（訳）『多文化世界』有斐閣をもとに、三菱UFJリサーチ＆コンサルティングが作成

から中国現地法人の総経理補として上海に赴任してもらうよ」、というのはおかしな異動内示です。この上司は、勤続年数というモノサシでしか見ていないし、その駐在員候補者に託すべきミッションも示していません。また、上海という生き馬の目を抜く都市でのマネジメントに彼（あるいは彼女）が向いているかの視点もありません。

「君は入社してから５年経った。その間に、後輩の面倒をよく見てくれ、10名程度の小グループをまとめ上げるコンピテンシーを身に付けたと評価している。そこで、その能力に更なる磨きをかけるためにも、海外現地法人の中間管理職として３年間頑張ってほしい。君に期待することは、中国という異文化環境下でもリーダーシップを発揮して、現地人従業員のわが社に対するロイヤルティを向上させることだ。３年後に帰任する際には、有能な中国人スタッフをアトラクト＆リテインするための『自社版プロトコール』を完成させてほしい」──赴任辞令は、こうあるべきだと思います。

● **参考資料** ●

在中国・タイ・ベトナム・インドにおける
日本企業に勤務する現地社員
（大学卒ホワイトカラー）
に対するアンケート調査結果

【アンケートに関して】
　本アンケート調査は、早稲田大学政治経済学術院の白木三秀教授（経済学博士）のご指導とご協力を受けて実施されました。アンケートの内容は「日本在外企業協会『海外派遣者ハンドブック：中国（WTO加盟後の労働事情）編』2003年」を土台にしていますが、同教授のご助言や筆者らの考えを新しい質問項目として付加していますので、改めてアンケートとの目的と手法をここで簡単に説明しておきます。

1. 目的
　アジア4か国（中国、ベトナム、タイ、インド）で働くホワイトカラーのナショナルスタッフに対して有効なアトラクション（引き付け）とリテンション（引き留め）手法を検討する際に役立つ情報を収集することです。

2. 手法
　アジア4か国（中国、ベトナム、タイ、インド）に進出している日系企業に勤務する大卒ホワイトカラーのナショナルスタッフ（年齢は20～30歳代の男女で各国100名程度）に対面インタビュー形式で実施しました。
　また、質問者と回答者への便宜をはかって、日本語で書かれた原文を①中国語、②ベトナム語、③タイ語、④英語に翻訳した後、本アンケートは行われています。

3. 実施時期
　2007年11月から同年12月。

4. アンケートの集計結果
　237頁から270頁に、集計結果は質問内容に対応させる形で掲載されています。

問1　調査エリア（あなたの所属地域）（1つに○）。

1	中国
2	タイ
3	ベトナム
4	インド

【集計結果】

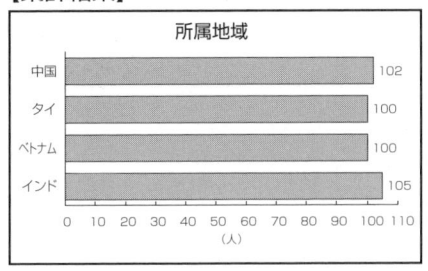

所属地域
- 中国　102
- タイ　100
- ベトナム　100
- インド　105
（人）

問2　あなたの最終学歴（大学院、院）での専攻は次のうちのどれですか（1つに○）。

1	経済学
2	経営学
3	その他社会科学
4	人文学系
5	理工学系
6	その他

【集計結果】

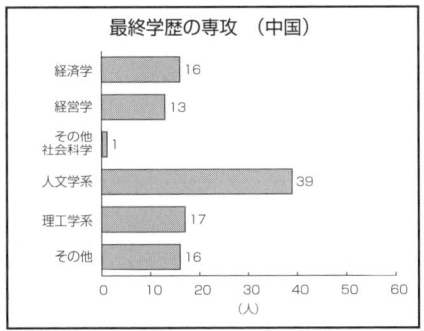

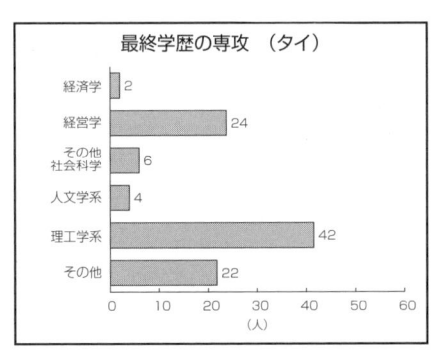

最終学歴の専攻（中国）
- 経済学　16
- 経営学　13
- その他社会科学　1
- 人文学系　39
- 理工学系　17
- その他　16

最終学歴の専攻（タイ）
- 経済学　2
- 経営学　24
- その他社会科学　6
- 人文学系　4
- 理工学系　42
- その他　22

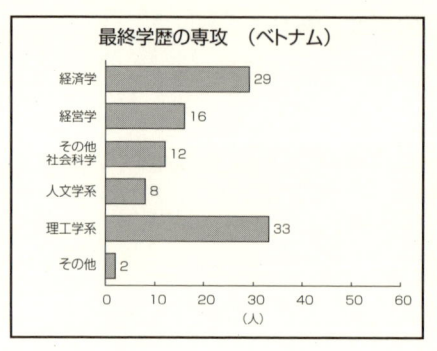

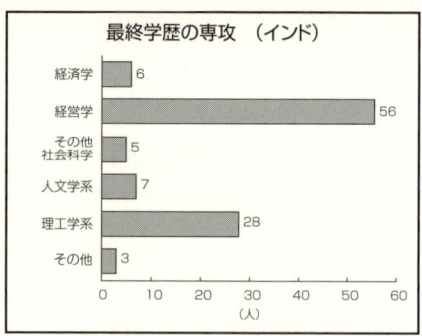

最終学歴の専攻（ベトナム）

専攻	人数
経済学	29
経営学	16
その他社会科学	12
人文学系	8
理工学系	33
その他	2

最終学歴の専攻（インド）

専攻	人数
経済学	6
経営学	56
その他社会科学	5
人文学系	7
理工学系	28
その他	3

問3　あなたの年齢は次のうちのどれですか（1つに○）。

1	24歳以下
2	25〜29歳
3	30〜35歳

【集計結果】

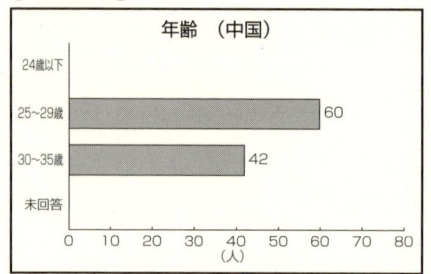

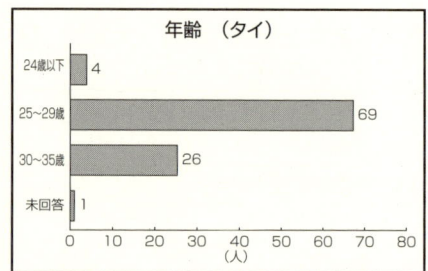

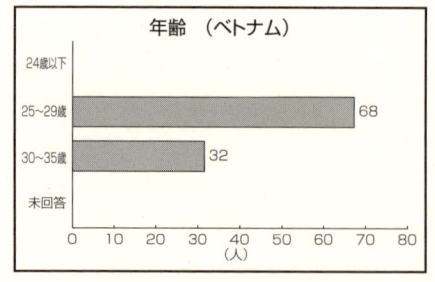

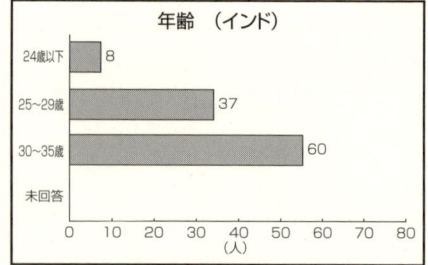

年齢（中国）

	人数
24歳以下	
25〜29歳	60
30〜35歳	42
未回答	

年齢（タイ）

	人数
24歳以下	4
25〜29歳	69
30〜35歳	26
未回答	1

年齢（ベトナム）

	人数
24歳以下	
25〜29歳	68
30〜35歳	32
未回答	

年齢（インド）

	人数
24歳以下	8
25〜29歳	37
30〜35歳	60
未回答	

問4　あなたの性別は次のどれですか（1つに○）。

| 1 | 男 |
| 2 | 女 |

【集計結果】

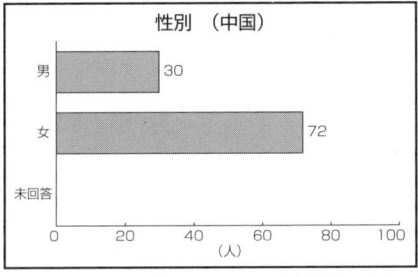

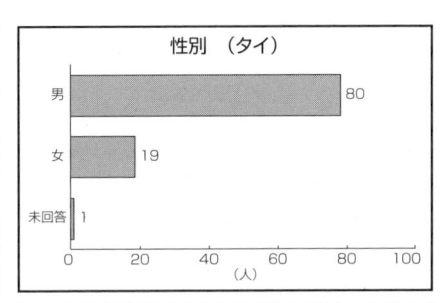

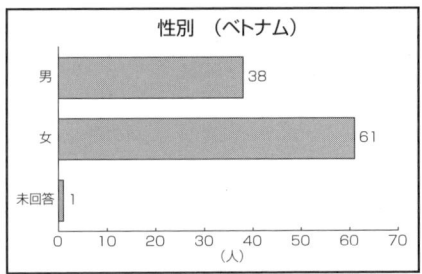

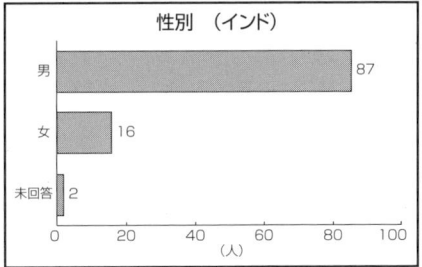

性別（中国）
- 男　30
- 女　72
- 未回答　0

性別（タイ）
- 男　80
- 女　19
- 未回答　1

性別（ベトナム）
- 男　38
- 女　61
- 未回答　1

性別（インド）
- 男　87
- 女　16
- 未回答　2

問5　あなたのこれまでの転職回数は何回ですか。
　　　また、転職経験がある場合、これまで勤務された企業の種類に全て○をつけてください。（過去に同じ種類の企業に複数回勤務された場合は、勤務された回数を記入してください。例：日系企業に勤務した経験が2回ある場合：「2」と記入）

1	国有センター（政府機関、企業、研究機関など）
2	国内民間セクター（企業、研究機関など）
3	欧米系企業
4	日系企業
5	香港台湾韓国などその他の外資企業
6	自分で創業（家業を継ぐを含む）
7	その他（　　　　　　　　　　　　　　　　　　）

【集計結果】

転職回数（中国）

回数	人数
不明	1
10	
7	
6	
5	2
4	6
3	9
2	27
1	25
0	32

勤務した企業の種類（中国）

種類	人数
国有セクター	16
国内民間セクター	19
欧米系企業	4
日系企業	69
香港台湾韓国などその他の外資企業	17
自分で創業（家業を継ぐを含む）	1
その他	

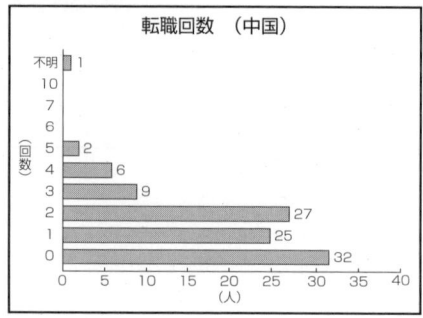

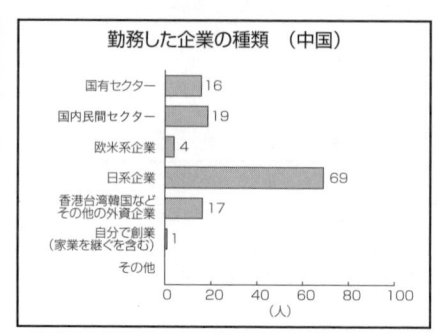

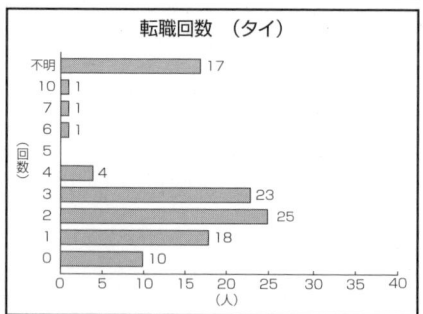

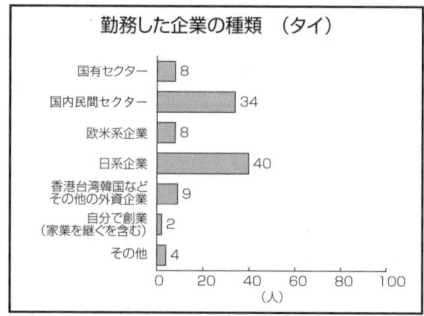

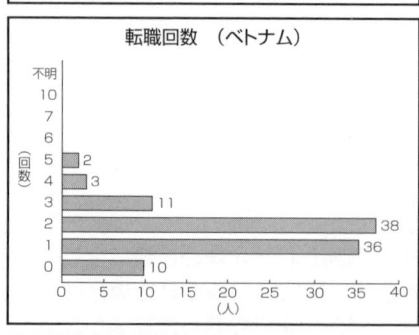

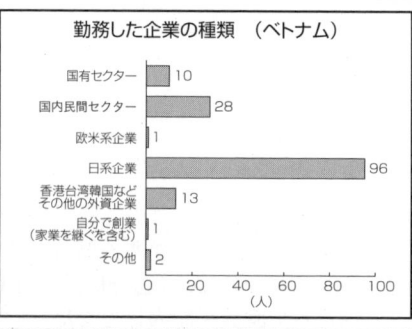

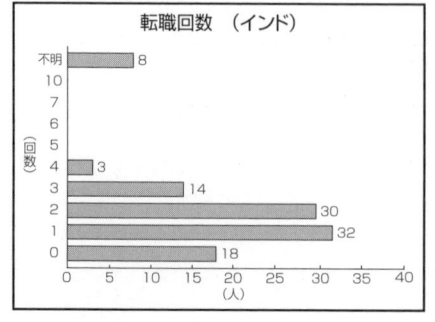

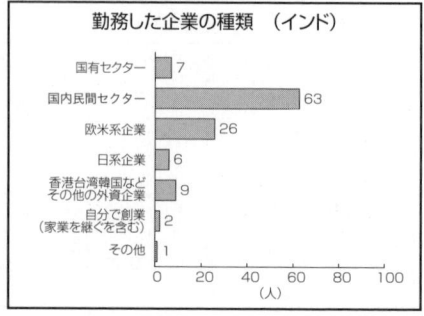

転職回数（タイ）

回数	人数
不明	17
10	1
7	1
6	1
5	
4	4
3	23
2	25
1	18
0	10

勤務した企業の種類（タイ）

種類	人数
国有セクター	8
国内民間セクター	34
欧米系企業	8
日系企業	40
香港台湾韓国などその他の外資企業	9
自分で創業（家業を継ぐを含む）	2
その他	4

転職回数（ベトナム）

回数	人数
不明	
10	
7	
6	
5	2
4	3
3	11
2	38
1	36
0	10

勤務した企業の種類（ベトナム）

種類	人数
国有セクター	10
国内民間セクター	28
欧米系企業	1
日系企業	96
香港台湾韓国などその他の外資企業	13
自分で創業（家業を継ぐを含む）	1
その他	2

転職回数（インド）

回数	人数
不明	8
10	
7	
5	
4	3
3	14
2	30
1	32
0	18

勤務した企業の種類（インド）

種類	人数
国有セクター	7
国内民間セクター	63
欧米系企業	26
日系企業	6
香港台湾韓国などその他の外資企業	9
自分で創業（家業を継ぐを含む）	2
その他	1

問6　あなたは現在、転職を考えていますか（1つに○）。

1	考えている	→	問7へ
2	考えていない	→	問8へ
3	わからないもしくは拒否	→	問8へ

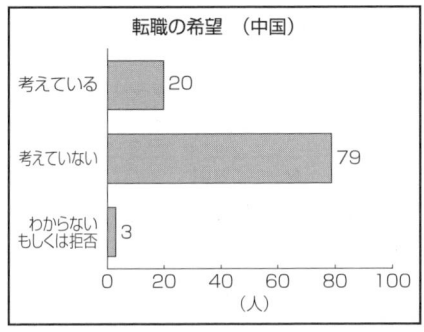

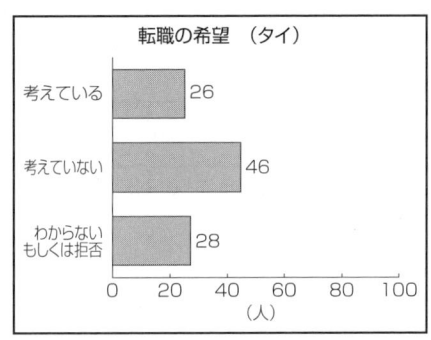

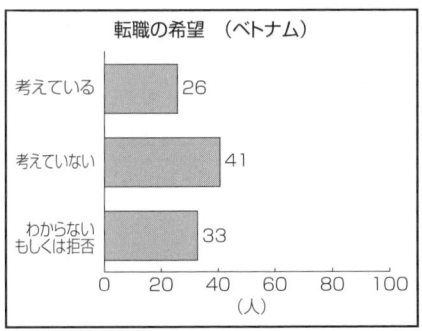

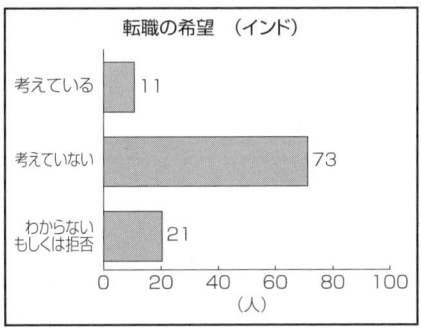

【集計結果】

転職の希望　（中国）
- 考えている　20
- 考えていない　79
- わからないもしくは拒否　3

（人）

転職の希望　（タイ）
- 考えている　26
- 考えていない　46
- わからないもしくは拒否　28

（人）

転職の希望　（ベトナム）
- 考えている　26
- 考えていない　41
- わからないもしくは拒否　33

（人）

転職の希望　（インド）
- 考えている　11
- 考えていない　73
- わからないもしくは拒否　21

（人）

問7　これから転職したいところはどんなところですか（1つに○）。

1	国有センター（政府機関、企業、研究機関など）
2	国内民間セクター（企業、研究機関など）
3	欧米系企業
4	日系企業
5	香港台湾韓国などその他の外資企業
6	自分で創業（家業を継ぐを含む）
7	その他（　　　　　　　　　　　　　　　　）

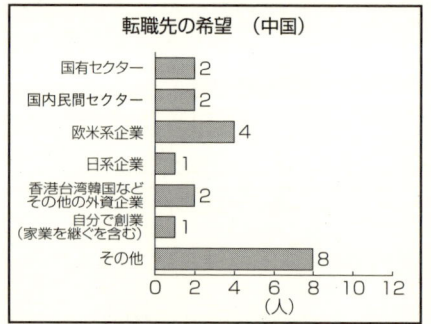

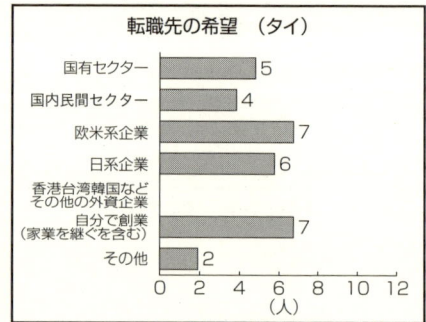

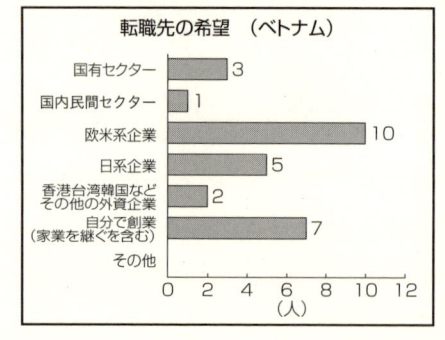

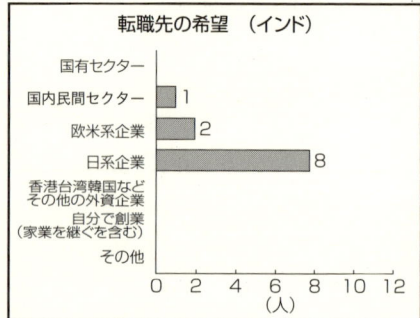

【集計結果】

転職先の希望　（中国）
- 国有セクター：2
- 国内民間セクター：2
- 欧米系企業：4
- 日系企業：1
- 香港台湾韓国などその他の外資企業：2
- 自分で創業（家業を継ぐを含む）：1
- その他：8

転職先の希望　（タイ）
- 国有セクター：5
- 国内民間セクター：4
- 欧米系企業：7
- 日系企業：6
- 香港台湾韓国などその他の外資企業：0
- 自分で創業（家業を継ぐを含む）：7
- その他：2

転職先の希望　（ベトナム）
- 国有セクター：3
- 国内民間セクター：1
- 欧米系企業：10
- 日系企業：5
- 香港台湾韓国などその他の外資企業：2
- 自分で創業（家業を継ぐを含む）：7
- その他：0

転職先の希望　（インド）
- 国有セクター：0
- 国内民間セクター：1
- 欧米系企業：2
- 日系企業：8
- 香港台湾韓国などその他の外資企業：0
- 自分で創業（家業を継ぐを含む）：0
- その他：0

問8　あなたは、自分の将来についてどのように考えていますか（1つに○）。

1	自分の仕事に関して、自他共に認める実力人間になりたい
2	多くの人から親しまれ、尊敬される人間になりたい
3	主義や信念など心のよりどころをしっかりもった人間になりたい
4	出世して、お金持ちになりたい
5	安定した家庭を築きたい
6	物事にとらわれず、好きなことをやって暮らしたい
7	その他（　　　　　　　　　　　　　　　　　　　　　　　）

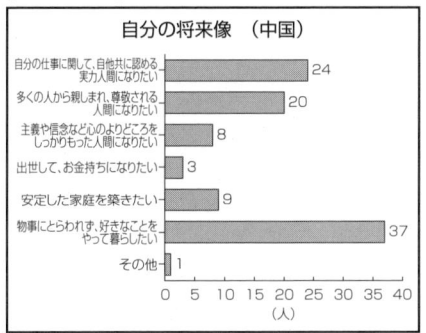

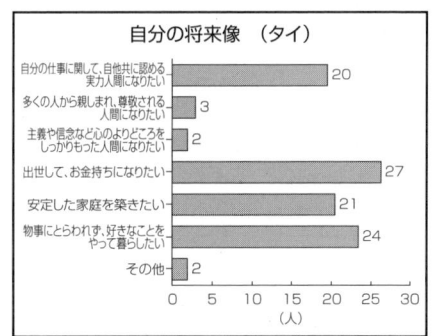

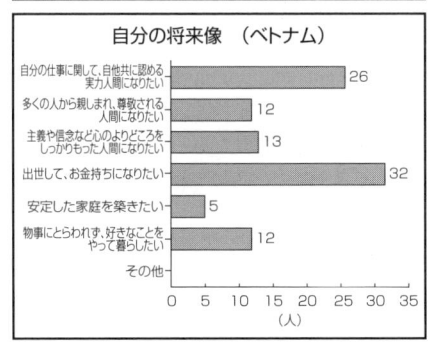

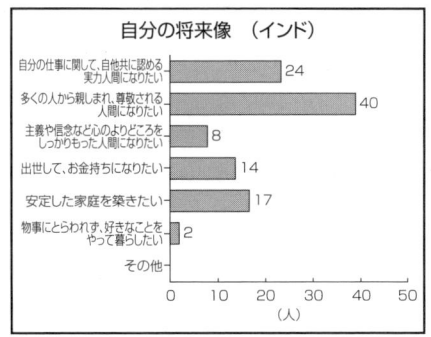

【集計結果】

自分の将来像（中国）

項目	人数
自分の仕事に関して、自他共に認める実力人間になりたい	24
多くの人から親しまれ、尊敬される人間になりたい	20
主義や信念など心のよりどころをしっかりもった人間になりたい	8
出世して、お金持ちになりたい	3
安定した家庭を築きたい	9
物事にとらわれず、好きなことをやって暮らしたい	37
その他	1

自分の将来像（タイ）

項目	人数
自分の仕事に関して、自他共に認める実力人間になりたい	20
多くの人から親しまれ、尊敬される人間になりたい	3
主義や信念など心のよりどころをしっかりもった人間になりたい	2
出世して、お金持ちになりたい	27
安定した家庭を築きたい	21
物事にとらわれず、好きなことをやって暮らしたい	24
その他	2

自分の将来像（ベトナム）

項目	人数
自分の仕事に関して、自他共に認める実力人間になりたい	26
多くの人から親しまれ、尊敬される人間になりたい	12
主義や信念など心のよりどころをしっかりもった人間になりたい	13
出世して、お金持ちになりたい	32
安定した家庭を築きたい	5
物事にとらわれず、好きなことをやって暮らしたい	12
その他	

自分の将来像（インド）

項目	人数
自分の仕事に関して、自他共に認める実力人間になりたい	24
多くの人から親しまれ、尊敬される人間になりたい	40
主義や信念など心のよりどころをしっかりもった人間になりたい	8
出世して、お金持ちになりたい	14
安定した家庭を築きたい	17
物事にとらわれず、好きなことをやって暮らしたい	2
その他	

問9　あなたは以下のような項目に対してどの程度自信をもっていますか（1行ごとに1つに○）。

	かなり自信がある	やや自信がある	どちらともいえない	あまり自信がない	ほとんど自信がない
A　人と上手にコミュニケーションをとる	1	2	3	4	5
B　上の人や同僚からの信頼を獲得する	1	2	3	4	5
C　幅広い人脈を築く	1	2	3	4	5
D　チームや組織をとりまとめ、リーダシップをとる	1	2	3	4	5
E　関連情報を集め、問題の解決策を考える	1	2	3	4	5
F　時間を効率的・計画的に使って、仕事を期限までに仕上げる	1	2	3	4	5
G　遅刻や欠勤をしないで、まじめに勤める	1	2	3	4	5
H　幅広い関心を持ち、知識の取得に励む	1	2	3	4	5
I　未来の目標に向けて、能力開発を怠らない	1	2	3	4	5
J　変化する状況に対応して、臨機応変に行動する	1	2	3	4	5

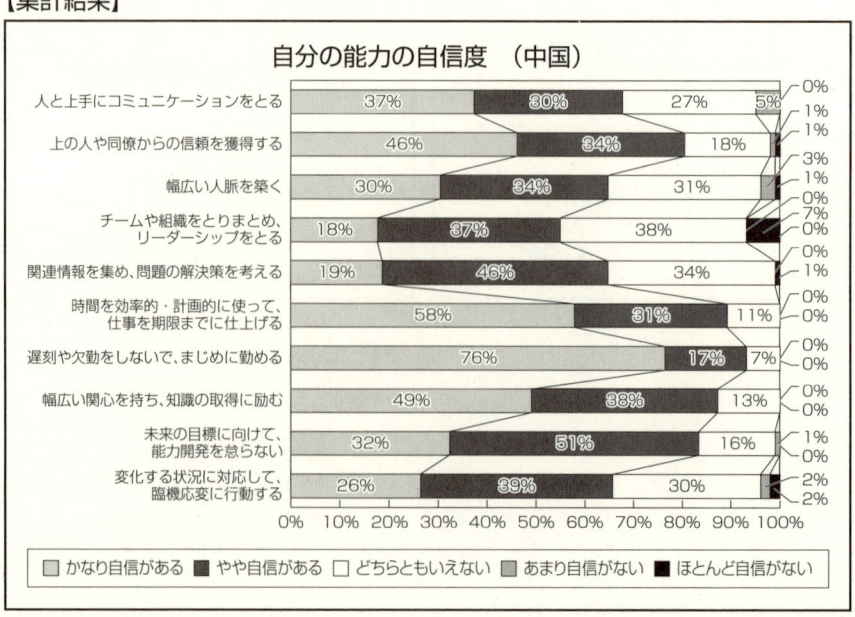

【集計結果】

自分の能力の自信度　（中国）

項目	かなり自信がある	やや自信がある	どちらともいえない	あまり自信がない	ほとんど自信がない
人と上手にコミュニケーションをとる	37%	30%	27%	5%	0%
上の人や同僚からの信頼を獲得する	46%	34%	18%	1%	1%
幅広い人脈を築く	30%	34%	31%	3%	1%
チームや組織をとりまとめ、リーダーシップをとる	18%	37%	38%	7%	0%
関連情報を集め、問題の解決策を考える	19%	46%	34%	0%	1%
時間を効率的・計画的に使って、仕事を期限までに仕上げる	58%	31%	11%	0%	0%
遅刻や欠勤をしないで、まじめに勤める	76%	17%	7%	0%	0%
幅広い関心を持ち、知識の取得に励む	49%	38%	13%	0%	0%
未来の目標に向けて、能力開発を怠らない	32%	51%	16%	1%	0%
変化する状況に対応して、臨機応変に行動する	26%	39%	30%	2%	2%

自分の能力の自信度 （タイ）

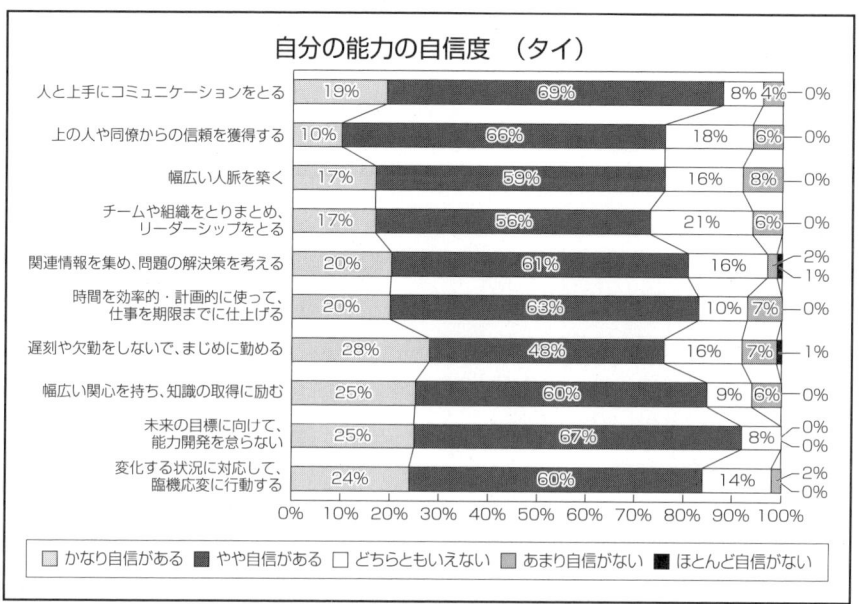

項目	かなり自信がある	やや自信がある	どちらともいえない	あまり自信がない	ほとんど自信がない
人と上手にコミュニケーションをとる	19%	69%	8%	4%	0%
上の人や同僚からの信頼を獲得する	10%	66%	18%	6%	0%
幅広い人脈を築く	17%	59%	16%	8%	0%
チームや組織をとりまとめ、リーダーシップをとる	17%	56%	21%	6%	0%
関連情報を集め、問題の解決策を考える	20%	61%	16%	2%	1%
時間を効率的・計画的に使って、仕事を期限までに仕上げる	20%	63%	10%	7%	0%
遅刻や欠勤をしないで、まじめに勤める	28%	48%	16%	7%	1%
幅広い関心を持ち、知識の取得に励む	25%	60%	9%	6%	0%
未来の目標に向けて、能力開発を怠らない	25%	67%	8%	0%	0%
変化する状況に対応して、臨機応変に行動する	24%	60%	14%	2%	0%

自分の能力の自信度 （ベトナム）

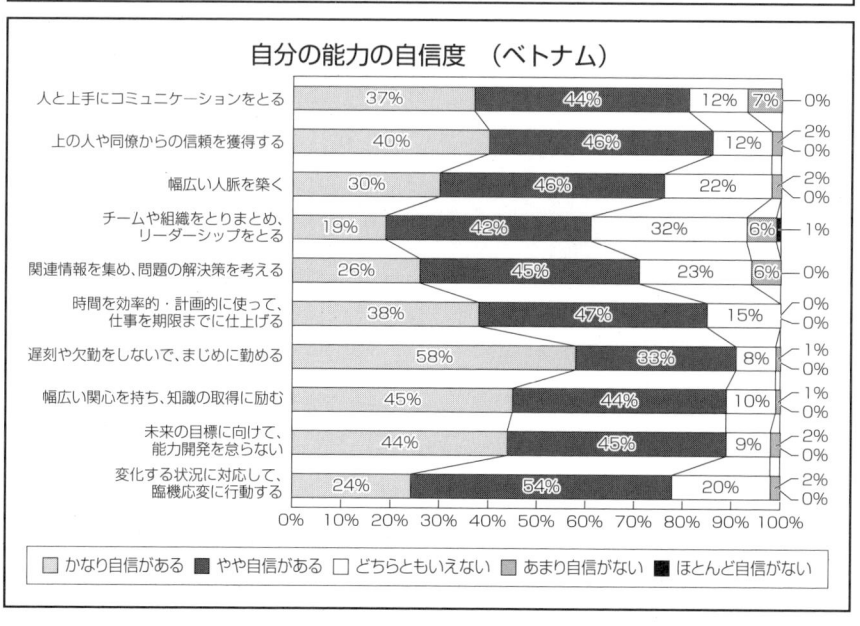

項目	かなり自信がある	やや自信がある	どちらともいえない	あまり自信がない	ほとんど自信がない
人と上手にコミュニケーションをとる	37%	44%	12%	7%	0%
上の人や同僚からの信頼を獲得する	40%	46%	12%	2%	0%
幅広い人脈を築く	30%	46%	22%	2%	0%
チームや組織をとりまとめ、リーダーシップをとる	19%	42%	32%	6%	1%
関連情報を集め、問題の解決策を考える	26%	45%	23%	6%	0%
時間を効率的・計画的に使って、仕事を期限までに仕上げる	38%	47%	15%	0%	0%
遅刻や欠勤をしないで、まじめに勤める	58%	33%	8%	1%	0%
幅広い関心を持ち、知識の取得に励む	45%	44%	10%	1%	0%
未来の目標に向けて、能力開発を怠らない	44%	45%	9%	2%	0%
変化する状況に対応して、臨機応変に行動する	24%	54%	20%	2%	0%

自分の能力の自信度（インド）

項目	かなり自信がある	やや自信がある	どちらともいえない	あまり自信がない	ほとんど自信がない
人と上手にコミュニケーションをとる	50%	43%	7%	0%	1%
上の人や同僚からの信頼を獲得する	51%	36%	10%	1%	1%
幅広い人脈を築く	45%	36%	18%	1%	0%
チームや組織をとりまとめ、リーダーシップをとる	42%	42%	11%	4%	1%
関連情報を集め、問題の解決策を考える	37%	45%	14%	4%	0%
時間を効率的・計画的に使って、仕事を期限までに仕上げる	42%	46%	10%	2%	0%
遅刻や欠勤をしないで、まじめに勤める	44%	47%	8%	1%	1%
幅広い関心を持ち、知識の取得に励む	52%	41%	5%	2%	0%
未来の目標に向けて、能力開発を怠らない	50%	31%	16%	2%	0%
変化する状況に対応して、臨機応変に行動する	54%	29%	9%	7%	2%

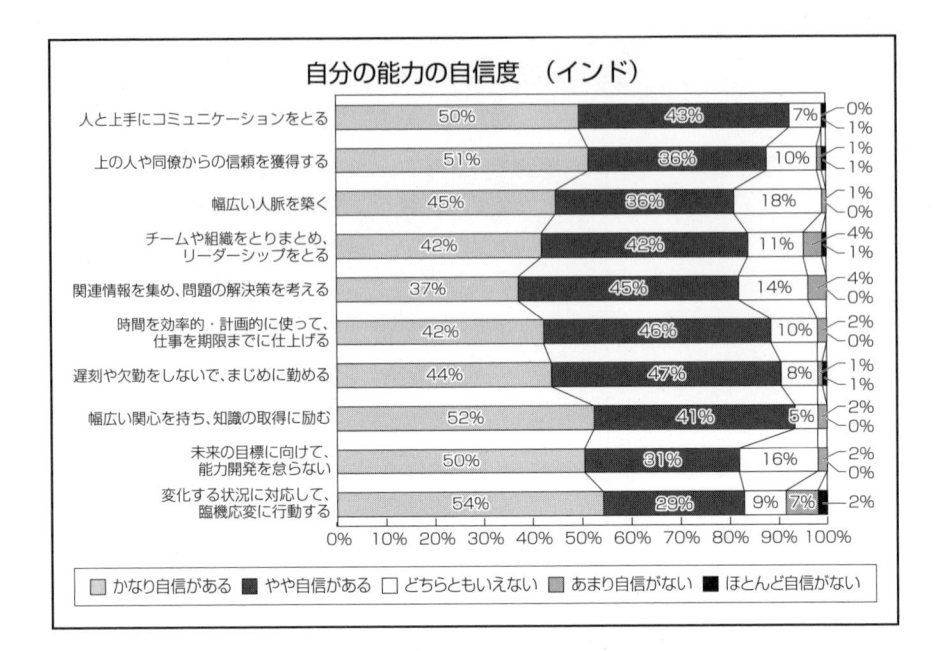

問10　人が職業を通じて歩むコースとして、次のうち、望ましいと思うコースを１つだけ選び、○印をつけてください。

1	一つの会社に長く勤め、だんだんと管理的な地位になっていくコース
2	一つの会社に長く勤め、ある仕事の専門家になるコース
3	若い頃は雇われて働き、後に独立して仕事をする。あるいは家業・事業を引き継ぐコース
4	幾つかの企業を経験して、ある仕事の専門家になるコース
5	幾つかの企業を経験して、だんだんと管理的な地位になっていくコース
6	若い頃から独立して仕事をする、あるいは家業・事業を引き継ぐコース
7	その他
8	考えたことがない、わからない

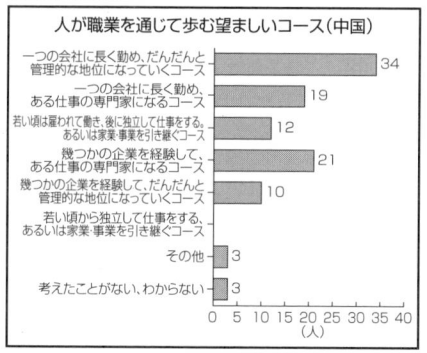

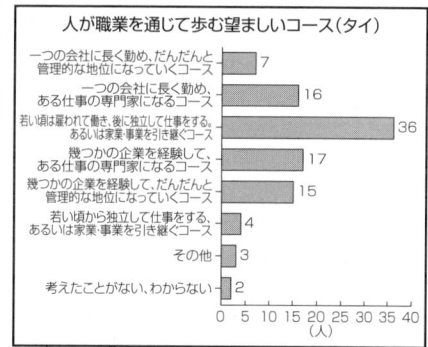

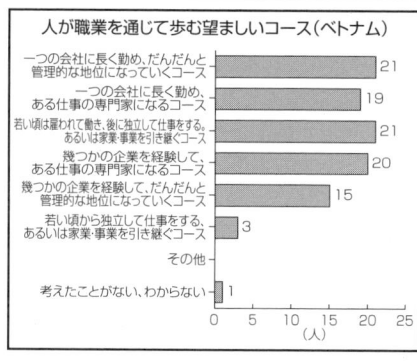

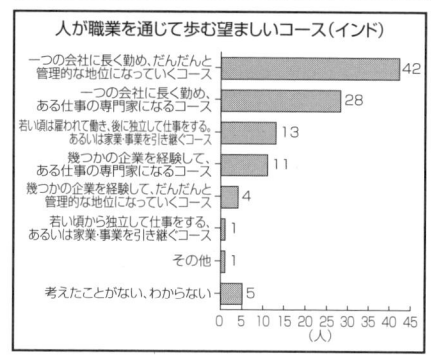

【集計結果】

人が職業を通じて歩む望ましいコース（中国）

選択肢	人数
一つの会社に長く勤め、だんだんと管理的な地位になっていくコース	34
一つの会社に長く勤め、ある仕事の専門家になるコース	19
若い頃は雇われて働き、後に独立して仕事をする。あるいは家業・事業を引き継ぐコース	12
幾つかの企業を経験して、ある仕事の専門家になるコース	21
幾つかの企業を経験して、だんだんと管理的な地位になっていくコース	10
若い頃から独立して仕事をする、あるいは家業・事業を引き継ぐコース	—
その他	3
考えたことがない、わからない	3

人が職業を通じて歩む望ましいコース（タイ）

選択肢	人数
一つの会社に長く勤め、だんだんと管理的な地位になっていくコース	7
一つの会社に長く勤め、ある仕事の専門家になるコース	16
若い頃は雇われて働き、後に独立して仕事をする。あるいは家業・事業を引き継ぐコース	36
幾つかの企業を経験して、ある仕事の専門家になるコース	17
幾つかの企業を経験して、だんだんと管理的な地位になっていくコース	15
若い頃から独立して仕事をする、あるいは家業・事業を引き継ぐコース	4
その他	3
考えたことがない、わからない	2

人が職業を通じて歩む望ましいコース（ベトナム）

選択肢	人数
一つの会社に長く勤め、だんだんと管理的な地位になっていくコース	21
一つの会社に長く勤め、ある仕事の専門家になるコース	19
若い頃は雇われて働き、後に独立して仕事をする。あるいは家業・事業を引き継ぐコース	21
幾つかの企業を経験して、ある仕事の専門家になるコース	20
幾つかの企業を経験して、だんだんと管理的な地位になっていくコース	15
若い頃から独立して仕事をする、あるいは家業・事業を引き継ぐコース	3
その他	—
考えたことがない、わからない	1

人が職業を通じて歩む望ましいコース（インド）

選択肢	人数
一つの会社に長く勤め、だんだんと管理的な地位になっていくコース	42
一つの会社に長く勤め、ある仕事の専門家になるコース	28
若い頃は雇われて働き、後に独立して仕事をする。あるいは家業・事業を引き継ぐコース	13
幾つかの企業を経験して、ある仕事の専門家になるコース	11
幾つかの企業を経験して、だんだんと管理的な地位になっていくコース	4
若い頃から独立して仕事をする、あるいは家業・事業を引き継ぐコース	1
その他	1
考えたことがない、わからない	5

問11　あなたは、職業を選び、或いは転職を考える際に、次の項目をどの程度重視しますか（1行ごとに1つに○）。

		大変重視	少し重視	どちらともいえない	あまり重視しない	全く重視しない
A	自分の能力、持ち味を生かすことができる	1	2	3	4	5
B	自分の先行きについて展望を描くことができる	1	2	3	4	5
C	新技術・知識の習得チャンスがあり、成長していける	1	2	3	4	5
D	高い収入が得られる	1	2	3	4	5
E	責任、権限と業績評価が明確である	1	2	3	4	5
F	雇用が安定、失業の恐れがない	1	2	3	4	5
G	福祉の充実	1	2	3	4	5
H	仕事の面白さ、チャレンジングである	1	2	3	4	5
I	社会に役立っているという実感	1	2	3	4	5
J	拘束時間が少ない、休日が多い	1	2	3	4	5
K	社会的評判がよい	1	2	3	4	5

【集計結果】

職業を選ぶ際の重視項目 （中国）

項目	大変重視	少し重視	どちらともいえない	あまり重視しない	全く重視しない
自分の能力、持ち味を生かすことができる	68%	22%	10%	1%	0%
自分の先行きについて展望を描くことができる	55%	24%	20%	2%	0%
新技術・知識の習得チャンスがあり、成長していける	37%	43%	19%	1%	0%
高い収入が得られる	64%	20%	16%	1%	0%
責任、権限と業績評価が明確である	16%	43%	38%	3%	0%
雇用が安定、失業の恐れがない	50%	25%	19%	3%	4%
福祉の充実	69%	22%	8%	1%	1%
仕事の面白さ、チャレンジングである	47%	22%	29%	1%	1%
社会に役立っているという実感	17%	31%	51%	1%	0%
拘束時間が少ない、休日が多い	28%	23%	38%	10%	1%
社会的評判がよい	25%	28%	39%	8%	0%

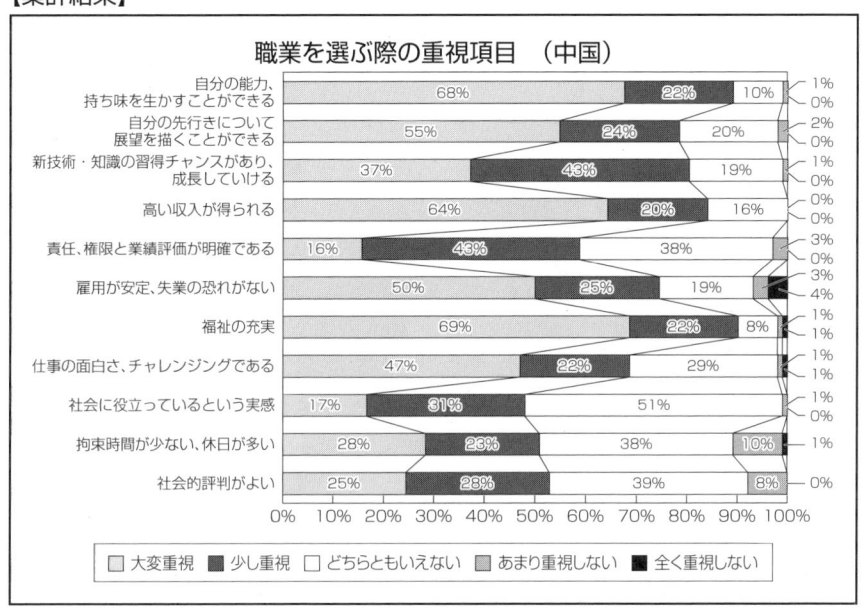

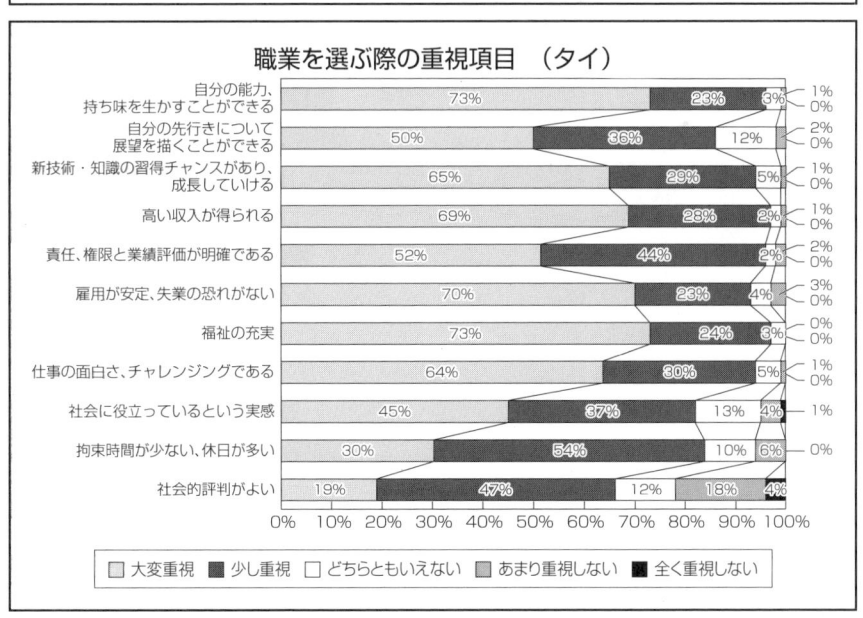

職業を選ぶ際の重視項目 （タイ）

項目	大変重視	少し重視	どちらともいえない	あまり重視しない	全く重視しない
自分の能力、持ち味を生かすことができる	73%	23%	3%	1%	0%
自分の先行きについて展望を描くことができる	50%	36%	12%	2%	0%
新技術・知識の習得チャンスがあり、成長していける	65%	29%	5%	1%	0%
高い収入が得られる	69%	28%	2%	1%	0%
責任、権限と業績評価が明確である	52%	44%	2%	2%	0%
雇用が安定、失業の恐れがない	70%	23%	4%	3%	0%
福祉の充実	73%	24%	3%	0%	0%
仕事の面白さ、チャレンジングである	64%	30%	5%	1%	0%
社会に役立っているという実感	45%	37%	13%	4%	1%
拘束時間が少ない、休日が多い	30%	54%	10%	6%	0%
社会的評判がよい	19%	47%	12%	18%	4%

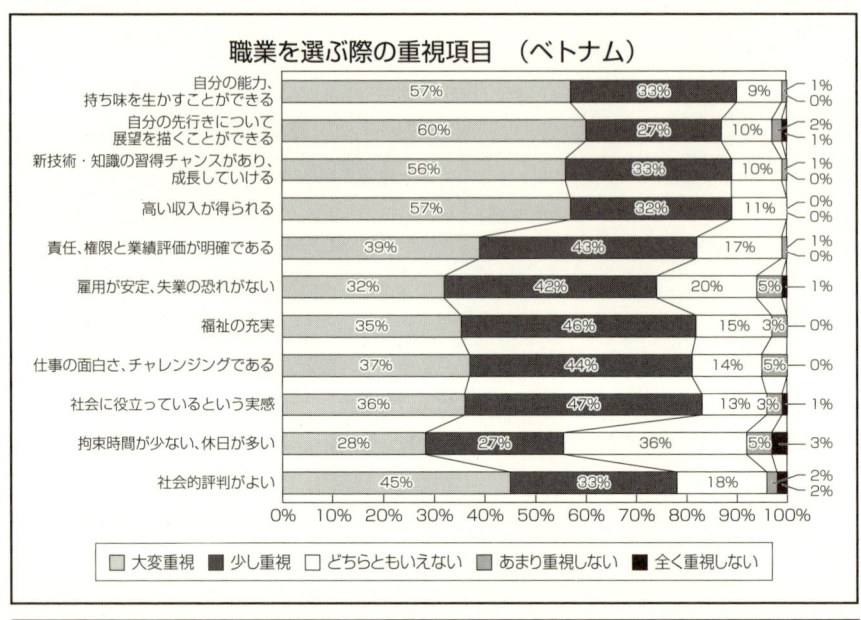

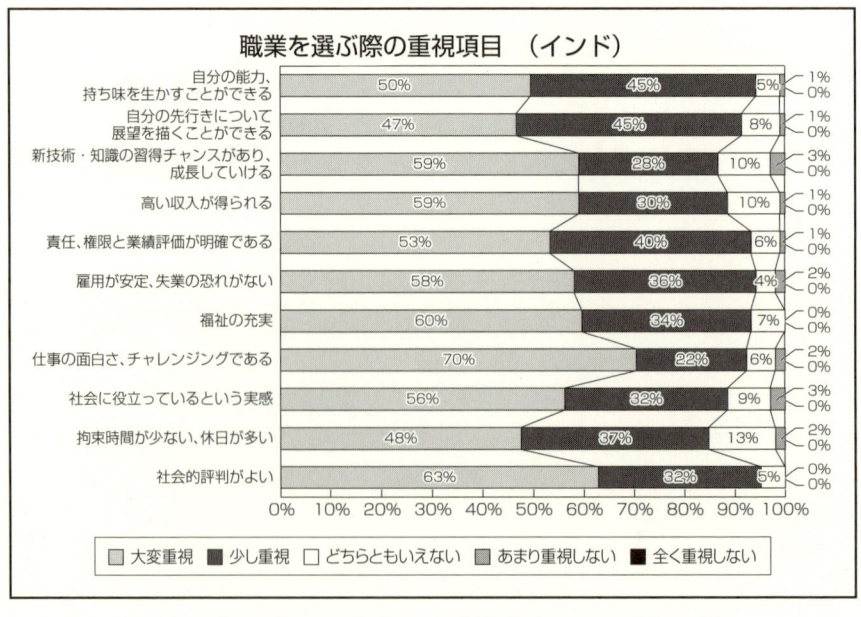

職業を選ぶ際の重視項目 （ベトナム）

項目	大変重視	少し重視	どちらともいえない	あまり重視しない	全く重視しない
自分の能力、持ち味を生かすことができる	57%	33%	9%	1%	0%
自分の先行きについて展望を描くことができる	60%	27%	10%	2%	1%
新技術・知識の習得チャンスがあり、成長していける	56%	33%	10%	1%	0%
高い収入が得られる	57%	32%	11%	1%	0%
責任、権限と業績評価が明確である	39%	43%	17%	1%	0%
雇用が安定、失業の恐れがない	32%	42%	20%	5%	1%
福祉の充実	35%	46%	15%	3%	0%
仕事の面白さ、チャレンジングである	37%	44%	14%	5%	0%
社会に役立っているという実感	36%	47%	13%	3%	1%
拘束時間が少ない、休日が多い	28%	27%	36%	5%	3%
社会的評判がよい	45%	33%	18%	2%	2%

職業を選ぶ際の重視項目 （インド）

項目	大変重視	少し重視	どちらともいえない	あまり重視しない	全く重視しない
自分の能力、持ち味を生かすことができる	50%	45%	5%	1%	0%
自分の先行きについて展望を描くことができる	47%	45%	8%	1%	0%
新技術・知識の習得チャンスがあり、成長していける	59%	28%	10%	3%	0%
高い収入が得られる	59%	30%	10%	1%	0%
責任、権限と業績評価が明確である	53%	40%	6%	1%	0%
雇用が安定、失業の恐れがない	58%	36%	4%	2%	0%
福祉の充実	60%	34%	7%	0%	0%
仕事の面白さ、チャレンジングである	70%	22%	6%	2%	0%
社会に役立っているという実感	56%	32%	9%	3%	0%
拘束時間が少ない、休日が多い	48%	37%	13%	2%	0%
社会的評判がよい	63%	32%	5%	0%	0%

問12 上の項目について、現在の会社でどの程度充たされていますか
　　　（1行ごとに1つに○）。

	十分に充たされている	ほぼ充たされている	どちらともいえない	あまり充たされていない	全く充たされていない
A　自分の能力、持ち味を生かすことができる	1	2	3	4	5
B　自分の先行きについて展望を描くことができる	1	2	3	4	5
C　新技術・知識の習得チャンスがあり、成長していける	1	2	3	4	5
D　高い収入が得られる	1	2	3	4	5
E　責任、権限と業績評価が明確である	1	2	3	4	5
F　雇用が安定、失業の恐れがない	1	2	3	4	5
G　福祉の充実	1	2	3	4	5
H　仕事の面白さ、チャレンジングである	1	2	3	4	5
I　社会に役立っているという実感	1	2	3	4	5
J　拘束時間が少ない、休日が多い	1	2	3	4	5
K　社会的評判がよい	1	2	3	4	5

【集計結果】

現在の会社での重要項目の充足度　（中国）

項目	十分に充たされている	ほぼ充たされている	どちらともいえない	あまり充たされていない	全く充たされていない
自分の能力、持ち味を生かすことができる	18%	45%	31%	6%	0%
自分の先行きについて展望を描くことができる	13%	40%	42%	5%	0%
新技術・知識の習得チャンスがあり、成長していける	15%	38%	40%	7%	0%
高い収入が得られる	20%	32%	42%	5%	1%
責任、権限と業績評価が明確である	7%	34%	54%	5%	0%
雇用が安定、失業の恐れがない	23%	45%	25%	4%	3%
福祉の充実	20%	41%	35%	4%	0%
仕事の面白さ、チャレンジングである	15%	37%	39%	7%	2%
社会に役立っているという実感	8%	37%	50%	5%	0%
拘束時間が少ない、休日が多い	18%	38%	30%	11%	3%
社会的評判がよい	22%	44%	32%	2%	0%

現在の会社での重要項目の充足度　（タイ）

項目	十分に充たされている	ほぼ充たされている	どちらともいえない	あまり充たされていない	全く充たされていない
自分の能力、持ち味を生かすことができる	25%	55%	13%	7%	0%
自分の先行きについて展望を描くことができる	12%	38%	39%	9%	2%
新技術・知識の習得チャンスがあり、成長していける	26%	45%	16%	10%	3%
高い収入が得られる	16%	39%	25%	15%	4%
責任、権限と業績評価が明確である	16%	41%	26%	12%	5%
雇用が安定、失業の恐れがない	21%	45%	26%	5%	3%
福祉の充実	14%	45%	22%	13%	6%
仕事の面白さ、チャレンジングである	16%	48%	21%	12%	3%
社会に役立っているという実感	12%	25%	34%	17%	11%
拘束時間が少ない、休日が多い	13%	38%	26%	17%	5%
社会的評判がよい	15%	36%	25%	13%	10%

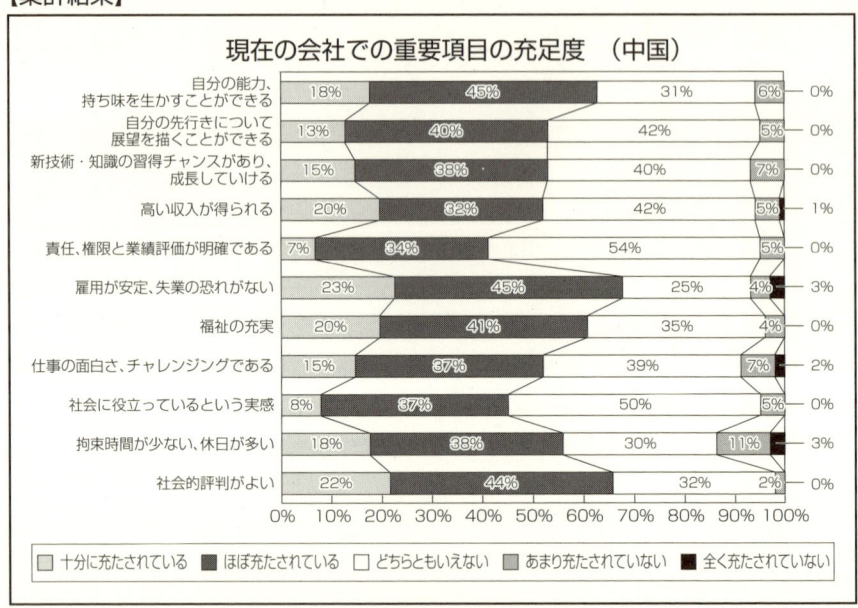

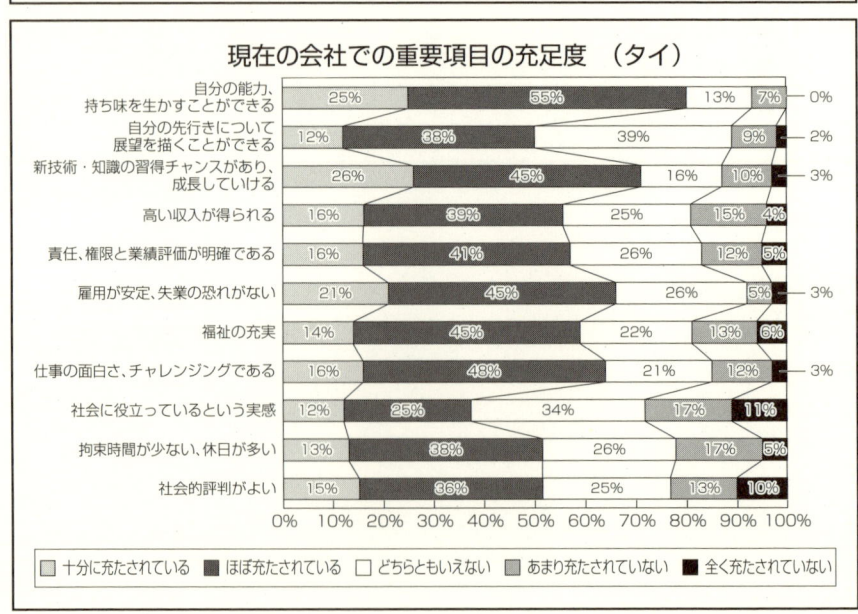

現在の会社での重要項目の充足度 （ベトナム）

項目	十分に充たされている	ほぼ充たされている	どちらともいえない	あまり充たされていない	全く充たされていない
自分の能力、持ち味を生かすことができる	23%	39%	31%	6%	1%
自分の先行きについて展望を描くことができる	11%	45%	27%	15%	2%
新技術・知識の習得チャンスがあり、成長していける	18%	40%	32%	9%	1%
高い収入が得られる	7%	33%	39%	18%	3%
責任、権限と業績評価が明確である	14%	41%	33%	10%	1%
雇用が安定、失業の恐れがない	25%	39%	29%	6%	1%
福祉の充実	16%	41%	34%	8%	1%
仕事の面白さ、チャレンジングである	10%	36%	37%	15%	2%
社会に役立っているという実感	9%	44%	38%	9%	0%
拘束時間が少ない、休日が多い	5%	36%	43%	14%	2%
社会的評判がよい	10%	45%	34%	10%	1%

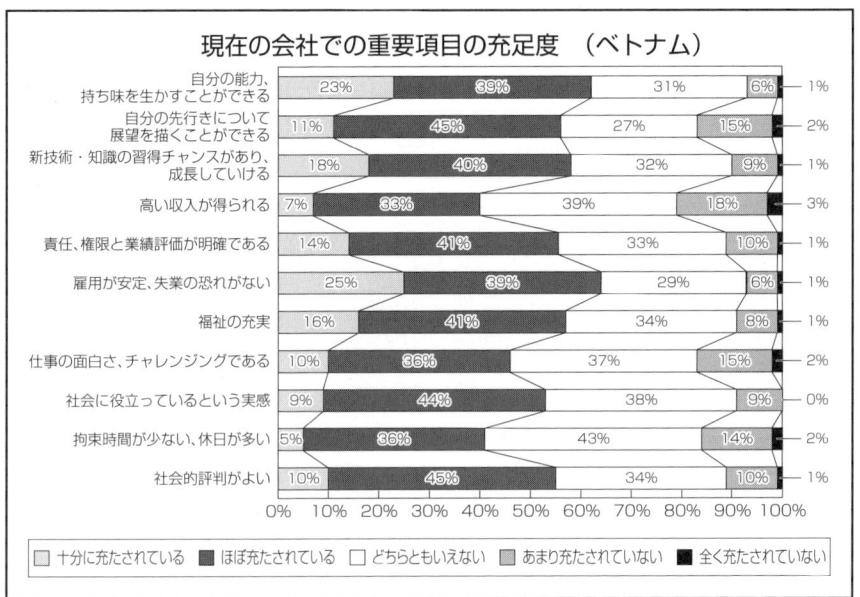

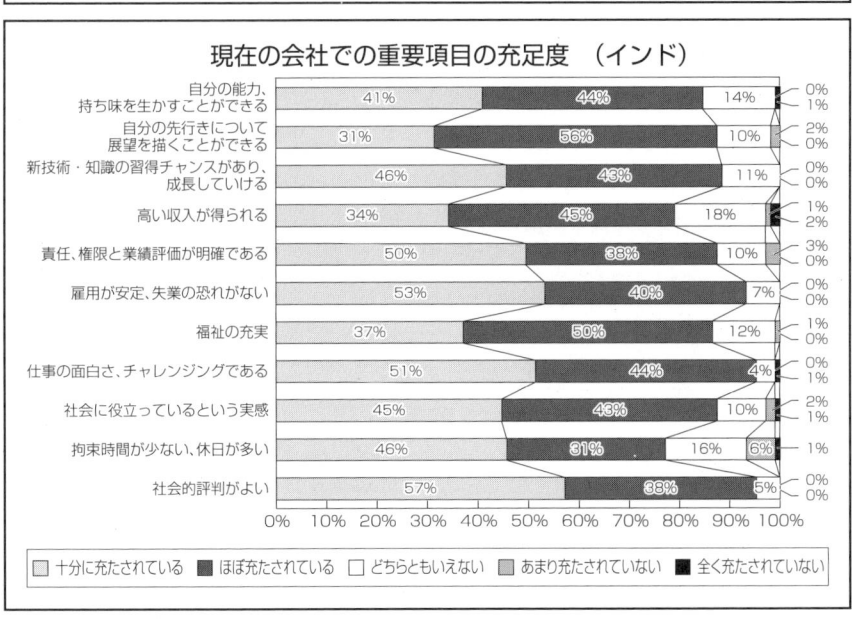

現在の会社での重要項目の充足度 （インド）

項目	十分に充たされている	ほぼ充たされている	どちらともいえない	あまり充たされていない	全く充たされていない
自分の能力、持ち味を生かすことができる	41%	44%	14%	0%	1%
自分の先行きについて展望を描くことができる	31%	56%	10%	2%	0%
新技術・知識の習得チャンスがあり、成長していける	46%	43%	11%	0%	0%
高い収入が得られる	34%	45%	18%	1%	2%
責任、権限と業績評価が明確である	50%	38%	10%	3%	0%
雇用が安定、失業の恐れがない	53%	40%	7%	0%	0%
福祉の充実	37%	50%	12%	1%	0%
仕事の面白さ、チャレンジングである	51%	44%	4%	0%	1%
社会に役立っているという実感	45%	43%	10%	2%	1%
拘束時間が少ない、休日が多い	46%	31%	16%	6%	1%
社会的評判がよい	57%	38%	5%	0%	0%

問13 あなたは、以下のそれぞれの企業をどう評価しますか。次の各項目に、「そう思う」なら1、「まあまあそう思う」なら2、「どちらともいえない」なら3、「あまりそう思わない」なら4、「そう思わない」なら5というように、1～5の5点評価を入れてください（1行ずつ、各企業に該当の点数を入れてください）。

		国有企業	民営企業	欧米系企業	日系企業	韓国系企業	香港台湾系企業
A	労働条件が良い						
B	昇進・昇給機会が多い						
C	経営理念・経営戦略が明確						
D	現地化レベルが高い						
E	先端的なこと（商品・サービス、技術、制度）をどんどん打ち出す						
F	意思決定が速い						
G	福祉水準が高い						
H	平等性が高い						
I	労使間が融和的である						
J	上位下達がうまくいっている						
K	下位上達がうまくいっている						
L	組織・社員間の縄張り意識が低く、協力意識が高い						
M	雇用が安定している						
N	社会的評判が良い						
O	教育制度が充実している						

【集計結果】

〈企業の評価（中国）〉

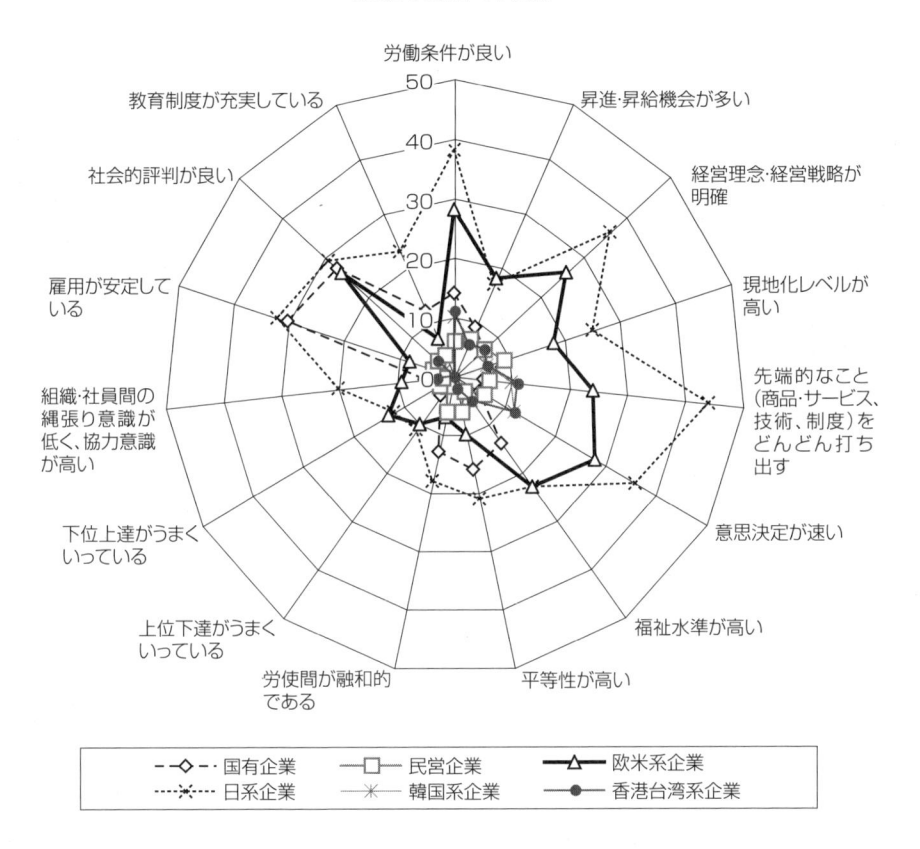

- 労働条件が良い
- 昇進・昇給機会が多い
- 経営理念・経営戦略が明確
- 現地化レベルが高い
- 先端的なこと（商品・サービス、技術、制度）をどんどん打ち出す
- 意思決定が速い
- 福祉水準が高い
- 平等性が高い
- 労使間が融和的である
- 上位下達がうまくいっている
- 下位上達がうまくいっている
- 組織・社員間の縄張り意識が低く、協力意識が高い
- 雇用が安定している
- 社会的評判が良い
- 教育制度が充実している

- －◇－ 国有企業
- ─□─ 民営企業
- ─△─ 欧米系企業
- ┈✕┈ 日系企業
- ─※─ 韓国系企業
- ─●─ 香港台湾系企業

参考資料 255

〈企業の評価（タイ）〉

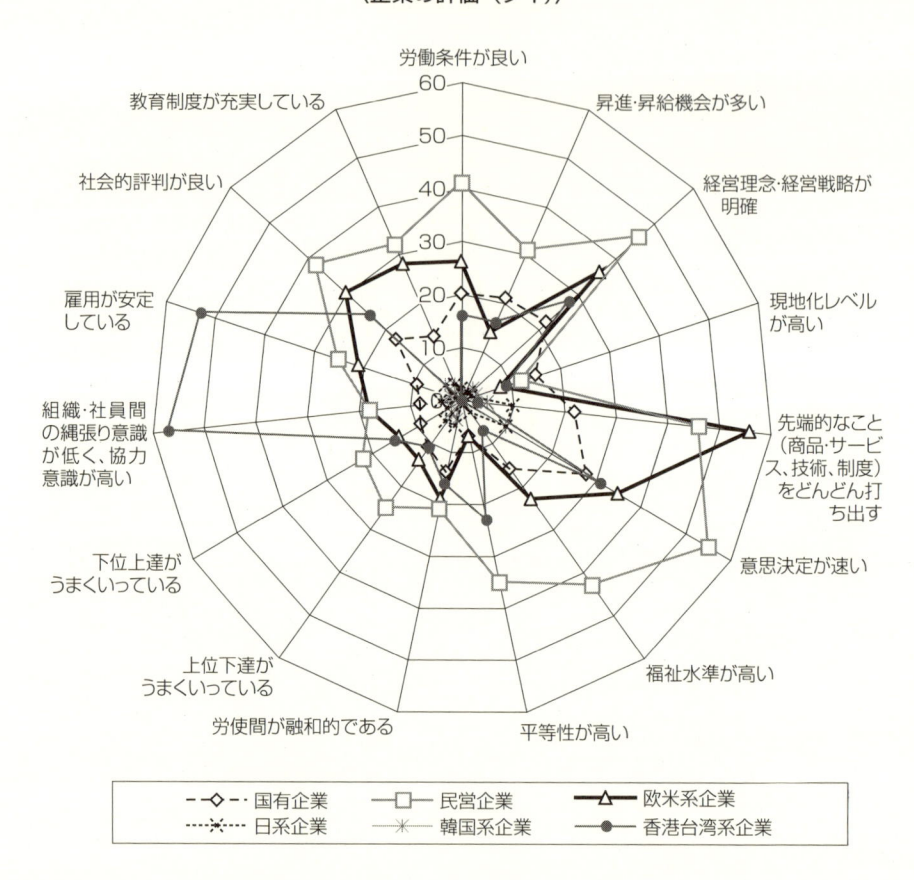

- 労働条件が良い
- 昇進・昇給機会が多い
- 経営理念・経営戦略が明確
- 現地化レベルが高い
- 先端的なこと（商品・サービス、技術、制度）をどんどん打ち出す
- 意思決定が速い
- 福祉水準が高い
- 平等性が高い
- 労使間が融和的である
- 上位下達がうまくいっている
- 下位上達がうまくいっている
- 組織・社員間の縄張り意識が低く、協力意識が高い
- 雇用が安定している
- 社会的評判が良い
- 教育制度が充実している

凡例：
- 国有企業
- 民営企業
- 欧米系企業
- 日系企業
- 韓国系企業
- 香港台湾系企業

〈企業の評価（ベトナム）〉

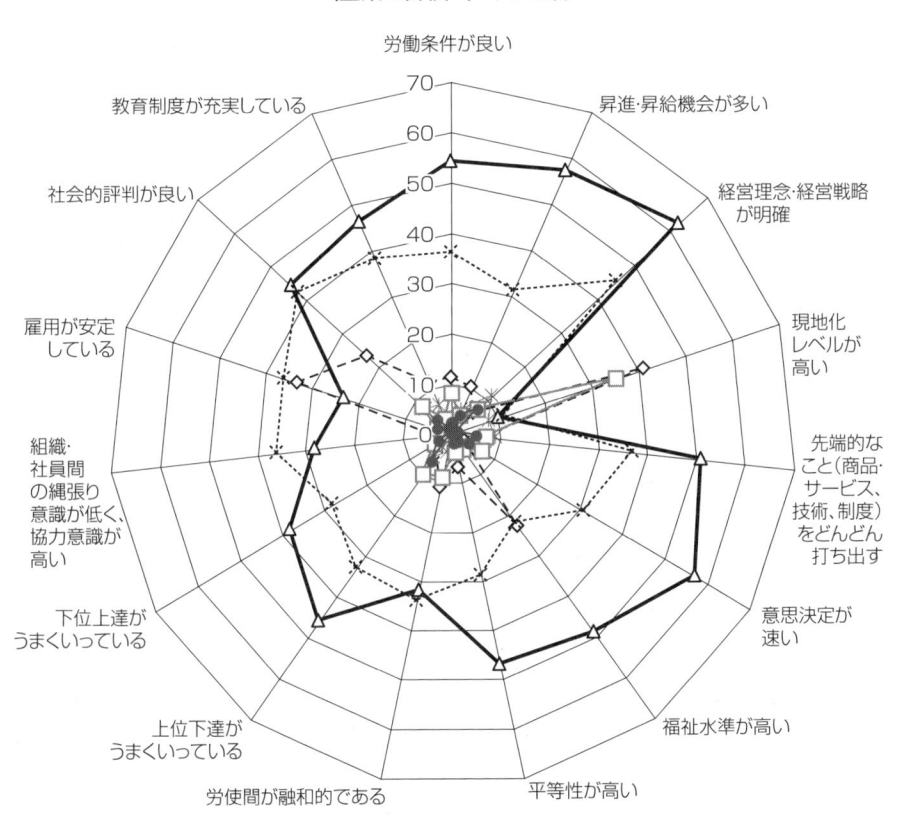

- 労働条件が良い
- 昇進・昇給機会が多い
- 経営理念・経営戦略が明確
- 現地化レベルが高い
- 先端的なこと（商品・サービス、技術、制度）をどんどん打ち出す
- 意思決定が速い
- 福祉水準が高い
- 平等性が高い
- 労使間が融和的である
- 上位下達がうまくいっている
- 下位上達がうまくいっている
- 組織・社員間の縄張り意識が低く、協力意識が高い
- 雇用が安定している
- 社会的評判が良い
- 教育制度が充実している

凡例：
- ◇ 国有企業
- □ 民営企業
- △ 欧米系企業
- ✕ 日系企業
- ＊ 韓国系企業
- ● 香港台湾系企業

〈企業の評価（インド）〉

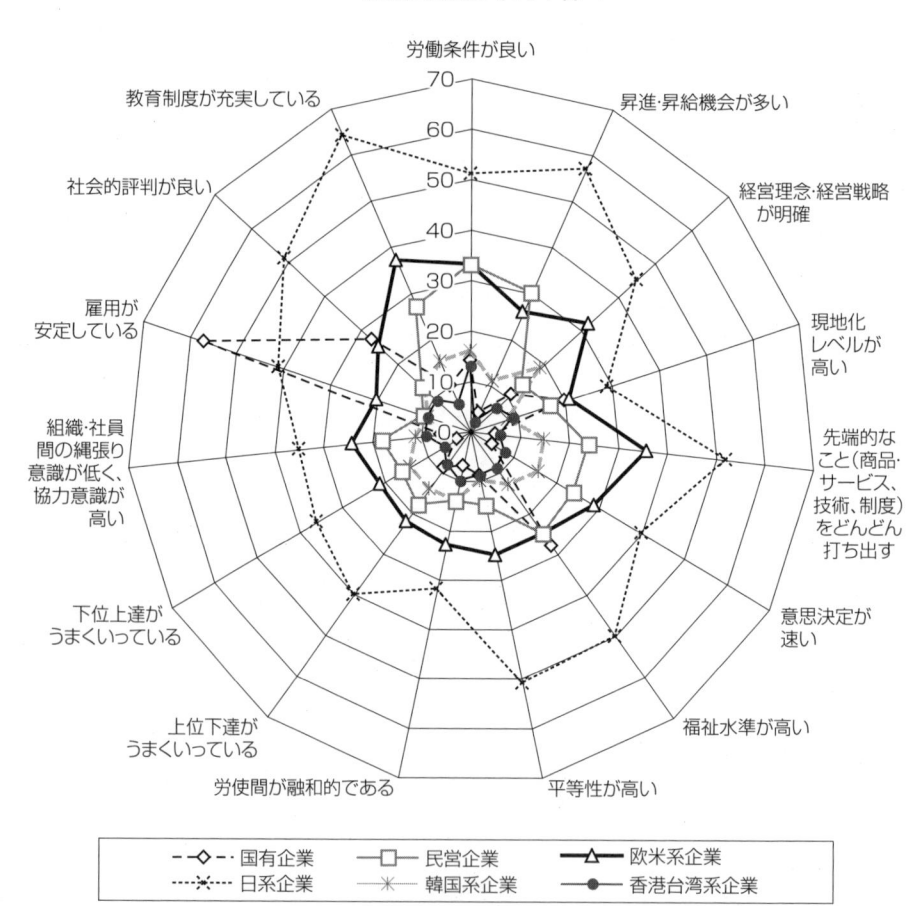

労働条件が良い
昇進・昇給機会が多い
経営理念・経営戦略が明確
現地化レベルが高い
先端的なこと（商品・サービス、技術、制度）をどんどん打ち出す
意思決定が速い
福祉水準が高い
平等性が高い
労使間が融和的である
上位下達がうまくいっている
下位上達がうまくいっている
組織・社員間の縄張り意識が低く、協力意識が高い
雇用が安定している
社会的評判が良い
教育制度が充実している

- ◇ - 国有企業　── □ ── 民営企業　── △ ── 欧米系企業
・・×・・ 日系企業　── ＊ ── 韓国系企業　── ● ── 香港台湾系企業

問14　以下の昇給システムをどの程度歓迎しますか（1行ごとに1つに○）。

		歓迎する	やや歓迎する	どちらともいえない	あまり歓迎しない	歓迎しない
A	能力評価基準	1	2	3	4	5
B	実績評価基準	1	2	3	4	5
C	年功基準	1	2	3	4	5

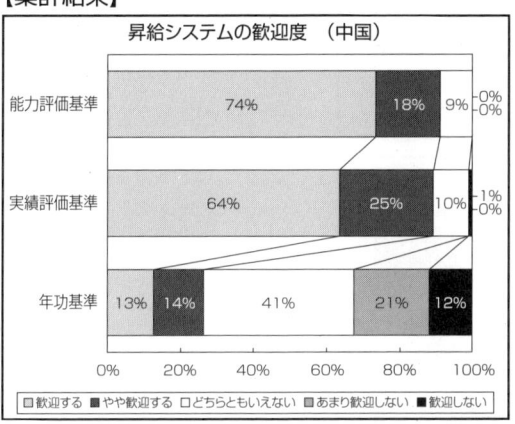

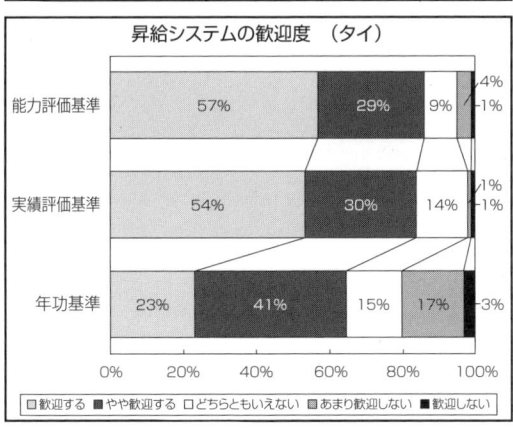

【集計結果】

昇給システムの歓迎度（中国）

	歓迎する	やや歓迎する	どちらともいえない	あまり歓迎しない	歓迎しない
能力評価基準	74%	18%	9%	0%	0%
実績評価基準	64%	25%	10%	1%	0%
年功基準	13%	14%	41%	21%	12%

昇給システムの歓迎度（タイ）

	歓迎する	やや歓迎する	どちらともいえない	あまり歓迎しない	歓迎しない
能力評価基準	57%	29%	9%	1%	4%
実績評価基準	54%	30%	14%	1%	1%
年功基準	23%	41%	15%	17%	3%

昇給システムの歓迎度 (ベトナム)

	歓迎する	やや歓迎する	どちらともいえない	あまり歓迎しない	歓迎しない
能力評価基準	53%	33%	9%	5%	0%
実績評価基準	49%	33%	13%	5%	0%
年功基準	14%	28%	38%	17%	3%

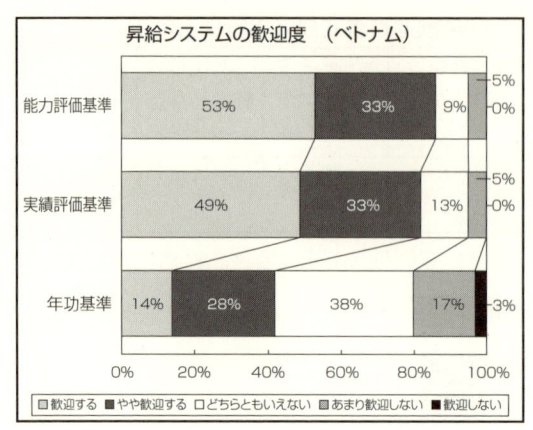

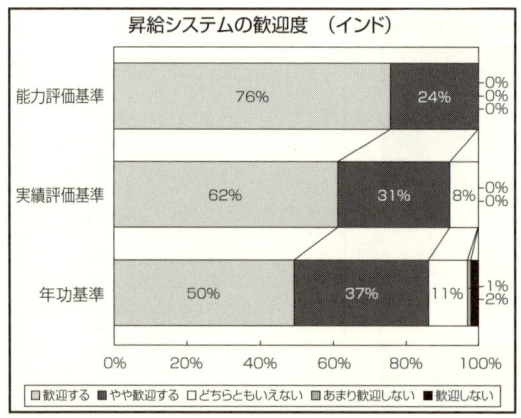

昇給システムの歓迎度 (インド)

	歓迎する	やや歓迎する	どちらともいえない	あまり歓迎しない	歓迎しない
能力評価基準	76%	24%	0%	0%	0%
実績評価基準	62%	31%	8%	0%	0%
年功基準	50%	37%	11%	1%	2%

問15　あなたは、日本の多くの企業で取り入れられている以下の各項目をどう評価しますか（1行ごとに1つに○）。

	評価する	やや評価する	どちらともいえない	あまり評価しない	評価しない
A　安定的な雇用関係	1	2	3	4	5
B　在職訓練（OJT）	1	2	3	4	5
C　離職訓練（OFF・JT）	1	2	3	4	5
D　経営理念・情報の共有	1	2	3	4	5
E　協調的労使関係	1	2	3	4	5
F　大部屋方式Office	1	2	3	4	5
G　社内ステータス格差の縮小	1	2	3	4	5
H　年功的昇進・昇給制度	1	2	3	4	5
I　チームワーク	1	2	3	4	5
J　QCサークル	1	2	3	4	5
K　提案制度	1	2	3	4	5
L　日本への派遣研修	1	2	3	4	5
M　品質重視	1	2	3	4	5
N　ジョブ・ローテーション	1	2	3	4	5
O　会社への帰属意識の強調	1	2	3	4	5
P　その他	1	2	3	4	5

【集計結果】

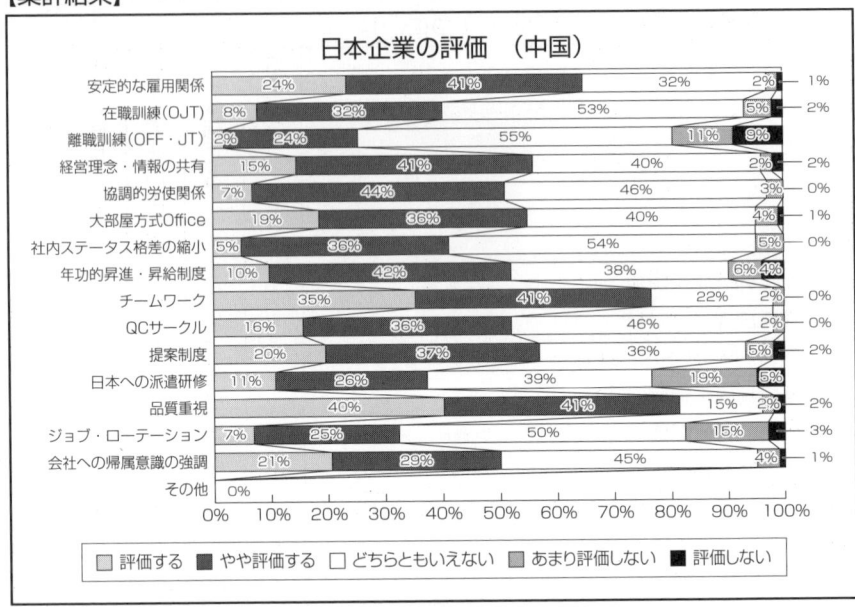

日本企業の評価　（中国）

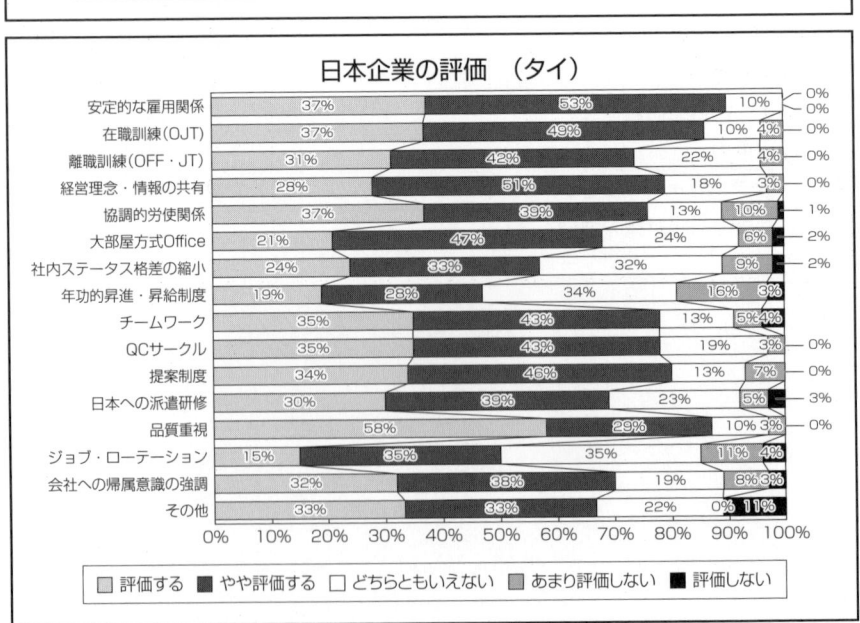

項目	評価する	やや評価する	どちらともいえない	あまり評価しない	評価しない
安定的な雇用関係	24%	41%	32%	2%	1%
在職訓練(OJT)	8%	32%	53%	5%	2%
離職訓練(OFF・JT)	2%	24%	55%	11%	9%
経営理念・情報の共有	15%	41%	40%	2%	2%
協調的労使関係	7%	44%	46%	3%	0%
大部屋方式Office	19%	36%	40%	4%	1%
社内ステータス格差の縮小	5%	36%	54%	5%	0%
年功的昇進・昇給制度	10%	42%	38%	6%	4%
チームワーク	35%	41%	22%	2%	0%
QCサークル	16%	36%	46%	2%	0%
提案制度	20%	37%	36%	5%	2%
日本への派遣研修	11%	26%	39%	19%	5%
品質重視	40%	41%	15%	2%	2%
ジョブ・ローテーション	7%	25%	50%	15%	3%
会社への帰属意識の強調	21%	29%	45%	4%	1%
その他	0%				

日本企業の評価　（タイ）

項目	評価する	やや評価する	どちらともいえない	あまり評価しない	評価しない
安定的な雇用関係	37%	53%	10%	0%	0%
在職訓練(OJT)	37%	49%	10%	4%	0%
離職訓練(OFF・JT)	31%	42%	22%	4%	0%
経営理念・情報の共有	28%	51%	18%	3%	0%
協調的労使関係	37%	39%	13%	10%	1%
大部屋方式Office	21%	47%	24%	6%	2%
社内ステータス格差の縮小	24%	33%	32%	9%	2%
年功的昇進・昇給制度	19%	28%	34%	16%	3%
チームワーク	35%	43%	13%	5%	4%
QCサークル	35%	43%	19%	3%	0%
提案制度	34%	46%	13%	7%	0%
日本への派遣研修	30%	39%	23%	5%	3%
品質重視	58%	29%	10%	3%	0%
ジョブ・ローテーション	15%	35%	35%	11%	4%
会社への帰属意識の強調	32%	38%	19%	8%	3%
その他	33%	33%	22%	0%	11%

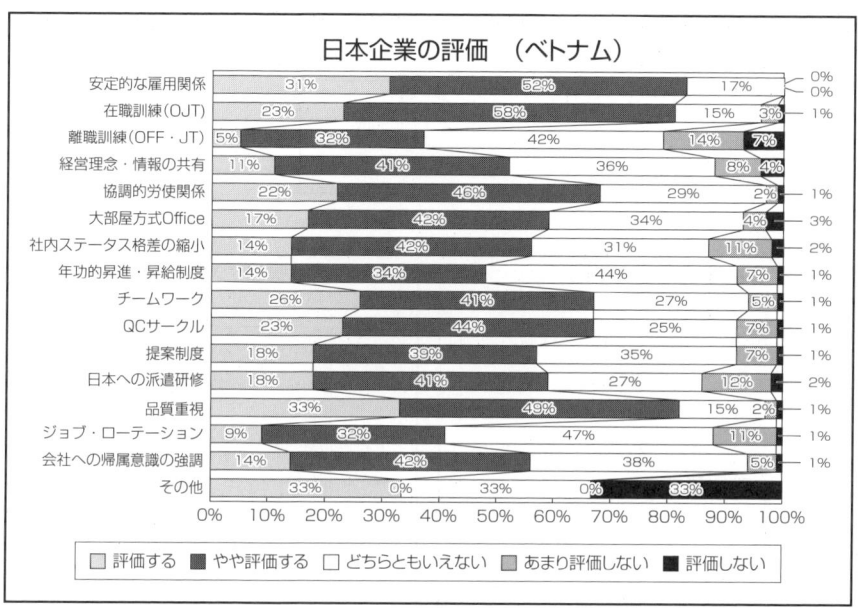

日本企業の評価 (ベトナム)

項目	評価する	やや評価する	どちらともいえない	あまり評価しない	評価しない
安定的な雇用関係	31%	52%	17%	0%	0%
在職訓練(OJT)	23%	58%	15%	3%	1%
離職訓練(OFF・JT)	5%	32%	42%	14%	7%
経営理念・情報の共有	11%	41%	36%	8%	4%
協調的労使関係	22%	46%	29%	2%	1%
大部屋方式Office	17%	42%	34%	4%	3%
社内ステータス格差の縮小	14%	42%	31%	11%	2%
年功的昇進・昇給制度	14%	34%	44%	7%	1%
チームワーク	26%	41%	27%	5%	1%
QCサークル	23%	44%	25%	7%	1%
提案制度	18%	39%	35%	7%	1%
日本への派遣研修	18%	41%	27%	12%	2%
品質重視	33%	49%	15%	2%	1%
ジョブ・ローテーション	9%	32%	47%	11%	1%
会社への帰属意識の強調	14%	42%	38%	5%	1%
その他	33%	0%	33%	0%	33%

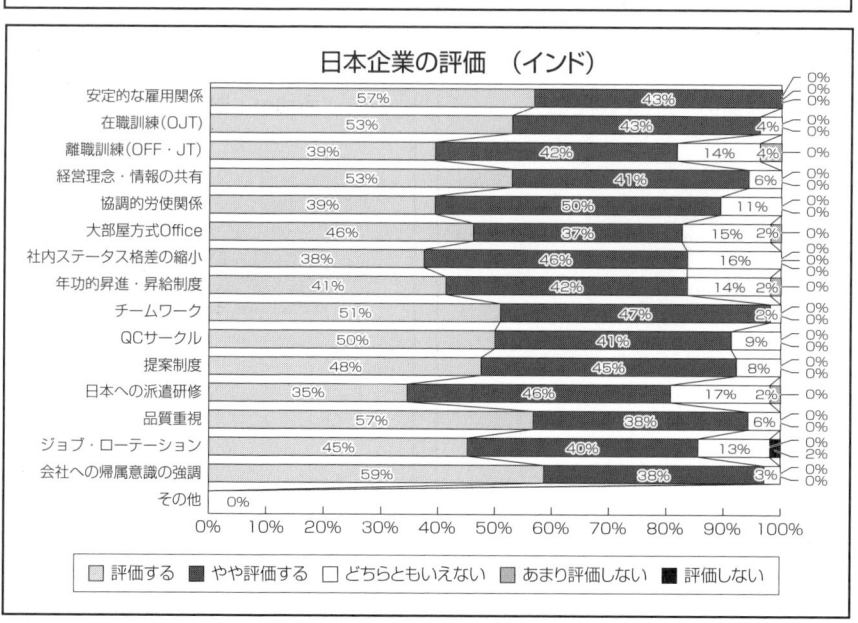

日本企業の評価 (インド)

項目	評価する	やや評価する	どちらともいえない	あまり評価しない	評価しない
安定的な雇用関係	57%	43%	0%	0%	0%
在職訓練(OJT)	53%	43%	4%	0%	0%
離職訓練(OFF・JT)	39%	42%	14%	4%	0%
経営理念・情報の共有	53%	41%	6%	0%	0%
協調的労使関係	39%	50%	11%	0%	0%
大部屋方式Office	46%	37%	15%	2%	0%
社内ステータス格差の縮小	38%	46%	16%	0%	0%
年功的昇進・昇給制度	41%	42%	14%	2%	0%
チームワーク	51%	47%	2%	0%	0%
QCサークル	50%	41%	9%	0%	0%
提案制度	48%	45%	8%	0%	0%
日本への派遣研修	35%	46%	17%	2%	0%
品質重視	57%	38%	6%	0%	0%
ジョブ・ローテーション	45%	40%	13%	2%	0%
会社への帰属意識の強調	59%	38%	3%	0%	0%
その他	0%				

問16 あなたの直属の上司は日本人派遣者ですか、それとも、あなたと同じ国籍の人ですか（１つに○）。

1	日本人派遣者　→　赴任してから：約（　　　）年
2	同じ国籍の人
3	その他（具体的に：　　　　　　　）

【集計結果】

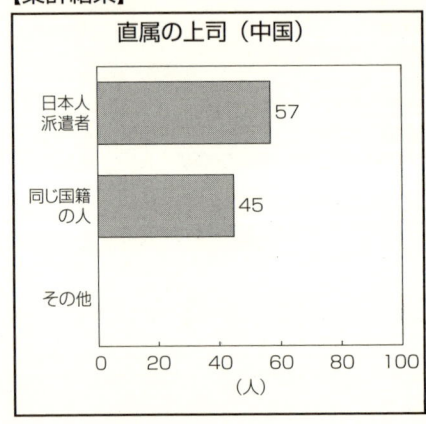

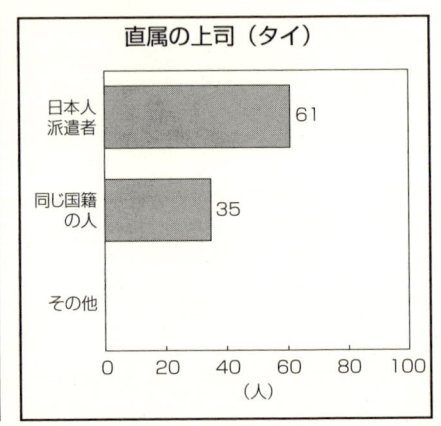

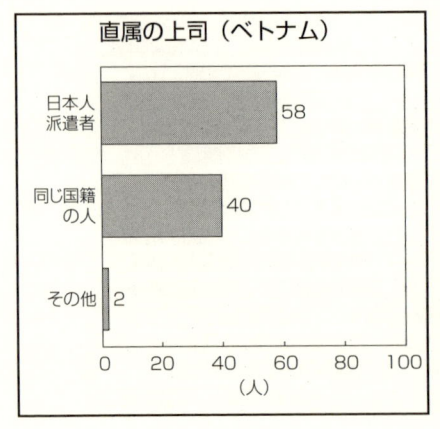

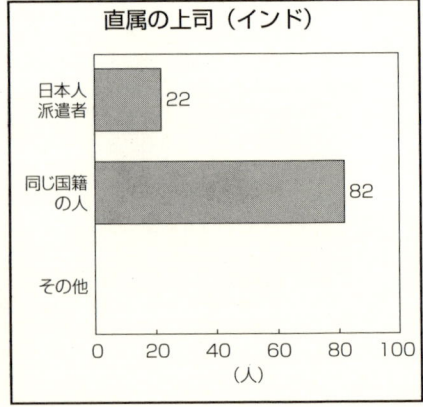

直属の上司（中国）
- 日本人派遣者：57
- 同じ国籍の人：45
- その他：

直属の上司（タイ）
- 日本人派遣者：61
- 同じ国籍の人：35
- その他：

直属の上司（ベトナム）
- 日本人派遣者：58
- 同じ国籍の人：40
- その他：2

直属の上司（インド）
- 日本人派遣者：22
- 同じ国籍の人：82
- その他：

問17　あなたの直属の上司のポジションは何ですか（1つに○）。

1	取締役会長（董事長）
2	取締役副会長（副董事長）
3	社長（総経理）
4	副社長（副総経理）、専務、常務
5	その他（具体的に：　　　　　　）

【集計結果】

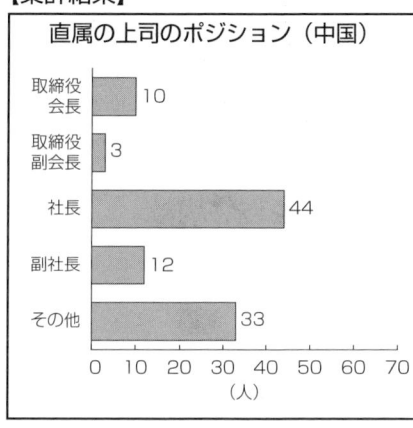

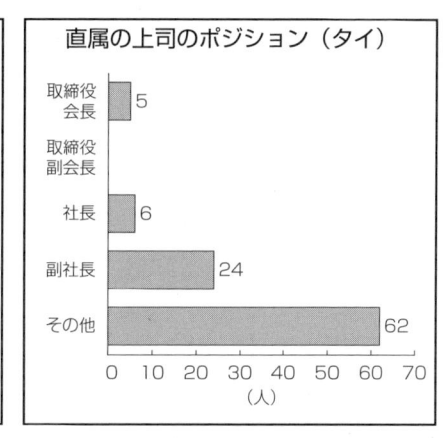

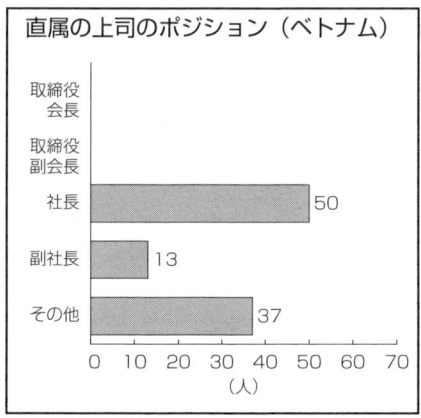

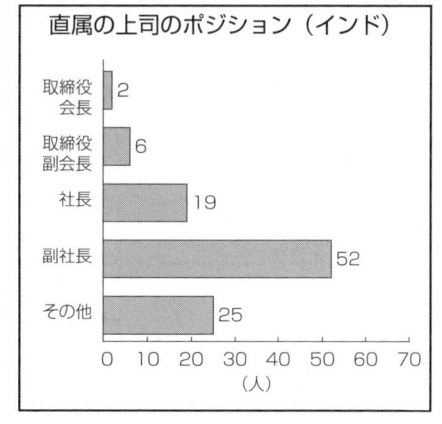

直属の上司のポジション（中国）

- 取締役会長：10
- 取締役副会長：3
- 社長：44
- 副社長：12
- その他：33

直属の上司のポジション（タイ）

- 取締役会長：5
- 取締役副会長：0
- 社長：6
- 副社長：24
- その他：62

直属の上司のポジション（ベトナム）

- 取締役会長：0
- 取締役副会長：0
- 社長：50
- 副社長：13
- その他：37

直属の上司のポジション（インド）

- 取締役会長：2
- 取締役副会長：6
- 社長：19
- 副社長：52
- その他：25

問18　あなたの直属の上司について伺います（1行ごとに1つに○）。

		大変ある	かなりある	どちらともいえない	あまりない	全くない
A	指導力	1	2	3	4	5
B	明確な経営方針の提示	1	2	3	4	5
C	部下育成への熱意	1	2	3	4	5
D	コミュニケーション能力	1	2	3	4	5
E	部下の平等な取り扱い	1	2	3	4	5
F	部下への気配りや関心	1	2	3	4	5
G	現地の歴史や文化に関心	1	2	3	4	5
H	世界情勢への関心	1	2	3	4	5
I	人事評価の公平さ	1	2	3	4	5
J	柔軟な考え方	1	2	3	4	5
K	日本本社のやり方へのこだわり	1	2	3	4	5
L	面子の重視	1	2	3	4	5
M	礼儀、エチケットの重視	1	2	3	4	5
N	有限実行力	1	2	3	4	5
O	部下との腹を割った付き合い	1	2	3	4	5
P	部下の置かれた状況への理解力	1	2	3	4	5
Q	日本本社に対する交渉力	1	2	3	4	5
R	明確な自分の意見の提示	1	2	3	4	5
S	管轄領域の専門知識	1	2	3	4	5
T	一般的な教養・文化的知識	1	2	3	4	5
U	包容力	1	2	3	4	5

【集計結果】

直属の上司への評価 （中国）

項目	大変ある	かなりある	どちらともいえない	あまりない	全くない
指導力	43%	30%	25%	2%	0%
明確な経営方針の提示	37%	41%	18%	4%	0%
部下育成への熱意	28%	38%	28%	2%	3%
コミュニケーション能力	34%	41%	23%	2%	0%
部下の平等な取り扱い	26%	46%	25%	3%	0%
部下への気配りや関心	22%	44%	31%	2%	1%
現地の歴史や文化に関心	30%	29%	28%	9%	3%
世界情勢への関心	44%	30%	18%	6%	2%
人事評価の公平さ	31%	43%	22%	2%	2%
柔軟な考え方	30%	41%	23%	5%	1%
日本本社のやり方へのこだわり	45%	41%	9%	4%	1%
面子の重視	45%	28%	20%	7%	0%
礼儀、エチケットの重視	47%	29%	21%	2%	1%
有限実行力	28%	45%	23%	4%	0%
部下との腹を割った付き合い	15%	28%	44%	10%	3%
部下の置かれた状況への理解力	18%	45%	29%	6%	2%
日本本社に対する交渉力	39%	43%	17%	1%	0%
明確な自分の意見の提示	48%	33%	14%	5%	0%
管轄領域の専門知識	48%	29%	20%	3%	0%
一般的な教養・文化的知識	55%	38%	6%	0%	1%
包容力	34%	40%	22%	3%	1%

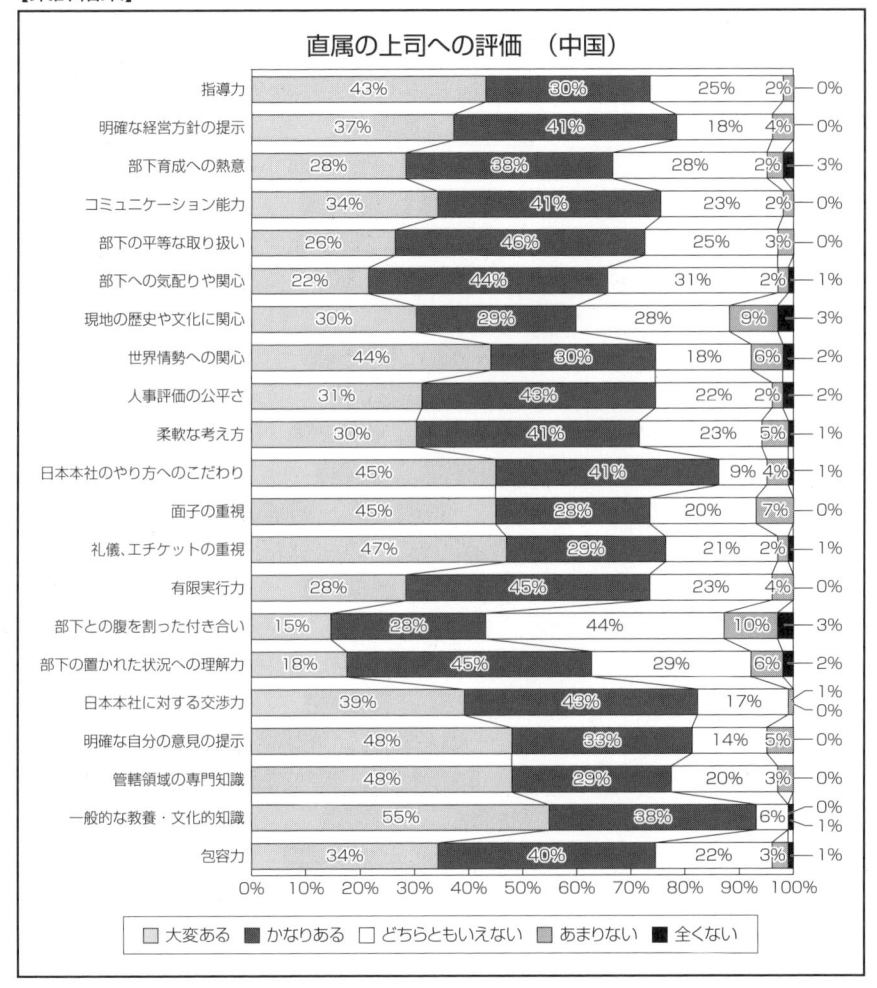

直属の上司への評価（タイ）

項目	大変ある	かなりある	どちらともいえない	あまりない	全くない
指導力	24%	46%	24%	5%	1%
明確な経営方針の提示	16%	38%	35%	9%	2%
部下育成への熱意	22%	40%	20%	15%	3%
コミュニケーション能力	23%	37%	24%	13%	3%
部下の平等な取り扱い	26%	34%	24%	11%	4%
部下への気配りや関心	24%	33%	28%	11%	4%
現地の歴史や文化に関心	14%	24%	45%	10%	7%
世界情勢への関心	18%	41%	37%	4%	0%
人事評価の公平さ	15%	39%	31%	11%	4%
柔軟な考え方	20%	41%	32%	6%	0%
日本本社のやり方へのこだわり	24%	33%	32%	10%	1%
面子の重視	31%	45%	18%	4%	1%
礼儀、エチケットの重視	21%	47%	24%	8%	0%
有限実行力	20%	40%	27%	12%	1%
部下との腹を割った付き合い	26%	27%	30%	13%	4%
部下の置かれた状況への理解力	14%	32%	29%	18%	7%
日本本社に対する交渉力	21%	38%	30%	9%	2%
明確な自分の意見の提示	29%	44%	19%	6%	1%
管轄領域の専門知識	27%	43%	24%	5%	1%
一般的な教養・文化的知識	13%	43%	32%	10%	2%
包容力	22%	41%	25%	10%	2%

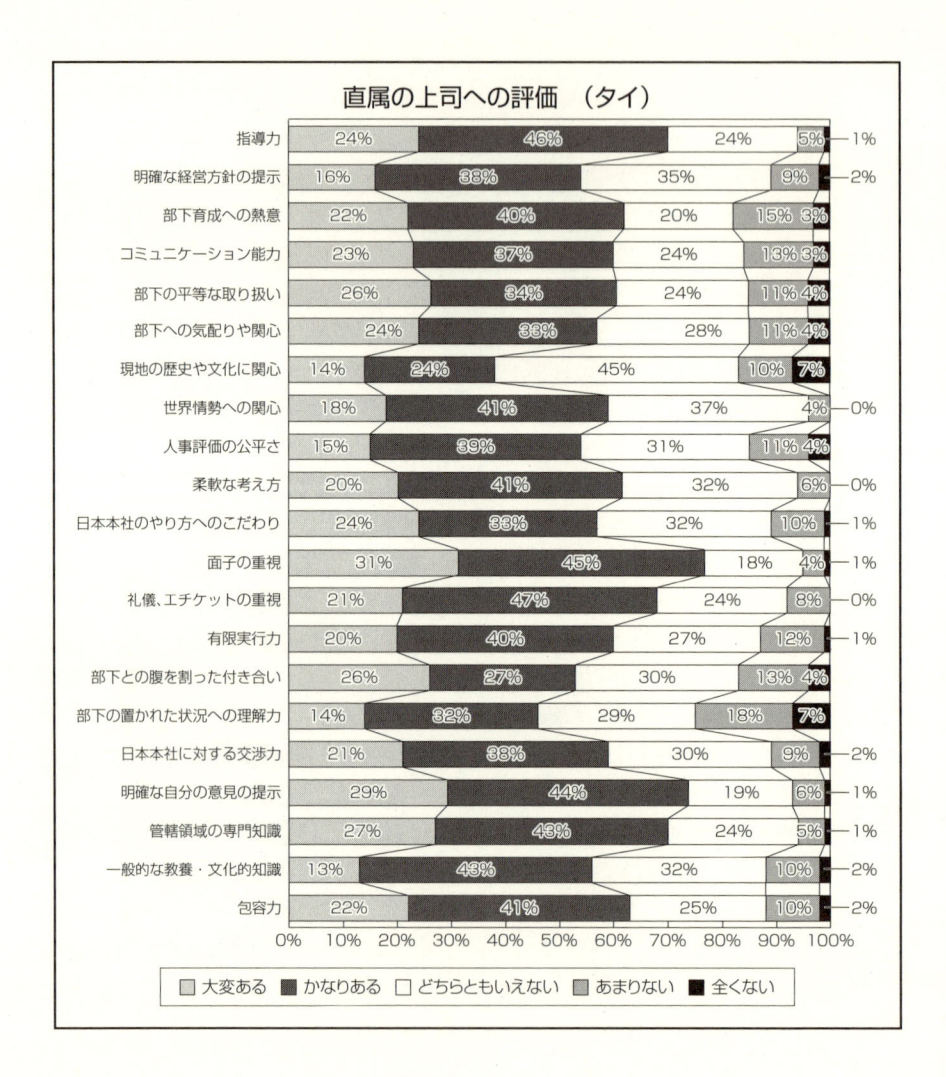

直属の上司への評価 （ベトナム）

項目	大変ある	かなりある	どちらともいえない	あまりない	全くない
指導力	42%	41%	15%	1%	1%
明確な経営方針の提示	26%	48%	21%	3%	2%
部下育成への熱意	21%	49%	23%	6%	1%
コミュニケーション能力	39%	38%	17%	5%	1%
部下の平等な取り扱い	22%	50%	26%	1%	1%
部下への気配りや関心	22%	47%	26%	3%	2%
現地の歴史や文化に関心	17%	36%	37%	7%	3%
世界情勢への関心	19%	36%	27%	13%	5%
人事評価の公平さ	19%	41%	36%	3%	1%
柔軟な考え方	24%	44%	20%	7%	5%
日本本社のやり方へのこだわり	37%	43%	15%	3%	2%
面子の重視	32%	52%	13%	1%	2%
礼儀、エチケットの重視	30%	57%	12%	0%	1%
有限実行力	29%	50%	18%	2%	1%
部下との腹を割った付き合い	19%	57%	21%	2%	1%
部下の置かれた状況への理解力	17%	35%	42%	4%	2%
日本本社に対する交渉力	26%	48%	23%	1%	2%
明確な自分の意見の提示	28%	44%	26%	1%	1%
管轄領域の専門知識	35%	43%	19%	1%	2%
一般的な教養・文化的知識	29%	46%	19%	4%	2%
包容力	24%	42%	29%	3%	2%

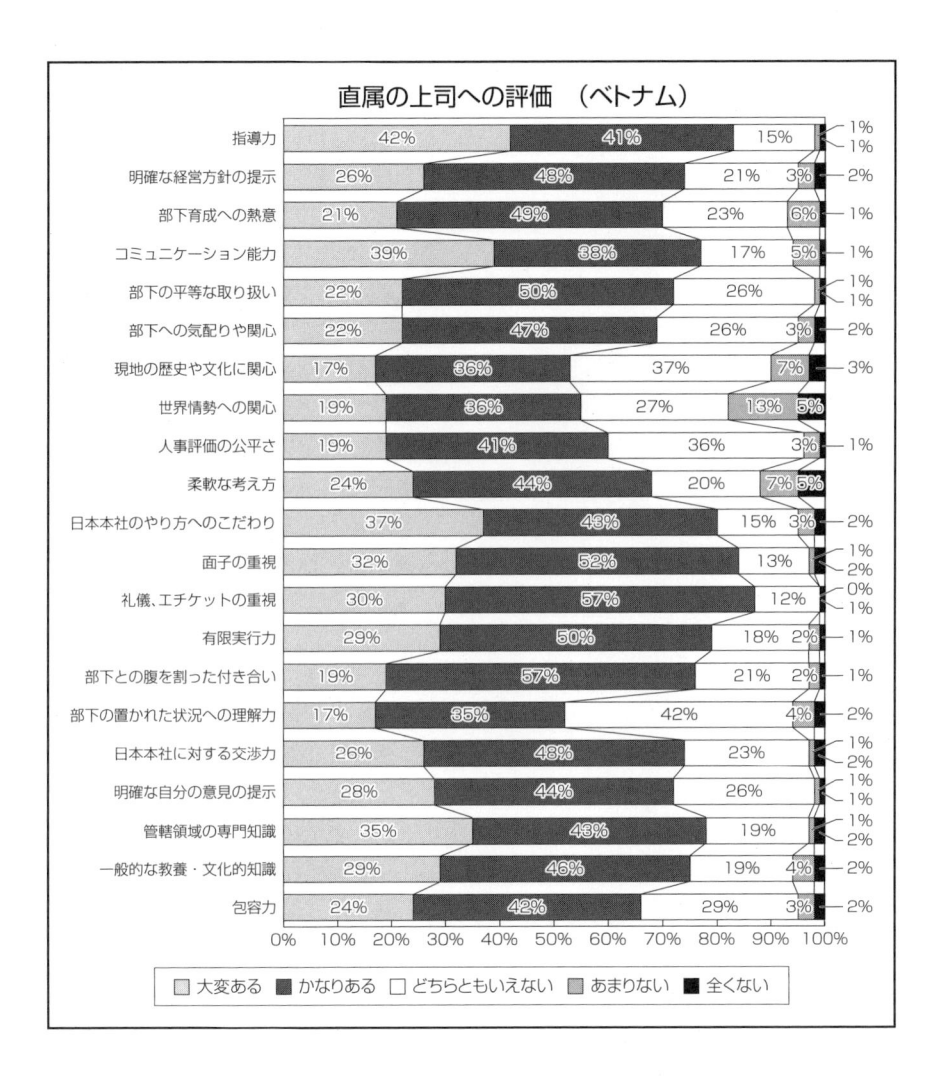

参考資料

直属の上司への評価（インド）

項目	大変ある	かなりある	どちらともいえない	あまりない	全くない
指導力	49%	38%	5%	9%	0%
明確な経営方針の提示	49%	37%	7%	8%	0%
部下育成への熱意	48%	35%	12%	6%	0%
コミュニケーション能力	49%	35%	5%	12%	0%
部下の平等な取り扱い	42%	41%	8%	9%	0%
部下への気配りや関心	54%	32%	4%	11%	0%
現地の歴史や文化に関心	44%	35%	10%	11%	1%
世界情勢への関心	43%	36%	10%	12%	0%
人事評価の公平さ	40%	46%	7%	7%	0%
柔軟な考え方	43%	37%	8%	13%	0%
日本本社のやり方へのこだわり	45%	32%	20%	3%	0%
面子の重視	38%	41%	15%	5%	0%
礼儀、エチケットの重視	46%	38%	11%	6%	0%
有限実行力	51%	31%	7%	12%	0%
部下との腹を割った付き合い	55%	27%	8%	11%	0%
部下の置かれた状況への理解力	44%	35%	15%	6%	0%
日本本社に対する交渉力	49%	25%	15%	11%	0%
明確な自分の意見の提示	52%	33%	9%	7%	0%
管轄領域の専門知識	58%	28%	6%	9%	0%
一般的な教養・文化的知識	52%	31%	4%	13%	0%
包容力	48%	30%	8%	14%	0%

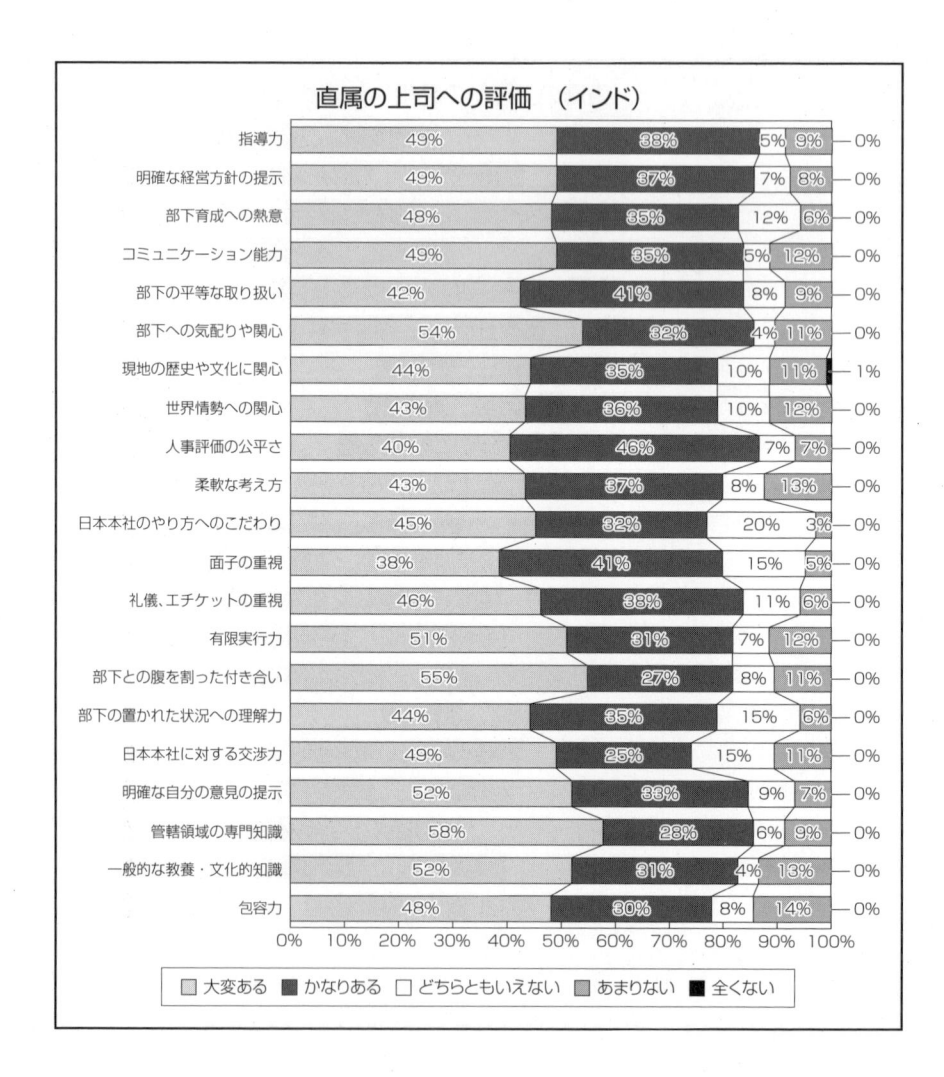

■参考文献

- 社団法人　日本在外企業協会『ASEANにおける日系現地法人の経営と人材管理』(2000年12月)
- エイミーC・エドモンドソン『DIAMONDハーバード・ビジネス・レビュー October 2008』ダイヤモンド社
- 外務省『STUDY IN JAPAN「日本留学総合ガイド」』
- 八代京子他『異文化コミュニケーション・ワークブック』三修社
- 渡辺文夫『異文化とい関わる心理学』サイエンス社
- アラン・R・コーエン、デビッド・L・ブラッドフォード『影響力の法則』税務経理協会
- ダニエル・ゴールマン『SQ　生きかたの知能指数』日本経済新聞出版社
- H・ミンツバーグ『MBAが会社を滅ぼす』日経BP
- 日本在外企業協会『海外派遣者ハンドブック：中国（WTO加盟後の労働事情）編 2003年』
- J・S・ブラック他『海外派遣とグローバルビジネス—異文化マネジメント戦略—』白桃書房
- ジェームス・L・ヘスケット他『カスタマー・ロイヤリティの経営』日本経済新聞社
- ジェイ・B・バーニー『企業戦略論　中　事業戦略編』ダイヤモンド社
- 現代用語の基礎知識
- 日経リサーチ『在アジア日系企業における現地スタッフの給料と待遇に関する調査　中国、タイ、ベトナム、インド編』2009年度版
- 金井壽広『仕事で「一皮むける」』翔泳社
- Gregory T. Haugan『実務で役立つWBS入門』
- ポール・バビアク、ロバート・D・ヘア『社内の「知的確信犯」を探し出せ』ファーストプレス
- 小池康郎『重力の物理学　知的好奇心のために』法政大学出版局
- ノア・ダベンポート他『職場いびり　アメリカの現場から』緑風出版
- 中野孝次『すらすら読める徒然草』講談社
- ステファン・P・ロビンス『組織行動のマネジメント』ダイヤモンド社
- ジョセフ・S・ナイ『ソフト・パワー』日本経済出版社
- 大辞林
- G・ホフステード『多文化世界』有斐閣
- 財団法人　海外職業訓練協会『中国の日系企業が直面した問題と対処事例』(2007年3月)
- 社団法人　日本経済団体連合会『日本企業の中国におけるホワイトカラー人材戦略』(2006年5月)
- モーガン・マッコール『ハイ・フライヤー　次世代リーダーの育成法』プレジデント社
- 一橋ビジネスレビュー
- 『プロジェクトマネジメント知識体系ガイド第三版』Project Management Institute
- 独立行政法人　日本学生支援機構『平成20年度　外国人留学生在籍状況調査結果』
- 谷口智彦『マネジャーのキャリアと学習』白桃書房
- ジョセフ・S・ナイ『リーダー・パワー』日本経済新聞出版社
- ラム・チャラン、ステファン・ドロッター、ジェームス・ノエル『リーダーを育てる会社　つぶす会社』英治出版
- フレデリック・F・ライクヘルド『ロイヤルティ戦略論』ダイヤモンド社

■本書作成にご協力いただいた皆様（五十音順）
　※下記はインタビュー当時の肩書きであり、
　　現時点の肩書きとは、必ずしも一致しない場合がある点にご留意ください。

Kao Consumer Products（Southeast Asia）Co., Ltd. COO　小森隆　様
NIKKAN（THAILAND）CO., LTD DIRECTOR & General Manager　西田久生様
PENTAX VN Co., LTD General Manager　小林裕一　様
双日インド会社　社長　川村安宏　様
愛知大学　経済学部　教授　栗原裕　様
旭化成イーマテリアルズ株式会社　基板材料営業部長　田子智久　様
旭化成電子材料（蘇州）有限公司　董事総経理　西川知　様
旭硝子株式会社　上海代表処　人事企画室　室長　佐々木祐悦　様
伊藤忠商事株式会社　繊維カンパニー　中国戦略ディレクター　大月秀夫　様
財団法人　海外職業訓練協会　OVTA国際アドバイザー　喜多忠文　様
神戸大学　国際部留学生課　教授・留学生センター長　中西泰洋　様、課長補佐　井口美
　津子　様
神戸大学　経済学部　教授　藤田誠一　様
NPO法人　産学連携教育日本フォーラム　様
株式会社ジェイシーエス　代表取締役社長　小平達也　様
上海三浦鍋爐有限公司　総経理　林茂登志　様
双日タイ会社　社長　中村俊紀　様、副社長　山口喜芳　様、財務部長　宮崎肇　様
東洋エンジニアリング株式会社　広報・渉外部長　渡辺博　様
日沖半導体（上海）有限公司　董事総経理　末永展行　様　董事副総経理　松原弘明　様
日東電工株式会社　執行役員　南アジアエリア統括　有本雅彦　様
日東電工テープマテリアルズベトナム　General Director　齋藤嘉津三　様
日本阿基里斯　上海代表処　所長　東出俊雄　様
パソナ（インド）GM　谷嘉久　様
パソナ（タイ）社長　橋本則　様
株式会社パソナグループ　顧問　相原滋弘　様
株式会社パソナグローバル　様
保聖那人才服務（上海）有限公司　総経理　笠原麻衣子　様
パソナテックベトナム　社長　林真功　様
パナソニック株式会社　グローバル経営研修センター　幹部研修チーム　チームリー
　ダー　下村敏文　様
三菱重工業（上海）有限公司　様
三菱東京UFJ銀行国際業務部
三菱東京UFJ銀行　ニューデリー支店　様
三菱東京UFJ銀行　ハノイ支店　様
三菱東京UFJ銀行　バンコック支店　様
早稲田大学　政治経済学術院　教授　白木三秀　様
その他数多くの海外赴任者、赴任経験者の皆様

■筆者紹介

佐々木 隆彦（ささき・たかひこ）……【執筆担当：「Ⅲ 駐在員の育成」】
三菱UFJリサーチ＆コンサルティング㈱
国際事業本部　チーフコンサルタント

【略歴】
同志社大学経済学部卒業
ロンドン・スクール・オブ・エコノミクス（LSE）大学院修士課程終了（MSc.）

大学卒業後、日系大手産業財メーカーに入社。エレクトロニクス部材の海外マーケティング等に従事。その間ニューヨーク現地法人に5年間勤務。
1999年、㈱三和総合研究所（現三菱UFJリサーチ＆コンサルティング㈱）に入社。産業財、消費財の新規事業戦略策定支援およびマーケティング、プロジェクトマネジメント、海外人事・人財開発等多岐のコンサルティング業務に携わる。

【執筆】
「ジェトロセンサー」および三菱UFJグループ情報誌「季刊政策・経営研究」
「SQUET」「GLOBAL ANGLE」等に寄稿。

藤井 恵（ふじい・めぐみ）……【執筆担当：「Ⅰ 有能人材の採用」「Ⅱ 有能人材の定着」】
三菱UFJリサーチ＆コンサルティング㈱
国際事業本部　シニアコンサルタント
税理士有資格者

【略歴】
神戸大学経済学部卒業
神戸大学大学院経済学研究科修了
甲南大学大学院社会科学研究科修了

大学卒業後、証券系シンクタンクに勤務。
1997年、㈱三和総合研究所（現三菱UFJリサーチ＆コンサルティング㈱）に入社。海外駐在員の社会保険、税務、給与体系構築、海外赴任者規程作成に関するコンサルティング業務、契約書作成業務等に携わる。海外赴任者の税務や社会保険、給与および租税条約に関するセミナー講師なども担当。

【執筆】
「新版・中国駐在員の選任・赴任から帰任まで完全ガイド」(2008年9月) 清文社
「海外勤務者の税務と社会保険・給与Q&A」(2007年4月) 清文社
「中国駐在員の選任・赴任から帰任まで完全ガイド」(2006年9月) 清文社
「これならわかる！租税条約」(2005年8月) 清文社
「海外勤務者の社会保険と税務」(2004年1月) UFJ総合研究所（現MURC）発行
その他、「労政時報」「人事実務」「企業実務」「税経通信」「国際金融」「人事マネジメント」等の雑誌、および三菱UFJグループ情報誌「GLOBAL ANGLE」等に執筆。

三菱UFJリサーチ&コンサルティングで
ご提供可能な国際人事関連コンサルティング業務のご案内

〈現地従業員の人事制度〉
・海外現地従業員に対するロイヤリティ強化施策の構築
・適切な給与体系の構築
・社員満足度(ES)調査実施
・現地における同業他社の給与・フリンジベネフィットについての水準調査
・現地法制度を遵守した適切な労働契約書・就業規則の作成
・人事評価制度の構築支援
・組織の改変支援

〈赴任前研修〉
・人材育成制度の設計・実施支援
・駐在員の派遣施策構築支援

〈海外赴任者関連の人事制度〉
海外赴任者給与体系の構築・規程の見直し、作成、出向元と出向先の契約書、
BCPも含めた新型インフルエンザ対策行動計画　等

〈連絡先〉
三菱UFJリサーチ&コンサルティング株式会社
　国際事業本部　国際ビジネスコンサルティング室
■東京　〒100-8114
　　　　東京都千代田区大手町1-1-1　大手町ビル15階
　　　　TEL03-5252-4019（担当：佐々木）
■大阪　〒541-8512
　　　　大阪府大阪市中央区今橋2-5-8　トレードピア淀屋橋
　　　　TEL06-6208-1256（担当：藤井）

Q&A 海外進出企業のための
現地スタッフ採用・定着と駐在員育成のポイント

2009年7月10日　発行

著　者　　佐々木隆彦　藤井　恵 ©

発行者　　小泉　定裕

発行所　　株式会社 清文社

東京都千代田区神田司町2-8-4（吹田屋ビル）
〒101-0048　電話03(5289)9931　FAX03(5289)9917
大阪市北区天神橋2丁目北2-6（大和南森町ビル）
〒530-0041　電話06(6135)4050　FAX06(6135)4059
URL http://www.skattsei.co.jp/

■本書の内容に関する御質問はファクシミリ(03-5289-9887)でお願いします。
■著作権法により無断複写複製は禁止されています。落丁本・乱丁本はお取替えいたします。

印刷・製本：株式会社太洋社

ISBN978-4-433-33539-7